FLORIAN RINKE

SILICON RHEINLAND

Wo die Wiege der deutschen Start-up-Szene wirklich liegt

REDLINE | VERLAG

Bibliografische Information der Deutschen Nationalbibliothek:
Die Deutsche Nationalbibliothek verzeichnet diese Publikation in der Deutschen
Nationalbibliografie; detaillierte bibliografische Daten sind im Internet über
http://d-nb.de abrufbar.

Für Fragen und Anregungen:
info@redline-verlag.de

1. Auflage 2020

© 2020 by Redline Verlag, ein Imprint der Münchner Verlagsgruppe GmbH,
Nymphenburger Straße 86
D-80636 München
Tel.: 089 651285-0
Fax: 089 652096

Redaktion: Britta Fietzke, Frankfurt am Main
Umschlaggestaltung: Marc Fischer
Umschlagabbildung: Shutterstock: Realistische Karnevalmaske für Mardi Gras von Gluiki; German city Duesseldorf or Neuss on grey striped map of Germany with orange dot von keport
Satz: abavo GmbH, Buchloe
Druck: GGP Media GmbH, Pößneck
Printed in Germany

ISBN Print 978-3-86881-810-9
ISBN E-Book (PDF) 978-3-96267-252-2
ISBN E-Book (EPUB, Mobi) 978-3-96267-253-9

Weitere Informationen zum Verlag finden Sie unter

www.redline-verlag.de

Beachten Sie auch unsere weiteren Verlage unter www.m-vg.de

Inhalt

Einleitung

Wenn nicht jetzt, wann dann.
Wenn nicht hier, sag mir wo und wann.
Wenn nicht du, wer sonst.
Es wird Zeit, nimm dein Glück selbst in die Hand.

– Höhner

Die bislang größte Gründergeschichte des Rheinlands wäre ohne die Bequemlichkeit eines Studierenden wohl nie geschrieben worden: Es ist 1998, an der Handelshochschule Leipzig wurden die neuen Erstsemester begrüßt. Wer kann schon ahnen, dass sich auf der Namensliste der Erstsemester die vier späteren Gründer der weltbekannten Hotelsuchmaschine Trivago befinden? Zusammen bringt sie der blanke Zufall. Ein Student soll Kleingruppen einteilen, in denen während der Begrüßungswoche unter anderem Planspiele absolviert werden. Er könnte abzählen, wählen lassen, würfeln. Stattdessen entscheidet er sich für die einfallsloseste Variante. Er macht auf einer Liste nach jeweils fünf Namen einen Strich. Das Gründerteam eines der bekanntesten Start-ups in Deutschland findet zusammen, weil ihre Namen Malte Siewert, Stephan Stubner, Rolf Schrömgens und Peter Vinnemeier im Alphabet dicht beieinander liegen.

Während seiner Zeit als Trivago-Chef hat Rolf Schrömgens diese Geschichte häufig erzählt, wenn er neue Mitarbeiter im Düsseldorfer

Hauptquartier begrüßt hat. Er wollte damit verdeutlichen, dass man vieles planen, prognostizieren und organisieren kann – am Ende aber manchmal der Zufall entscheidend ist, weil er Chancen schafft und völlig neue Wege ermöglicht. Oder wie man im Rheinland sagt: Et kütt, wie et kütt.

Auch dieses Buch ist ein Zufallsprodukt, das während eines Gesprächs mit einem Verlagsvertreter entstand. Bei diesem Gespräch hatte es eigentlich um potenzielle Themen für meinen Hauptberuf gehen sollen: Als Journalist schreibe ich seit Jahren über die deutsche Start-up-Szene. Die *Rheinische Post*, bei der ich in der Wirtschaftsredaktion arbeite, ist eine der größten Regionalzeitungen Deutschlands – wobei regional für uns bedeutet, dass wir stets bemüht sind, das Weltgeschehen aus der Perspektive der Menschen in Düsseldorf, Mönchengladbach, Leverkusen, Köln oder Neuss zu betrachten und einzuordnen.

Und so stieß ich im Laufe der Zeit immer wieder auf Gründer oder Investoren, die zwar in Berlin, München oder Zürich leben, deren Wurzeln aber in Köln, Düsseldorf, Bonn oder am Niederrhein liegen. Je mehr solcher Beispiele ich fand, desto häufiger fragte ich mich: Wie kann es sein, dass heute alle voller Ehrfurcht auf die Start-up-Szene in Berlin blicken, deren Wurzeln aber eigentlich im Rheinland liegen?

Die Berliner Start-up-Könige Oliver, Marc und Alexander Samwer, die mit Rocket Internet zeitweise Gründungen am Fließband produzierten? Aufgewachsen in Köln. Die Gründer von Europas größtem Modehändler Zalando, David Schneider und Robert Gentz? Entwickelten ihre Idee im Garten von Gentz' Elternhaus im rheinischen Kaarst. Der Kochboxen-Versender HelloFresh? Mitgegründet von Thomas Griesel, dessen Rheinland-Patriotismus so ausgeprägt ist, dass er noch immer in Düsseldorf wohnt.

Je länger ich suchte, desto mehr Beispiele fand ich. Rheinländer wie GetYourGuide-Chef Johannes Reck gründen Start-ups, Rheinländer finanzieren sie als Risikokapitalgeber wie Lakestar-Legende Klaus Hommels – und Rheinländer sorgen in der Politik für bessere Bedingungen für die Szene wie der Beauftragte für die digitale Wirtschaft und

Start-ups im Bundeswirtschaftsministerium, der Düsseldorfer Thomas Jarzombek. Ist das wirklich Zufall?

Ich bin dieser Frage in vielen persönlichen Gesprächen nachgegangen – wobei »persönlich« speziell im ersten Halbjahr 2020 aufgrund der Einschränkungen durch die Coronapandemie hieß, dass man sich per Videokonferenz verabredete. Viele nahmen sich die Zeit, obwohl ihre eigenen Unternehmen oder Portfolios (im Fall der Investoren) stark von den Auswirkungen betroffen waren oder sie als Politiker damit beschäftigt waren, den Wirtschaftseinbruch mit Rettungspaketen zu stoppen. Einige andere konnte ich trotz Anfragen nicht sprechen, etwa Oliver Samwer und seine Brüder. Ihre Geschichten versuche ich daher durch Erzählungen Dritter, Medienberichte und öffentlich zugängliche Dokumente zu rekonstruieren, denn speziell die Samwer-Brüder spielen beim Aufbau des Berliner Start-up-Ökosystems eine zentrale Rolle.

Erstaunlich fand ich, wie stark ausgeprägt die Liebe zur Region bei der Mehrzahl meiner Gesprächspartner noch immer ist, auch wenn sie seit vielen Jahren im Rheinland-Exil leben. Ein Großteil von ihnen ist noch immer Lokalpatriot – und sei es nur wegen der fortwährenden Liebe zu Fußballvereinen wie Borussia Mönchengladbach oder dem 1. FC Köln. Aber viele von ihnen sahen eben in Berlin oder München die besseren Chancen für sich und ihr Unternehmen. Sie alle haben, um es mit der Kölner Band Höhner zu sagen, ihr Glück selbst in die Hand genommen.

Noch erstaunlicher fand ich, dass fast alle unabhängig voneinander sagten, dass sie Rheinländer schon daran erkennen würden, dass die Chemie besonders schnell stimme, man den Humor teile. Das rheinische Naturell – es ist anscheinend mehr als nur eine Legende.

Doch selbst wenn die Wiege der deutschen Start-up-Szene im Rheinland liegen sollte, die Geschichte der deutschen Gründerszene seit der Jahrtausendwende ist auch eine der Rückschläge für die Region. Trotz attraktiver Standorte wie Aachen, Bonn, Köln oder Düsseldorf gelang es nicht, begabte Köpfe zu halten oder zurückzugewinnen. Noch immer ist es schwieriger, in Düsseldorf an Risikokapital zu kommen als in Berlin oder München. Noch immer gelingt es Start-ups in der Hauptstadt viel leichter, internationale Talente anzulocken.

Bei der Suche nach Antworten auf die Frage, warum das so ist, landete ich irgendwann im 19. Jahrhundert. Die Franzosen dehnten nach der Revolution im eigenen Land ihren Machtbereich immer weiter aus, wobei sie ab 1794 das gesamte linke Rheinufer kontrollierten und fortan nach ihren Vorstellungen umbauten.[1] Freiheit, Gleichheit, Brüderlichkeit sollten künftig auch im Rheinland einkehren, wo bislang noch eine feudale Ordnung herrschte.

Der Grundbesitz war im Heiligen Römischen Reich deutscher Nationen immer noch fest in der Hand des Adels und Klerus, für Handwerker galt der Zunftzwang und das Rheinland, das sich von Saarbrücken bis Kleve und von Aachen bis Wuppertal erstreckte, war in Herzogtümer, Erzbistümer und Reichsstädte zersplittert. Wie groß das Rheinland im Grunde ist, habe ich tatsächlich erst bei diesen Recherchen realisiert.

Die Franzosen hoben diese Regelungen auf. Der Adel wurde genauso enteignet wie die Kirche, der Landbesitz wurde versteigert, sodass Bürger plötzlich in den Besitz von Grundstücken kommen konnten. Nicht alle wollten dort Felder bestellen, sondern manche nutzten die Möglichkeiten, um eigene Betriebe zu errichten – denn auch die Gewerbefreiheit wurde damals eingeführt, während sich gleichzeitig im Rheinland ein innovatives Bankenwesen ausbildete, das auch Industrieunternehmen finanzierte.

Warum ich all das erzähle? Aufgrund all dieser Maßnahmen setzte ein Aufschwung ein, der Köln zu einem bedeutenden Handelszentrum machte und die Region zu einem Magnet für Arbeitskräfte, die zunächst aus wirtschaftlich schwächeren Gegenden wie der Eifel oder dem Sauerland, später aber auch aus dem Ausland ins Rheinland kamen.

Diese Formel »Verfügbarkeit von Gewerbefläche + Kapital + Arbeitskräfte« traf damals auf das Rheinland zu, seit der Jahrtausendwende aber mit Blick auf die Start-ups eher auf Berlin: Büros waren billig, es gab Zugang zu Kapital – und auf junge Talente übte die Stadt eine enorme Anziehungskraft aus. Rund um das Jahr 2000 gab es dennoch kein klares Start-up-Zentrum in Deutschland.

Bis in Berlin der Faktor Samwer ins Spiel kam.

Rückblickend ist es unglaublich, welchen Impuls die drei Samwer-Brüder setzten. Die Gründung und der schnelle Verkauf des eBay-Klons Alando motivierten viele andere Gründer. Und die Investments der drei Kölner in andere Start-ups wiederum ermöglichten den Standort Berlin in seiner heutigen Ausprägung überhaupt erst. Einer der Gründer erzählte, dass man Alando irgendwo hatte machen wollen, wo man niemanden kenne, um ungestört zu bleiben.[2] In dieser Lesart ist die Standortwahl Berlin also auch nicht mehr als ein Zufall.

Das Ergebnis ist jedenfalls enorm: Von ihnen finanzierte Unternehmen wie Zalando oder HelloFresh zählen heute zu den größten Arbeitgebern der Hauptstadt. Alleine im ersten Halbjahr 2020 gab es bei Start-ups in Berlin laut einer Studie so viele Finanzierungsrunden wie in Bayern, Nordrhein-Westfalen, Hamburg und Baden-Württemberg zusammen.[3] Von den 13 deutschen Einhörnern (nicht börsennotierten Start-ups) mit einer Bewertung von mehr als einer Milliarde Dollar haben fünf ihren Sitz in der Bundeshauptstadt.[4] Im Rheinland sitzt keines.

Aus meiner Sicht muss sich die Region nicht verstecken. Der nordrhein-westfälische Teil des Rheinlands ist bis heute eine der wirtschaftlich potentesten und international am stärksten vernetzten Landesregionen. Außer München hat kaum eine Region so viele international agierende DAX-Konzerne. Zudem hat kaum eine Region in Deutschland so viele mittelständische Weltmarktführer, eine so große Hochschuldichte, so viel kulturelle Vielfalt – und dank der ehemaligen Bundeshauptstadt Bonn zusätzlich so viele Ableger von Ministerien und Behörden. Talent zieht Talent an und bildet es aus – speziell dann, wenn im rheinland-pfälzisch angrenzenden Rheinland mit der privaten Hochschule WHU in Vallendar auch noch die wichtigste Start-up-Kaderschmiede der jüngeren Geschichte angesiedelt ist.

Aus meiner Sicht kann man im Rheinland durchaus selbstbewusst auf die eigenen Stärken blicken, auch im Start-up-Bereich tut sich hier inzwischen einiges. Daraus wird allerdings in der Außendarstellung noch zu wenig gemacht. Ich bin jedenfalls davon überzeugt, dass in den kommenden Jahren deutlich mehr Start-ups für ähnliche Schlagzeilen sorgen werden wie im Juli 2020 LeanIX aus Bonn. Da gab das Start-up eine Finanzierungsrunde in Höhe von 80 Millionen Dollar bekannt, an der sich mit Goldman Sachs eine der bekanntesten Investmentbanken weltweit beteiligte.

Die Reise, auf die ich Sie auf den kommenden Seiten mitnehmen möchte, beginnt im Rheinland, wo man rund um die Jahrtausendwende noch alle Chancen hatte. Sie führt dann über das rheinland-pfälzische Vallendar nach Berlin und München, wo Rheinländer mit ihren Gründungen von einem Erfolg zum nächsten eilen und Investoren das große Rad drehen. Zum Schluss kommen wir dann wieder im Rheinland an, um zu sehen, was sich hier in den vergangenen 20 Jahren getan hat.

Zwei Sachen sind mir dabei wichtig: Zum einen ist mir bewusst, dass Ihnen Frauen auf den kommenden knapp 200 Seiten maximal in Nebenrollen begegnen werden. Ich bedaure das sehr, doch dieses Buch ist somit leider auch ein Spiegelbild der Situation in der Gründerszene, wo es noch immer viel zu wenig Gründerinnen und weibliche Risikokapitalgeber gibt.

Zum anderen fragte mich ein Gründer bei einem Gespräch, ob meine These über die »Wiege der Start-up-Szene« denn empirisch zu belegen sei. Rein statistisch müsste es ja zwangsläufig so sein, dass aus einer Region, in der rund neun Millionen Menschen lebten[5], eine gewisse Anzahl Gründer hervorginge, so seine Theorie. Und wer sagt denn, dass es in Wahrheit nicht viel mehr Schwaben, Hessen oder Bayern in der deutschen Gründerszene gibt?

Nun könnte ich argumentieren, dass es beim Rheinländer nicht immer auf Fakten ankommt. Ob die längste Theke der Welt wirklich in Düsseldorf steht, hat ja auch noch keiner nachgemessen. Und die Höhner singen ja auch nicht umsonst, dass Köln vor allem »e jeföhl« sei.

Ob es wirklich mehr Rheinländer als Schwaben in der deutschen Gründerszene gibt, kann ich Ihnen nicht sagen. Ich habe sie nicht gezählt, aber die Liste der Namen geht weit über die in diesem Buch erwähnten hinaus. Insofern: Mein Jeföhl sagt mir, dass dem so ist.

Viel Spaß bei der Lektüre!

Die Macher vom Rhein –
wie Rheinländer den Start-up-Boom auslösten

Selbst wenn andere Städte scheiße seien, wollen die fünf Musiker von Kraftklub laut ihres Songs nicht nach Berlin. Andere schon. Seit Jahren steigen die Einwohnerzahlen in der Stadt und dem umliegenden Speckgürtel. Immer weiter breiten sich die Menschen ins Umland aus, doch in der Gründerszene konzentriert sich alles auf wenige Quadratmeter in den Bezirken Mitte und Prenzlauer Berg. Hier sind die Gründer, die Business Angels, die Büros der großen Risikokapitalgeber. Hier werden Millionen bewegt, um Milliarden zu schaffen.

Rocket Internet, Zalando, HelloFresh, Delivery Hero. Namen, die noch vor wenigen Jahren nicht viel mehr als ein Klingelschild neben einer Tür waren, sind inzwischen börsennotierte Unternehmen. Andere wie die mit mindestens einer Milliarde Dollar bewerteten Auto1, GetYourGuide oder N26 würden es irgendwann wohl gerne werden.

Die Hauptstadt ist zu einem der wichtigsten Start-up-Hotspots der Welt geworden. Und all das begann vor rund 20 Jahren mit einer Entscheidung dreier Brüder aus dem Rheinland.

Der Urknall –
wie die Samwers mit Alando für Goldgräberstimmung sorgten

Rolf Schrömgens kann sich noch gut an den Moment erinnern, als er beschloss, Unternehmer zu werden. Der heute 44-Jährige war damals nach einem Auslandssemester in Chicago auf einem Rückflug nach Deutschland. Als er in die Maschine einstieg, waren seine nächsten Schritte eigentlich vorgezeichnet, denn der Student hatte ein Vorstellungsgespräch bei der Unternehmensberatung Roland Berger in der Tasche. Ein Klassiker für Business-School-Studierende wie ihn, deren wichtigste Abwägung gegen Ende eines solchen Studiums oft war, ob man nun zu einer Beratung gehen sollte oder besser Investmentbanker wurde. Internetunternehmer oder gar Gründer? Dieser Karriereweg war im Sommer 1999 eigentlich noch keine Option – auch nicht für Schrömgens.

Doch die Zeit über den Wolken sollte sein Leben für immer verändern. »Ich habe damals während des Flugs einen Artikel über die Samwers im *Spiegel* gelesen, die gerade nach ein paar Monaten ihr Unternehmen Alando an eBay verkauft hatten – für zig Millionen«, erinnert sich Schrömgens. »Das habe ich gelesen und habe gedacht: Oh scheiße, soll ich jetzt wirklich zu Roland Berger gehen?«[6]

Schrömgens war nicht der Einzige, der so dachte. An den Business Schools sprach sich die Geschichte von den Gründern, die einen eBay-Klon programmiert und nach nur wenigen Monaten an die große US-Plattform weiterverkauft hatten, wie ein Lauffeuer herum. Die drei Brüder Marc, Oliver und Alexander Samwer hatten sich angeblich schon als Teenager auf einem Segeltörn geschworen, gemeinsam ein Unternehmen zu gründen.[7] Mit Anfang 20 lösten sie diesen Schwur gemeinsam mit ein paar Freunden ein. »Sechs Jungunternehmer gründeten in Berlin ein Online-Auktionshaus – und wurden im Handumdrehen zu Millionären«, fasste der *Spiegel* im Juni 1999 die Geschichte so einfach wie treffend zusammen.[8]

Deutschland war damals noch analog. Während Schrömgens aus Chicago zurückkehrte, begann in Bonn gerade der Umzug des Politikbetriebs gen Osten. Bevor Berlin von der Gründerszene erobert wurde, brachen Bundestagsabgeordnete auf, um hier im Reichstag an den Weichenstellungen für das 21. Jahrhundert zu arbeiten. Die rot-grüne Koalition unter Kanzler Gerhard Schröder versuchte nach dem Wahlsieg 1998, das von den Kohl-Jahren gelähmte Land zu modernisieren, die Arbeitslosigkeit zu bekämpfen und die Wirtschaft wieder in Schwung zu bringen. Start-ups spielten in diesen Überlegungen zunächst keine große Rolle.

Es ist nicht so, als hätte es nicht vorher schon erfolgreiche Internetgründungen in Deutschland gegeben: Ralph Dommermuth hatte bereits 1988 das heutige United Internet (1&1, GMX, Web.de) gegründet, das zehn Jahre später an die Börse gehen sollte. Und in Weinheim wurde bereits 1972 die »Systeme, Anwendungen, Produkte« aus der Taufe gehoben, die unter dem Namen SAP zum heute wertvollsten deutschen Digitalunternehmen avancieren sollte. Ja, sogar an der WHU in Vallendar, wo Oliver Samwer und einige seiner Mitstreiter ausgebildet wurden, hatten Stephan Schubert, Michael Schwetje und Fritz Oidtmann bereits Pionierarbeit mit dem digitalen Finanzportal onvista geleistet.

Aber Alando war der Urknall, es war die Gründung, die alles veränderte, weil sie jungen, hungrigen Studierenden zeigte, wie kurz der Weg zum Millionär sein konnte, wenn man die richtige Idee hatte (oder kopierte) und dann brachial gut umsetzte.

»Das war der Moment, wo wir damals gesagt haben: Da muss doch was gehen«, sagt Rolf Schrömgens. Und das tat es. Er ging nicht zu Roland Berger, sagte zudem ein Praktikum bei einer anderen Unternehmensberatung ab und begann stattdessen schnell sowohl an seiner Diplomarbeit als auch parallel an einem Businessplan zu schreiben. Die Samwers seien der Auslöser gewesen, ein Start-up zu gründen, sagt

Schrömgens heute: »Und dann lag es natürlich nahe, sie auch um Hilfe zu bitten.«

Die Brüder investierten gemeinsam mit einigen anderen in Trivago, die Hotelsuchmaschine, die Schrömgens ab 2005 mit Studienfreunden in Düsseldorf aufbaute und als erstes deutsches Internet-Start-up in New York an die Börse brachte. Später investierte man gemeinsam in den Kochboxen-Versender HelloFresh, auch bei der Lieferplattform Delivery Hero saßen die Trivago-Gründer und die Samwers auf Investorenseite gemeinsam am Tisch. Kurzum: In zwei Jahrzehnten deutscher Start-up-Szene kreuzten sich ihre Wege immer wieder. Und doch sagt Rolf Schrömgens nach all den Jahren: »Ich schätze sie als Unternehmer, aber obwohl wir so viele Investments gemeinsam gemacht haben, könnte ich gar nicht sagen, wie sie privat sind.«

Mit dieser Einschätzung ist Schrömgens nicht alleine. Viele in der Gründerszene können viel von den Erfolgen der Samwers erzählen, von Alando, dem Klingeltonanbieter Jamba, dem Gutscheinportal Groupon oder der Start-up-Schmiede Rocket Internet. Viele erzählen auch von der Rücksichtslosigkeit, mit der die drei Brüder ihre Geschäfte aufgebaut haben. Aber nur wenige können in Gesprächen etwas über die Samwers selbst berichten.

Allerdings: Einige Angaben sind inzwischen in Artikeln und einer Biografie verbürgt. Man weiß zum Beispiel, dass die drei Brüder aus Köln kommen, genauer gesagt aus dem Villenviertel Marienburg, wo sie in einem konservativen Elternhaus aufwuchsen.[9] Vater Sigmar-Jürgen Samwer war in der Domstadt kein Unbekannter, denn der Rechtsanwalt zählte einst unter anderem den früheren Literaturnobelpreisträger Heinrich Böll und den späteren Bundespräsidenten Karl Carstens zu seinen Klienten.[10]

Oliver Samwer soll seinen Vater schon als Jugendlicher an den Wochenenden ins Büro begleitet haben, wenn dieser dort die Post erledigte. Samwer, dessen Urgroßvater die Gothaer Versicherung gegründet hatte, faszinierte offenbar die Geschäftswelt, mit der er später an der WHU in Vallendar noch näher in Kontakt kommen sollte: »Unser Vater ist Anwalt, und seine Geschichten, die wir Kinder früher spannend fanden, hatten immer mit Unternehmertum zu tun«, sagte er in einem Interview.[11]

Bereits an der Schule, dem ehrwürdigen Kölner Friedrich-Wilhelm-Gymnasium, fielen die Samwers offenbar aufgrund ihrer hohen Intelligenz auf. »Er war ehrgeizig, fleißig und hatte den nötigen Biss«, sagte Oliver Samwers frühere Englischlehrerin über ihn. Kein Wunder, dass ihn ein Praktikum während der Schulzeit auch nicht zu einem Kölner Betrieb führte, sondern in die Schadensbearbeitung des früheren Pariser Versicherungskonzerns Gerling.[12] Wobei Köln bei dem Ausflug nach Frankreich dann doch eine Rolle gespielt haben dürfte – die Gerlings waren damals die Nachbarn der Familie Samwer.

Der jüngste Bruder Alexander soll sogar nach Philosophiestunden gemeinsam mit dem Schulleiter Mozartopern in dessen Büro gelauscht haben, nur um anschließend über deren Ästhetik zu diskutieren.[13] Während Oliver Samwer mit einem Notenschnitt von 0,8 das beste Abitur Kölns hinlegte, fehlten Alexander wenig später sogar nur drei Punkte zur maximal erreichbaren Zahl.[14]

Nach dem Abitur trennten sich die Wege der Brüder zunächst. Marc Samwer zog es zum Jurastudium an die Universität Köln. Alexander Samwer ging ins britische Oxford und Oliver Samwer begann zunächst eine Banklehre beim damaligen Kölner Traditionshaus Sal. Oppenheim, zu dem die Familie ebenfalls gute Kontakte pflegte – auch Freiherr von Oppenheim war einer der Samwer'scher Nachbarn.[15] Nachdem er die Ausbildung mit der besten Abschlussprüfung in Nordrhein-Westfalen beendet hatte, zog es ihn 1994 an die Hochschule für Unternehmensführung, die WHU in Vallendar – dem wohl wichtigsten Netzwerk der deutschen Gründerszene. Es sollte für Oliver Samwer einige Jahre später eines der wichtigsten Rekrutierungsinstrumente werden, als er dann mit seinem Unternehmen Rocket Internet Start-ups am Fließband gründete. Und auch beim Urknall der deutschen Gründerszene, der Gründung von Alando, spielte es eine zentrale Rolle.

Im Jahr 1998 machte Oliver Samwer seinen Abschluss, seine auf September datierte Diplomarbeit verfasste er gemeinsam mit seinem Kommilitonen Max Finger über »America's most successful Start-ups«, eine Art Anleitung zum Gründertum, für die sie mit rund 100 Gründern und Kapitalgebern aus den USA gesprochen hatten. Bei ihren Recherchen lernten die beiden die Strukturen kennen, nach denen Gründer ihre Unternehmen aufbauten, knüpften Kontakte in die amerikanische Start-up-Szene und kamen in Berührung mit verschiedenen Geschäftsmodellen. Es muss inspirierend gewesen sein, so viele Erfolgsgeschichten zu hören – und genau das ist oft ein entscheidender Faktor bei der Frage, ob man selbst gründet oder nicht. Das sieht man auch am Beispiel Rolf Schrömgens.

Finger und Samwer sollten wenig später auch bei der Alando-Gründung gemeinsame Sache machen – zusammen mit Karel Dörner, einem weiteren WHU-Absolvent. Das Sechser-Team komplettierten Marc und Alexander Samwer sowie Jörg Rheinboldt, dessen regionale Herkunft der Nachname schon andeutet.

Rheinboldt wurde in Bergisch Gladbach geboren und wuchs in Köln auf. Er studierte später BWL an der dortigen Universität. Doch schon nach einem Semester langweilte er sich zusehends und begann daher, sich parallel beim World Business Dialogue zu engagieren, einer von Studierenden organisierten Konferenz. Noch heute verweisen Organisatoren stolz darauf, dass man sogar Microsoft-Gründer Bill Gates einmal zu Gast gehabt habe – und daran war Rheinboldt nicht ganz unbeteiligt. Damals habe man einfach mal bei dem Softwareunternehmen in Seattle angerufen und gefragt, ob Gates nicht auf der Konferenz sprechen könne, erinnerte er sich Jahre später.[16] Und Gates kam tatsächlich.

Es waren Situationen wie diese, die Rheinboldt gezeigt haben, dass es sinnvoll sein kann, etwas zu wagen. Damit passte er perfekt zu den drei Samwer-Brüdern. Rheinboldt ist heute Chef des Berliner Accelerators APX des Axel-Springer-Verlags und des Autobauers Porsche – ein Programm, das Gründern dabei hilft, ihr Unternehmen schneller zu entwickeln. Mit Gründungen hat Rheinboldt schließlich Erfahrung: Noch während des Studiums hatte er in seiner Küche in Köln mit Freunden die Digitalagentur Denkwerk gegründet, die heute mehrere Standorte und mehr als 200 Mitarbeiter hat. Doch damals fing alles zunächst ganz klein an, zu den ersten Kunden der Denkwerk-Macher gehörte ein Verlag, später kam dann unter anderem das Jeans-Label Mustang hinzu. Er habe mit Oliver Samwer viel darüber gesprochen, was die beiden aus ihrem Leben machen wollten, erinnert sich Rheinboldt an diese Zeit: »Anfang 1999 hatten wir dann die Idee, einen Marktplatz zu bauen.«[17]

Die Entwicklung der Online-Auktionsplattform eBay war den Samwer-Brüdern natürlich nicht entgangen. Das Start-up des französisch-iranischen Informatikers Pierre Omidyar war spätestens seit dem milliardenschweren Börsengang am 24. September 1998 eine der größten Erfolgsgeschichten des Silicon Valley. Alleine am ersten Handelstag stieg der Kurs der Aktie um mehr als 160 Prozent. Natürlich erkannten auch die Samwers das Potenzial eines solchen Modells für Europa, wo eBay damals noch inaktiv war.

Als Oliver Samwer im Januar 1999 von einem Aufenthalt in den USA nach Deutschland zurückkehrte, wurde aus all den theoretischen Überlegungen über Unternehmertum ernst: Die sechs Gründer begannen damit, Businesspläne zu schreiben und um Investoren zu werben, natürlich auch im privaten Netzwerk. So fragte Oliver Samwer auch seinen ehemaligen WHU-Professor Horst Albach, eine Koryphäe der deutschen Betriebswirtschaftslehre. Sein ehemaliger Student habe ihn überredet, »ziemlich viel Geld« in Alando zu stecken, erzählte Albach später.[18] Der Hochschullehrer ließ sich also überzeugen – und sollte es nicht bereuen. Auch ein prominenter Risikokapitalgeber aus München sagte zu. Acton Capital (damals noch Burda Digital Ventures) hatte zu diesem Zeitpunkt mit Gründungen von Rheinländern bereits gute Erfahrungen gemacht, denn mit seinem ersten Fonds hatte der Risikokapitalgeber bereits in den Online-Broker onvista investiert und später sollte dann unter anderem noch ein Investment in die Düsseldorfer Bücher-Börse Justbooks folgen.

Der Rest ist Geschichte – nur dass diese bislang meistens unvollständig erzählt wurde – denn es ist immer vom Berliner Start-up Alando die Rede. Dabei gründeten die Samwers die »Alando.de Aktiengesellschaft« zusammen mit Rheinboldt am 19. Februar 1999 in Köln. Max Finger und Karel Dörner stießen dann knapp drei Monate später hinzu. Der

Firmensitz blieb selbst nach der Übernahme durch eBay noch in der Domstadt und wechselte erst im Januar 2000. Nach Berlin, erzählte Rheinboldt mal, sei man eigentlich nur gegangen, weil man dort niemanden kannte und in Ruhe arbeiten konnte: »Die Abmachung war: Von Montag bis Freitag gründen wir und haben unsere Firma. Am Wochenende kann jeder machen, was er will.«[19] Ohne es zu wissen, sollten sie den Lauf der Geschichte der deutschen Start-up-Szene so für immer verändern.

Berlin erschien den Gründern vermutlich einfach als ideale Umgebung. »Location is important. If you really want to compete on a worldwide basis you better find out where the heart of the industry is you are in. And if you can, you should locate your company in the heart of this industry«, hatten Oliver Samwer und Max Finger bereits in ihrer Diplomarbeit, die von ihrem späteren Investor Horst Albach beurteilt wurde, geschrieben.[20] Unpraktisch allerdings: In Deutschland gab es damals kein Zentrum einer solchen Gründerszene. In der föderalen Bundesrepublik entwickelten sich Geschäftsmodelle und Unternehmen in allen Teilen der Republik. So entstanden die Alando-Konkurrenten Ricardo und das vom Düsseldorfer Metro-Konzern finanzierte Primus Online beispielsweise in Hamburg bzw. Köln.

Erst der Umzug der Samwers nach Berlin sollte dies ändern: »Berlin hätte nie so viele Start-ups ohne uns, so viele Arbeitsplätze«, sagte Samwer mal gänzlich unbescheiden, aber deswegen nicht minder zutreffend in einem Interview.[21] In den USA hatten die Brüder erlebt, welches Potenzial im Silicon Valley durch die Zusammenballung von Ideen- und Geldgebern auf kleinem Raum entstanden war. »So etwas fehlt in Deutschland«, davon war Oliver Samwer überzeugt.[22]

Doch Berlin schien aus seiner Sicht dieser Ort werden zu können. Die Stadt bot quasi einen optimalen Nährboden: günstige Mieten bei gleichzeitiger internationaler Strahlkraft, wenig Konkurrenz durch etablierte Unternehmen und viele Möglichkeiten zur Entfaltung. »Du ziehst nach Berlin, weil da die Mieten billig sind, wohnst anderthalb Jahre über der Mitwohnzentrale, immer wieder woanders, und musst zu potenziellen Partnern gehen und um Geld betteln. Das Internet hatte

1998 ja erst vier Millionen Nutzer. In einem Kreuzberger Hinterhof über der ›Teppich-Domäne‹ haben wir angefangen. Du rufst dann 55-jährige Briefmarkenhändler an, um sie zu überzeugen, auf unsere Internetplattform zu kommen, aber die haben noch gar keinen Internetanschluss. Und du hast keine Ahnung von Briefmarken«, beschrieb Samwer diese Anfangszeit von Alando.[23] Der Name des Start-ups war damals übrigens angeblich entstanden, weil einer der Mitgründer den Sommerhit des Vorjahres, »Bailando« von Loona, falsch nachgesungen hatte.

Auf die Plattform sollte all das, was sich gut verkaufen ließ – und je größer das Angebot, desto interessanter die Plattform für Konsumenten. Und je mehr Nutzer es gab, desto mehr lohnte sich der Verkauf über Alando. Kurzum: Die selbstverstärkenden Effekte eines funktionierenden Marktplatzes waren schon damals in dem Modell ersichtlich.

Doch um an diesen Punkt zu kommen, bedurfte es vor allem eins: Geschwindigkeit. Nach nur zwei Monaten brachte es das Team, das inzwischen aus 15 Mitarbeitern und einigen Praktikanten bestand, bereits auf 50.000 registrierte Nutzer und 250.000 abgewickelte Auktionen. Das Gründerteam versuchte, beim Aufbau der Plattform mit besonders ausgefallenen Auktionen auf sich aufmerksam zu machen. Mal wurde ein Ferrari für einen Startpreis von einer Mark angeboten, ein anderes Mal ein Cartier-BH von Madonna.[24]

Über Verbindungen bei der Investmentbank Goldman Sachs kamen die Alando-Jungs dann mit eBay-Gründer Pierre Omidyar in Kontakt, der schon bald zu einem Treffen nach Berlin einflog. An der Tischtennisplatte in der Alando-Zentrale diskutierten die Gründer mit ihm über den Aufbau eines Marktplatzes, wenig später kam man bereits überein, dass man sich eine gemeinsame Zusammenarbeit vorstellen könne – unter einer Bedingung: ganz oder gar nicht.

Am 15. Juni 1999 übernahm eBay das nicht mal ein halbes Jahr alte Berliner Start-up Alando im Austausch gegen 316.000 Aktien, was damals umgerechnet auf den Börsenkurs rund 90 Millionen Mark entsprach. »Wir haben gesagt: Jeder kann eine Quatschsache machen – der Rest wird konservativ angelegt«, erinnerte sich Jörg Rheinboldt Jahre später in einer Biografie über die Samwers an den Verkauf. Er habe sich einen Porsche gekauft – und Oliver Samwer eine Insel vor Stockholm.[25] Man kann schon verstehen, warum Rolf Schrömgens damals im Flugzeug nach Deutschland ins Grübeln kam – und er war nicht der Einzige.

Die Folgen des Alando-Bebens

Rückblickend sagt Florian Heinemann: »Wenn ich nicht an der WHU gewesen wäre, hätte ich wahrscheinlich nicht gegründet. Das muss man ganz klar sagen.« Rund 80 Kilometer trennen Heinemanns rheinischen Heimatort Lohmar-Wahlscheid vom Hochschulstandort Vallendar – doch für den Abiturienten war es damals eine Reise in eine andere Welt.

Der 44-Jährige ist heute mit dem von ihm mitgegründeten Risikokapitalgeber Project A einer der bekanntesten Start-up-Investoren Deutschlands, nebenbei sitzt er als Digitalexperte in Beiräten von Schwergewichten wie dem Düsseldorfer Konzern Henkel oder dem Bielefelder Familienunternehmen Dr. Oetker.

Aber damals war Heinemann nur einer von rund 70 Studierenden, die an der WHU ihr Studium aufnahmen – wenn auch ein ziemlich begabter. Wäre ihm Oliver Samwer nicht begegnet, würde Heinemann heute vielleicht einen Lehrstuhl für Controlling innehaben oder in irgendeiner anderen Form an der Hochschule unterrichten. Doch es sollte anders kommen.

Obwohl die beiden an der WHU ein Jahrgang trennte, lernten sie sich irgendwann kennen und freundeten sich an. Heinemann war damals wie Samwer Stipendiat bei der Studienstiftung des deutschen Volkes, dem ältesten und größten Begabtenförderprogramm Deutschlands, dem auch schon Koryphäen wie der Tierforscher Bernhard Grzimek, Ifo-Chef Clemens Fuest oder die Schriftstellerin Thea Dorn angehörten.

An der WHU wurden die Studienstiftler damals von Horst Albach betreut, jenem Professor, der später als einer der Ersten in Samwers

Alando-Projekt investieren sollte. »Wir waren während des Semesters einmal im Monat bei Professor Albach zu Hause«, erinnert sich Heinemann an die Abende, an denen die Studierenden von Albachs Frau bekocht wurden und sich miteinander austauschten. Es war eine illustre Runde, die sich dort zusammenfand. Neben Samwer und Heinemann gehörten unter anderem auch der Mitgründer der Digitalkonferenz DLD, Marcel Reichart, und Philipp Freise zu den Studienstiftlern. Letzterer ist inzwischen Europa-Chef des Finanzinvestors KKR und war zuletzt in dieser Rolle maßgeblich für den Einstieg beim Medienkonzern Axel Springer mitverantwortlich.

Heinemann brachte alles mit für eine akademische Karriere. »Wenn alles normal gelaufen wäre, hätte ich im September 1999 angefangen zu promovieren«, sagt er. Die entsprechende Assistentenstelle am Institut für Management und Controlling hatte er bereits zugesagt. Doch dann machte die Nachricht vom Alando-Verkauf die Runde – und an der Hochschule in Vallendar entwickelte sich für einige neben den Karrieremöglichkeiten als Unternehmensberater oder Investmentbanker eine dritte, spannende Option: die des Gründers.

»Ich habe irgendwann mal überschlagen, in meinem Jahrgang haben damals von 70 Leuten wirklich gut 20 ein Start-up gegründet«, sagt Heinemann. Alle hätten plötzlich überlegt, was sie machen könnten – auch am Lehrstuhl seines eigentlich künftigen Doktorvaters Jürgen Weber. Dieser betreute zur damaligen Zeit bereits einige Promotions- und Habilitationsvorhaben, auch die von Boris Wertz, Christian Langer und Hannes Blum (Promotion) sowie Malte Brettel (Habilitation).

Immer wieder mussten die vier sich für ihre wissenschaftliche Forschung Bücher besorgen, die sie als Literatur benötigten, etwa um Originalzitate nachzuschlagen, was mit viel Aufwand verbunden war und Nerven kostete. Denn viele davon waren an der Hochschulbibliothek nicht verfügbar, weshalb sie immer wieder Fernleihscheine ausfüllen mussten, um sich Bücher aus anderen deutschen Beständen schicken zu lassen. »Es kam immer wieder vor, dass die Bücher dann nicht in der richtigen Auflage bestellt wurden, sodass wir daraus nicht zitieren konnten«, sagt Malte Brettel. »Und so haben wir angefangen uns zu fragen: Wo sind denn eigentlich diese ganzen alten Bücher?«

Schnell war klar, dass der Markt enorm fragmentiert war. Die Bücher konnten sich in Bibliotheken befinden, Antiquariaten, viele natürlich auch im Privatbesitz – und wer sich auf die Suche nach einem ganz bestimmten Buch machen wollte, der brauchte entweder viel Ausdauer oder bei einem Flohmarktbesuch viel Glück. »Aus unserer Sicht erschien es logisch, diesen fragmentierten Markt durch das Internet transparenter zu machen, um die – wie wir BWLer so schön sagen – Transaktionskosten zu senken«, erklärt Malte Brettel. Zumal dieser Markt nach ihren ersten Recherchen auch eine Menge Potenzial bot. So schätzte der Börsenverein des deutschen Buchhandels den jährlichen Handel von vergriffenen oder antiquarischen Büchern im deutschsprachigen Raum auf ein Volumen zwischen 500 und 800 Millionen Mark.[26] Die Idee einer Onlinebörse für gebrauchte Bücher war geboren.

So begann also Florian Heinemann im September 1999 nicht mit seiner Promotion, sondern wurde stattdessen zum Mitgründer eines Start-ups namens Justbooks, mit dem die WHU-Mitarbeiter ihre Idee in Düsseldorf umsetzen wollten. Statt Geld zu verdienen, machte Heinemann zunächst Schulden und lieh sich seinen Anteil an der GmbH von seinem Vater.

Dass der damals 23-Jährige deutlich jünger war als seine Mitgründer, spielte keine Rolle. »Die brauchten einen Typen, der Ahnung hat vom Internet«, sagt Heinemann. »Und ich kannte mich da ganz gut aus, wobei ›gut auskennen‹ damals hieß, dass ich einen Laptop hatte und wusste, wie ich mich ins Internet einwählen konnte.« Dass er außerdem den Alando-Gründer Oliver Samwer gut kannte, machte Heinemann quasi zum perfekten Teammitglied.

Bereits einen Monat nach der Gründung im September ging der Marktplatz online – pünktlich zum Start der Frankfurter Buchmesse. Fortan konnten Händler ihre verfügbaren Titel in einer Datenbank hinterlegen, während Kunden dort nach ihnen suchen konnten – und Justbooks profitierte bei jedem Kauf in Form einer Provision von bis zu zehn Prozent des Umsatzes.[27] Das Geschäft war so vielversprechend, dass das Gründerteam bereits im Juni 2000 eine englische Plattform und im März 2001 eine französische Version online stellte.

Um das Angebot schnell bekannt und beliebt zu machen, startete das fünfköpfige Gründerteam jedoch zunächst mit einer kostenlosen Variante. Da sie diesen Aufbau nicht alleine aus eigenen Ersparnissen finanzieren konnten, überlegten sie früh, welche Investoren als Partner für Justbooks infrage kamen.

»Tja, wie bin ich Business Angel geworden?«, fragt Stephan Schubert. »Das war eigentlich ganz witzig.« Und dann beginnt der Kölner zu erzählen – von seinem Studium, natürlich in Vallendar, das ihn erst zur Unternehmensberatung McKinsey führte, bevor er dann mit dem Finanzportal onvista noch vor Oliver Samwer den Mythos der Start-up-Schmiede WHU begründete. Im Jahr 1998 war Schubert mit onvista gestartet, damals noch im Technologiepark in Sankt Augustin, dessen ausschlaggebender Standortvorteil eine leistungsstarke Internetverbindung war. Denn der Technologiepark war an das Deutsche Forschungsnetz (DFN) angeschlossen. Dieses war eigentlich aufgebaut worden, um Hochschulen und Forschungseinrichtungen miteinander zu verbinden, war jedoch auch an das Internet angeschlossen. »Das hatte damals eine deutschlandweite Verbindung von zehn Megabit«, sagt Stephan Schuber. »Sowas gab es woanders nicht.«

Also mieteten Schubert und seine beiden Mitgründer Michael Schwetje und Fritz Oidtmann zwei Räume im Technologiepark und legten los. »Und dann ging alles total schnell«, erinnert sich Schubert. Schon nach kurzer Zeit sei ein dritter Raum hinzugekommen, dann ein vierter, fünfter und sechster. »Und dann hieß es irgendwann: Ihr belegt jetzt den gesamten Flur, mehr Platz haben wir hier nicht.« Also zogen die Gründer rheinabwärts weiter, in den südlichen Kölner Stadtteil Poll. Und da stand irgendwann Florian Heinemann vor der Tür.

Heinemann erzählte von seiner Idee, und überzeugte Schubert und dessen Mitgründer – sodass diese investierten. Doch die onvista-Gründer gaben nicht nur Kapital (immerhin eine sechsstellige Summe), sondern halfen auch bei technischen Fragen: »Wir hatten damals bereits ein eigenes Rechenzentrum gebaut und den Jungs angeboten, dass sie ihren Server bei uns aufstellen können«, so Stephan Schubert.

Die onvista-Gründer seien auch beim Aufbau der Datenbank hilfreich gewesen, erzählt Malte Brettel rückblickend: »Die wussten ja, wie so etwas geht.« Noch dazu hatten sie Kontakte, unter anderem zu Burda Digital Ventures, das mit seinem ersten Fonds nicht nur in Alando, sondern eben auch in das Finanzportal onvista investiert hatte.

Die Zusammenarbeit mit Rheinländern hatte sich in München bis dahin ausgezahlt und so stieg Burda Digital Ventures auch bei Justbooks ein (heute sind sowohl onvista-Gründer Oidtmann als auch Justbooks-Gründer Blum Partner beim Risikokapitalgeber). Zum Notartermin im Dezember 1999 in Düsseldorf reiste der heutige Burda-Chef Paul-Bernhard Kallen persönlich an. »Und dann haben sie uns drei Millionen Mark überwiesen«, sagt Heinemann. Es war das Startkapital für eine rasante Erfolgsgeschichte – bei der auch kuriose Begegnungen nicht ausblieben.

Justbooks hatte damals sein Büro in der Ronsdorfer Straße in Düsseldorf frisch bezogen und wollte dies wenig später mit einer standesgemäßen Einweihungsfeier zelebrieren. Doch unter die Gäste mischten sich nicht nur WHU-Kontakte der Gründer, sondern auch ein junger Mann aus Wermelskirchen, der damals versuchte, in Politik und Gründerszene gleichermaßen Fuß zu fassen: Christian Lindner, der nach der Wahl im Mai gerade erst als jüngster Abgeordneter in den NRW-Landtag eingezogen war.

»Damals kam ein Typ rein, bei dem ich dachte: ›Oh, der hat aber ein ausgeprägtes Selbstbewusstsein‹«, erinnert sich Florian Heinemann an den Auftritt des heutigen FDP-Bundesvorsitzenden. Lindner hatte mit Partnern parallel zu seiner Landtagskarriere im Mai 2000 die Moomax GmbH gegründet, die Onlineshopping kundenfreundlicher machen sollte. Das Unternehmen hatte kühne Pläne: Es wollte Avatare entwickeln, die Kunden auf Webseiten von Unternehmen ansprachen. Das System sollte ähnlich wie Siri, die Sprachsteuerung von Apple, funktionieren, erklärte Lindner Jahre später die Idee: »Die Nutzer sollten mit natürlicher Sprache eine Webseite steuern können.«[28]

Doch als der Neue Markt wenig später kollabierte, platzten auch Lindners Gründerträume. »So manches Depot aus Neuen-Markt-Aktien hatte sich da auch schon in eine Deponie verwandelt«, scherzte er später bei einem Auftritt vor Studierenden in Frankfurt.[29] Nach nur 18 Monaten musste die Moomax GmbH im Januar 2002 das Insolvenzverfahren eröffnen. Lindner hatte sich zu diesem Zeitpunkt aus der Geschäftsführung allerdings bereits zurückgezogen – Denn im Mai 2000 hatte er nicht nur ein Start-up gegründet, sondern war bei der Landtagswahl mit damals 21 Jahren auch als jüngster Abgeordneter in der Geschichte Nordrhein-Westfalens ins Parlament eingezogen.

Kurzum: Lindner war gerade dabei, sich einen Namen zu machen und ein Netzwerk innerhalb der liberalen Partei aufzubauen. Heinemann erinnert sich, dass der FDP-Politiker am Abend der Einweihungsparty gemeinsam mit Hartmut Klüppel, dem ehemaligen persönlichen Referenten des früheren liberalen Außenministers Hans-Dietrich Genscher, unterwegs war: »Der war Mitte 30, sah aber deutlich älter und für die Start-up-Szene von damals sehr konservativ aus«, sagt Heinemann über den Gast, der offenbar im Anzug zur Gründerfeier erschien. Lindner hingegen habe eher verbal Eindruck hinterlassen, »der fügte sich optisch ein.« Zu dem Abend äußern wollte sich Lindner auf Anfrage jedoch nicht.

Das Bürogebäude an der Ronsdorfer Straße in Düsseldorf war allerdings nicht nur Schauplatz jener Party, sondern spielte Jahre später auch noch eine zentrale Rolle bei einer weiteren Erfolgsgeschichte des Rheinlands: Trivago.

Der Name »Justbooks« war bei der Gründung der Hotel-Suchmaschine im Jahr 2005 allerdings bereits wieder von der deutschen Start-up-Landkarte verschwunden. Das Unternehmen wurde bereits am 1. Oktober 2001 vom kanadischen Wettbewerber Abebooks im Rahmen eines Aktientauschs übernommen. Gemeinsam bildete man fortan die weltgrößte Plattform für antiquarische Bücher.

Das Geschäft ergab für alle Seiten Sinn, denn einerseits sicherten sich die Kanadier so Zugriff auf den europäischen Markt, andererseits hatte sich das wirtschaftliche Umfeld im Verlauf des Jahres 2000 für

Start-ups verschlechtert, weshalb Justbooks seine Bestrebungen intensivierte, möglichst schnell profitabel zu werden. Gleichzeitig war man jedoch Opfer des eigenen Erfolgs geworden. Man sei technisch am absoluten Limit gewesen, beschrieb Mitgründer Christian Wertz die Situation mal gegenüber dem *Manager Magazin*. Um weiteres Wachstum zu verkraften, hätte man demnach kräftig in neue Server und Datenbanksoftware investieren müssen.[30]

Der Zusammenschluss mit den Kanadiern wirkte logisch – machte aus den Unternehmern aber Angestellte. Und natürlich begann man damit, Synergien zu heben: Aus zwei Datenbanken wurde zum Beispiel eine und bei den Personalkosten wurde so manches auf den Prüfstand gestellt.

Es war eine Situation, in der sich auch die Gründer so ihre Gedanken machten. Wie Malte Brettel. Dieser hatte für die Gründung von Justbooks seine Habilitation unterbrochen, bekam 2002 aber das Angebot, an der Handelshochschule Leipzig kommissarisch den Lehrstuhl für Internationales Management zu übernehmen. Er überlegte nicht lange, nahm das Angebot der HHL an, stieg bei dem Start-up aus und zog nach Leipzig, wohin ihm auch Mitgründer Florian Heinemann folgte. Ihn hatte Brettel schon bei der Diplomarbeit betreut, nun wollte Heinemann bei ihm auch promovieren. Auch Christian Langer zog sich zurück, sodass zum Schluss von dem fünfköpfigen Gründerteam von Justbooks nur noch Wertz und Blum übrig blieben.

Die beiden kämpften um ihren Einfluss in der neuen Organisation, bei wichtigen Besprechungen in Kanada sei man anfangs ausgeschlossen gewesen, erzählte Wertz später mal. Nicht einmal Protokolle bekamen die Deutschen geschickt. Sie drohten mit Ausstieg – und erarbeiteten sich dann mit einem forschen Auftritt bei einem Strategietreffen Respekt. Wenig später wechselte Wertz nach Kanada, wo er Leiter für Marketing und Geschäftsentwicklung wurde, während Blum erst zum Europa- und dann zum Vorstandschef aufstieg.[31]

Als Hannes Blum nach rund 15 Jahren ein neues berufliches Kapitel aufschlug, war er der letzte verbliebene Justbooks-Gründer. Alle anderen hatten sich längst umorientiert. Auch die Firmengeschichte hatte

eine erneute Wendung genommen: Immerhin gab es mit Amazon inzwischen einen neuen Eigentümer.

Im Jahr 2008 hatte der aufstrebende Onlinehändler die Kanadier
übernommen – und mit ihnen auch eine Datenbank von knapp
110 Millionen Büchern.[32] »Ich habe damals einen knapp siebenstelligen
Betrag an dem Verkauf verdient«, sagt Florian Heinemann, der zu dem
Zeitpunkt noch immer Anteile an dem Unternehmen hielt. »Das war
schon super. Und damit habe ich dann angefangen, stärker Business-
Angel-Investments zu machen.«

Ein Einhorn aus Düsseldorf

Eine bestimmte Finanzierung hatte Florian Heinemann zu diesem Zeitpunkt bereits getätigt – von wohl rund 20.000 Euro. An die genaue
Summe kann er sich heute nicht mehr erinnern, aber dass es rückblickend viel zu wenig war, weiß er noch genau. Denn mit dem Geld finanzierte Heinemann 2006 eine Idee von drei Gründern, die in Düsseldorf einen Klon des US-Portals Tripadvisor aufbauen wollten: Trivago.

Tripadvisor ist für den Reisebereich das, was Google für die Internet-
suche ist: so dominant, dass es fast ein Monopol ist, hat der britische
Guardian mal über das Reisebewertungsportal geschrieben.[33] Tripadvisor hatte im Jahr 2000 damit angefangen, Informationen aus Reise-
führern und anderen etablierten Quellen zusammenzutragen, wenig
später jedoch auch Nutzerbewertungen erlaubt. Das war der entscheidende Schachzug. Denn schnell stellte sich heraus, dass die Nutzer mit-
nichten nur den »Experten-Meinungen« vertrauten, stattdessen nahm
das Interesse an nutzergenerierten Bewertungen immer mehr zu.

Gleichzeitig stellte das Unternehmen sein Finanzierungskonzept
um. Weil der Verkauf von Bannerwerbung nur wenig lukrativ war, führte Tripadvisor ein Modell ein, bei dem jedes Mal von Hotels eine kleine
Gebühr erhoben wurde, wenn ein Nutzer ein Zimmer über Tripadvisor

buchte. Mit Erfolg. Innerhalb kürzester Zeit schrieb das Unternehmen schwarze Zahlen.[34]

Im Jahr 2004 übernahm der Mutterkonzern des Reiseportals Expedia, InteractiveCorp (IAC), Tripadvisor für 210 Millionen Dollar in bar – rückblickend ein absurd niedriger Preis, wenn man bedenkt, für welche Summe ausgerechnet Expedia knapp zehn Jahre später bei Trivago einsteigen sollte. Zu diesem Zeitpunkt hatte Tripadvisor fünf Millionen monatliche Nutzer (Unique User) – ein Erfolg, der wie bei eBay auch der deutschen Gründerszene nicht verborgen blieb.[35]

Stephan Stubner, Peter Vinnemeier und Rolf Schrömgens hatten inzwischen bereits Erfahrungen mit dem Aufbau eines Unternehmen gesammelt. Die drei hatten sich während ihres Studiums an der Handelshochschule Leipzig (HHL) kennengelernt und nach Schrömgens Rückkehr aus Chicago und der Nachricht des Alando-Verkaufs im Sommer 1999 beschlossen, in Leipzig zu gründen. Nutzer sollten auf ihrem Portal Eratix.de Produkte bewerten, mit denen sie sich auskannten, und dafür entlohnt werden – eine Idee, für die es zum damaligen Zeitpunkt schon US-Vorbilder gab. Doch das Beispiel Alando hatte gezeigt, dass dies nicht unbedingt ein Nachteil sein musste.

Genau deswegen schrieben die drei Gründer den Samwer-Brüdern damals eine E-Mail. »Wir haben gesagt, dass wir etwas Großes vorhatten und mal ihre Meinung dazu wissen wollten«, erinnert sich Rolf Schrömgens. Wenig später traf man sich dann im Büro von Alando in Berlin-Kreuzberg, dem Ort mit der Tischtennisplatte, an dem wenige Wochen zuvor noch eBay-Gründer Omidyar zu Gast gewesen war. Hier zeigte sich wieder einmal, wie gut das Netzwerk der WHU funktionierte. Denn Schrömgens und Co. erfuhren, dass es in Köln ein Gründerteam gäbe, dass eine ganz ähnliche Idee verfolgte: eLoops. Vorangetrieben wurde das Projekt von den WHU-Absolventen Cyril Jaugey, Gerrit Heine, Jens Dissmann und Cornelius Rost. Die Schnittmengen waren offensichtlich – und so zogen die drei Leipziger ins Rheinland. Für Vinnemeier und Schrömgens war es eine Rückkehr in die Heimat. Während Vinnemeier aus Düsseldorf kommt, ist Schrömgens in Mönchengladbach aufgewachsen, wo seine Eltern das Traditionsgasthaus Haus Baues betrieben.

Genau wie das Gründerteam von Justbooks zeichnete sich auch das Team von Amiro.de, wie das gemeinsame Unternehmen künftig hieß, nicht nur durch einen Hintergrund der Business-Hochschule, sondern auch durch seine enorme Größe aus – auch wenn sich mit Katrin Luger ein Mitglied des Leipziger Gründungsteams früh zurückzog. In der Domstadt arbeiteten dennoch plötzlich acht Gründer an der Umsetzung ihrer Idee, dem Aufbau der nach eigenen Angaben größten unabhängigen Onlineverbraucherzentrale in Deutschland. Von einer »Mega-Fusion der Online-Meinungsmacher«, schrieb Amiro damals selbstbewusst in einer Pressemitteilung.[36]

Die Realität sah weniger spektakulär aus. Zahlenmäßig konnte das Kölner Amiro-Team zwar punkten, doch mit Ciao in München und dem vom Kölner Boris Wasmuth gegründeten dooyoo in Berlin gab es zwei Konkurrenten mit einem ganz ähnlichen Geschäftsmodell – und diese hatten deutlich mehr Kapital.

Dass vor dem Amiro-Zusammenschluss gleich vier Teams an einer ähnlichen Idee arbeiteten, lag auch daran, dass die Idee eben nicht besonders exklusiv war. Im Fall des Amiro-Ciao-dooyoo-Modells hieß das US-Vorbild Epinions. Dieses Start-up war zwar ebenfalls erst 1999 gegründet worden, hatte jedoch für Aufsehen gesorgt, als es im Mai 1999 von den Risikokapitalgebern Benchmark und August Capital acht Millionen US-Dollar in einer Series A einsammeln konnte.[37]

Das blieb natürlich auch im fernen, aber gründungswilligen Deutschland nicht unbemerkt. Start-ups wurden praktisch über Nacht mit Millionen bewertet und kein Geschäftsmodell klang zu gewagt oder absurd. Das Potenzial des Internets schien praktisch grenzenlos. Der 1997 gestartete Aktienindex »Neuer Markt« (Nemax) erklomm immer neue Höchststände. Nie schien es so leicht zu sein, reich zu werden. Durch die immer neuen Kursrekorde und Erfolgsgeschichten zog es auch immer mehr Privatanleger an die Börse. Am 10. März 2000 erreichte der Nemax 50 mit 9631,50 Punkten einen neuen Höchststand.[38]

Es war der Zeitgeist, der viele zu Glücksrittern machte, auch wenn sie eigentlich andere Pläne gehabt hatten. So wie Cornelius Rost, der eigentlich nach seinem Diplom an der WHU eine Weltreise mit seinem Freund und Mitbewohner Florian Heinemann machen wollte. Zwischen ihm und der großen, weiten Welt stand nur noch eine Diplomarbeit. Genau wie sein WG-Kumpel wollte auch Rost seine Arbeit bei Malte Brettel schreiben – und dieser habe dann das Thema »Business Angels« vorgeschlagen, erinnert sich Rost.

Weil es bis dato kaum Literatur zu dem Thema gab, machten Rost und sein Co-Autor Cyril Jaugey daraus – ähnlich wie zuvor schon Oliver Samwer und Max Finger – eine Feldstudie. Die beiden reisten umher, um für ihre Diplomarbeit mit Business Angels über ihre Geschäfte zu sprechen, sammelten jedoch ganz nebenbei wertvolle Kontakte für die Zukunft ein. So vermittelte Oliver Samwer ihnen unter anderem einen Kontakt zu Cornelius Boersch, der auch in Alando investiert hatte. »Bei dieser Reise haben wir gemerkt: Da geht gerade ganz schön was«, sagt Cornelius Rost. Also beschloss man, auch etwas zu machen.

In Köln startete er gemeinsam mit Jaugey, Gerrit Heine und Jens Dissmann eLoops, zunächst jedoch mit einem ganz anderen Geschäftsmodell, weshalb man später den Namen für die GmbH beibehielt und nur das Produkt Amiro.de nannte. Dass es zeitgleich knapp 500 Kilometer entfernt in Leipzig ganz ähnliche Überlegungen gab, ahnten die vier Gründer nicht – bis sich Schrömgens und Co. bei ihnen meldeten.

Man traf sich, verstand sich und sah eine Reihe gemeinsamer strategischer Interessen: »Es gab diese beiden fett finanzierten Teams von dooyoo und Ciao. Wir hatten nur ein paar Angel-Investments«, sagt Cornelius Rost rückblickend. Doch zusammen mit den Leipzigern, so dachten sie damals, hätten sie vielleicht eine Chance – auch wenn diese erst noch ihre Diplomarbeiten beenden mussten und dadurch erst etwas später einsteigen konnten.

Dafür funktionierte das Team. Unter Hochdruck versuchte man, die Konkurrenz abzuhängen. Zeitweise waren die Arbeitstage so lang, dass Rost kurzerhand ein Klappbett in dem winzigen Serverraum aufbaute, um nicht jeden Tag zweimal die Strecke von Köln an den Niederrhein pendeln zu müssen, wo der damals 23-Jährige wieder temporär bei seinen Eltern in Willich-Schiefbahn wohnte.

»Als wir uns damals mit den Leipzigern zusammenschlossen, sah der Plan eigentlich nicht vor, dass wir zwei Monate später als kleinerer Partner direkt mit jemand anderem zusammengehen«, sagt Rost. Doch der Markt spielte schon verrückt. So meldete sich laut Cornelius Rost zunächst ausgerechnet das US-Vorbild Epinions bei dem Kölner Klon und fragte, ob man nicht das Europageschäft für sie aufbauen wolle. Doch die Konditionen seien so schlecht gewesen, dass sich im Gesellschafterkreis keine Mehrheit dafür gefunden habe.

Stattdessen schloss sich das Amiro-Team mit dem Münchner Konkurrenten Ciao zusammen. Die Gründer packten also ihre Koffer und zogen im Frühjahr 2000 nach München. Das komplette Unternehmen wurde nach Bayern verlagert, der Name Amiro verschwand. Innerhalb weniger Monate war aus drei Teams eins geworden, doch Cornelius Rost sagt ganz deutlich: »Es war für beide Seiten keine Liebesheirat.«

Was bei Rost, Schrömgens und Co. bleibt, ist die Erkenntnis, dass die Formel »Viel Fremdkapital, viele Gründer, wenig eigene Anteile« zu einem eher bescheidenen persönlichen Erfolg führte. In München war bei vielen Ernüchterung eingekehrt. Trotz harter Arbeit besaßen die Kölner und Leipziger kaum Anteile am Unternehmen, das aufgrund seiner komplizierten Gründer- und Beteiligungsstruktur auch nur wenig Gestaltungsspielraum bot.

So reifte demnach in vielen der Entschluss, schnell einen Schlussstrich zu ziehen: Bis auf Gerrit Heine zogen sich alle Amiro-Gründer zurück. Rost wechselte zu Nintendo und auch Schrömgens sagte bereits 2001 Ciao zu Ciao, zog zurück nach Düsseldorf und nahm sich vor, bei einem neuen Anlauf alles anders zu machen.

Die neue Firma sollte in wesentlichen Punkten eine Art Gegenentwurf werden, darin waren sich Stephan Stubner, Peter Vinnemeier und Schrömgens einig. Man wollte Daten von Digitalunternehmen aggregieren, um Leistungen innerhalb von Branchen transparenter zu machen. Bis heute findet Schrömgens die Idee nicht schlecht, doch den Gründern fehlte das Geschäftsmodell. Daher setzten sie sich an einem

Morgen im September 2001 zusammen und beendeten die Pläne. »Wir haben gesagt: Leute, es bringt gerade nichts, wir gehen jetzt jeder getrennte Wege«, erinnert sich Schrömgens an diesen Tag. Denn um 14:45 Uhr Mitteleuropäischer Zeit schlägt in New York das erste Flugzeug in den Nordturm des World Trade Centers ein.

Der 11. September 2001 brachte die Weltordnung ins Wanken. Die Terroranschläge auf die Zwillingstürme brannten sich kollektiv ins kulturelle Gedächtnis der Menschheit ein. In der Folge brachen Kriege aus und Börsen ein. Eine der besonders betroffenen Branchen war der Tourismus. Viele Menschen verzichteten auf Flüge, Hotelzimmer in Metropolen wurden storniert, Restaurants blieben leer. Es brauchte Zeit, bis diese Wunden heilten – in New York und anderswo.

Auch Schrömgens fehlte in dieser Phase die klare Richtung. Er versuchte, sich selbstständig zu machen, brachte sich das Programmieren bei, arbeitete, als sein Vater krank wurde, eine Zeitlang sogar im elterlichen Lokal, und startete zwischenzeitlich eine Promotion an der RWTH Aachen. Dort hatte gerade ein junger Professor den Lehrstuhl für Wirtschaftswissenschaften für Ingenieure und Naturwissenschaftler sowie die Leitung des Gründerzentrums übernommen. Ähnlich wie Schrömgens hatte er Verbindungen zur HHL in Leipzig und auch als Gründer Erfahrungen gesammelt. Hinzu kam, dass Schrömgens auch gut bekannt war mit einem langjährigen Mitarbeiter von diesem Malte Brettel, der da aus Leipzig nach Aachen gewechselt war.

Florian Heinemann, der neben seiner Promotion bereits den Samwer-Brüdern bei ihrem Klingelton-Start-up Jamba geholfen hatte, hatte Schrömgens in seiner Amiro-Zeit kennengelernt. Der Justbooks-Gründer war des Öfteren in Köln im Büro des Start-ups zu Besuch, um den Ex-Mitbewohner Cornelius Rost und ein paar andere Kumpels zu besuchen. In Leipzig hatte er seine Promotion nicht beenden können, deswegen war er seinem Doktorvater ins Rheinland gefolgt.

Schrömgens und Heinemann hatten sich häufiger mal über Suchmaschinenoptimierung ausgetauscht. Und irgendwann sprachen sie auch über eine Idee, an der das Ex-Eratix-Team gerade im Keller von Peter Vinnemeiers Vater tüftelte – einer Art deutschem Tripadvisor oder einem Wikipedia für Reisen, wie das Projekt in Anlehnung an das On-linelexikon auch manchmal genannt wurde.

Trivago sollte anders werden als Amiro: Statt große Mengen an Kapital aufzunehmen, entschieden sich Stubner, Schrömgens und Vinnemeier für eine Minimallösung und sammelten von anderen Gründern kleinere Beträge ein. Mit Heinemann, den Samwers und Amiro-Gründer Cyril Jaugey investierten auch einige Köpfe aus dem Rheinland ihr Geld in das Düsseldorfer Start-up.

Sie sollten es nicht bereuen.

Unter dem Fantasienamen Trivago trieben die Gründer ihr Projekt voran, allerdings schon bald in neuer Besetzung. Denn Stephan Stubner entschied sich gegen eine Karriere als Gründer – und für die Rückkehr an die Hochschule. Nach seiner Promotion an der Friedrich-Alexander-Universität Erlangen-Nürnberg kehrte er 2007 an die HHL in Leipzig zurück, wo er zehn Jahre später die Leitung übernahm, nachdem sein Vorgänger Andreas Pinkwart sein Amt als Rektor aufgegeben hatte, um Wirtschaftsminister in Nordrhein-Westfalen zu werden.

Statt Stubner ergänzte Malte Siewert das Duo Vinnemeier & Schrömgens bei Trivago. Die drei kannten sich aus HHL-Zeiten, doch während Schrömgens und Vinnemeier gründeten, begann Malte Siewert zunächst eine Karriere als Investmentbanker. Der Kontakt zu seinen Kommilitonen riss jedoch nicht ab, was auch daran lag, dass Schrömgens und er in Düsseldorf Nachbarn wurden: »Und da hat er dann jeden Abend bei uns auf der Couch gesessen«, erinnert sich Schrömgens.

Zu dritt arbeiteten sie weiter an der Idee, eine Art deutsches Tripadvisor zu bauen. Im Frühjahr 2008 verbrachten angeblich bereits 55.000 Mitglieder der Reise-Community jeden Monat durchschnittlich 20.000 Stunden damit, Trivago mit Inhalten zu füllen. Das Portal war inzwischen auf rund 150.000 Hotelbewertungen, 1,6 Millionen Fotos und Informationen zu 50.000 Ausflugszielen angewachsen. Hinzu käme, so die *F.A.Z.* damals, ein Hotelpreisvergleich mit rund 270.000 Häusern weltweit. Schon kurios: Die Hotelsuchmaschine des heutigen Hotelsuchmaschinen-Unternehmens Trivago war in den Anfangsjahren nicht mehr als ein nettes Anhängsel.[39]

Erst im Oktober 2008, erzählte Siewert Jahre später auf einer Konferenz, habe man sich entschieden, sich komplett auf die Hotelsuche zu fokussieren. Aus der Tippseite sollte die heutige Metasuchmaschine werden: »Und danach ist das Unternehmen explodiert.«[40]

Zufall oder nicht: Rund ein Jahr zuvor, im Oktober 2007, waren bei einer Finanzierungsrunde unter anderem die Samwers mit ihrem Investmentvehikel, dem European Founders Fund (EFF), bei Trivago eingestiegen. Damals soll Oliver Samwer vor allem den Hotelpreisvergleich gelobt haben.[41]

Doch auch die Gründer erkannten wenig später, dass die Fokussierung sinnvoll war, denn man war auf dem besten Wege, sich zu verzetteln. Während die Aufgaben immer vielfältiger wurden, ging Trivago langsam das Geld aus. Die Gründer sahen sich plötzlich mit der Möglichkeit konfrontiert, Menschen entlassen zu müssen. Um das zu verhindern, schlossen sich Schrömgens, Siewert und Vinnemeier drei Tage in einem Düsseldorfer Hotel ein und gingen in Klausur. Am Ende hatten sie nicht nur eine Idee von der Zukunft, sondern vielmehr eine Mission, die in den kommenden Jahren mit aller Kraft umgesetzt werden sollte.

Dabei fällten die Gründer fundamentale Entscheidungen: Trivago solle eine Hotelsuchmaschine (und NUR eine Hotelsuchmaschine) werden, statt auf Nutzerinhalte wollte man sich auf Technologie konzentrieren und gleichzeitig das Unternehmen zu einer Marke aufbauen.[42] Die Fokussierung auf die Hotelsuche wurde zu einer Art Mantra. Während andere Seiten ihr Angebot um Flüge, Mietwagen und andere Facetten des Reisens ergänzten, fokussiert sich Trivago bis heute nur auf die Unterbringung. Selbst 2017, knapp zwölf Jahre nach der Gründung, spricht Schrömgens davon, dass man immer noch nicht gut in der Hotelsuche sei und besser werden müsse – obwohl das Unternehmen da schon mehr als 750 Millionen Euro Umsatz generierte.[43]

Die Einnahmen hatten die Düsseldorfer durch ein extremes Marketing innerhalb kürzester Zeit vervielfacht. Auf der Digitalkonferenz

Noah erzählte Malte Siewert vor einigen Jahren, dass man für das Jahr 2010 Fernsehwerbung für zwei Millionen Euro in Deutschland gebucht hatte, obwohl man 2009, als die Entscheidung fiel, nur rund 200.000 Euro auf dem Konto gehabt habe. »Das war eine unserer riskanteren Entscheidungen bei Trivago«, so Siewert.[44]

Im Kampf um Marktanteile und Größe investierte das Start-up Unsummen in seine Werbebotschaften und den Markenaufbau – zunächst auf Plakatwänden, später dann speziell auch in Fernsehwerbung oder Anzeigen bei Suchmaschinen wie Google. Bis heute ist die große Abhängigkeit von Werbeausgaben eine von Trivagos größten Herausforderungen. Denn in den vergangenen Jahren zeigte sich: Sobald man die Budgets reduzierte, sanken auch die Umsätze. Wie bei einem Fahrzeug, das langsamer wird, wenn man den Fuß vom Gas nimmt. Doch damals waren Werbeausgaben der Treibstoff, der Trivago in neue Sphären führte.

Am 12. März 2013 gab das US-Reiseportal Expedia bekannt, dass man 61,6 Prozent der Trivago-Anteile übernommen habe. 434 Millionen Euro plus 875.200 Expedia-Aktien zahlten die Amerikaner für die Hotelsuchmaschine.[45] Der damalige Expedia-Chef, Dara Khosrowshahi, der inzwischen den US-Fahrdienstvermittler Uber leitet, war seinerzeit voll des Lobes über die Macht der Düsseldorfer Metasuchmaschine. Auch in der deutschen Presse sorgte der Deal für Schlagzeilen, immerhin handelte es sich zum damaligen Zeitpunkt um einen der spektakulärsten Verkäufe, der je einem deutschen Gründerteam gelungen war. Plötzlich waren es Schrömgens und Co., über deren Erfolg Artikel geschrieben wurden wie damals bei Alando.

Wobei ›Verkauf‹ relativ ist, denn der Deal machte die Trivago-Gründer zwar reich, einen großen Teil ihrer Anteile behielten sie aber auch nach dem Geschäft mit Expedia. Die Lektion, die man bei Amiro gelernt hatte, hatte sich im zweiten Anlauf doch noch ausgezahlt. Und das Rheinland hatte ein neues Aushängeschild.

Die Kaderschmiede der Gründerszene

Alando, Justbooks, Amiro, onvista – vier Namen mit einer Verbindung: die WHU. Sie war für die Gründerszene der vergangenen 20 Jahren die wichtigste Kaderschmiede der Republik. Hinter einer Vielzahl der Erfolgsgeschichten deutscher Start-ups steckten zuletzt Absolventen der Hochschule aus dem Rheinland. Die Gründer von Zalando wurden hier ebenso ausgebildet wie die von HelloFresh, studiVZ oder Home24. Die Hochschule, die jünger ist als mancher der aus ihr hervorgegangenen Gründer, wurde innerhalb kürzester Zeit zu einem der wichtigsten Netzwerke der deutschen Start-up-Szene.

Die WHU sei ein wenig wie eine Mischung aus Internat und Schweizer Militär, sagt Thomas Griesel, Mitgründer von HelloFresh und WHU-Absolvent des Jahrgangs 2009. Ähnlich wie in einem Internat verbringe man durch die Abgeschiedenheit im rheinland-pfälzischen Vallendar in einer prägenden Lebensphase zwangsläufig überwiegend Zeit mit seinen Kommilitonen. Ähnlich wie der Schweizer Militärdienst sei die Hochschule auch überaus hilfreich dabei, belastbare Netzwerke zu bilden – wobei die Hochschule bzw. deren Verein der Ehemaligen tatkräftig unterstützen.

So bekommen die Absolventen bis heute einmal im Jahr das sogenannte *Rote Buch* zugeschickt, eine Art Adressbuch der Wirtschaftselite. »Das rote Buch war damals wie Facebook«, sagt Justbooks-Gründer Malte Brettel. Alphabetisch oder nach Jahrgang sortiert konnte man nachschlagen, bei welchem Unternehmen die Ex-Kommilitonen gerade sind. Bei einigen Absolventen verschwand es im Regal und wurde einmal im Jahr ausgetauscht, wenn die neue Auflage erschien. Andere wiederum nutzten es rege, um mit dem Schlüsselwort WHU die Türen zu Unternehmen und Geschäftschancen zu öffnen.

Abzusehen war diese Entwicklung natürlich nicht, als die Idee einer privaten Hochschule im Rheinland entstand. Die Geschichte der WHU beginnt 1983 in Koblenz – und welches Ziel die Gründung verfolgte, wird schon am Namen deutlich, denn die Abkürzung WHU steht für »Wissenschaftliche Hochschule für Unternehmensführung.«

Die Koblenzer Industrie- und Handelskammer trieb die Idee voran, nachdem in der Unternehmerschaft der Wunsch entstanden war, den betriebswirtschaftlichen Defiziten des eigenen Führungsnachwuchses durch die Gründung einer privaten Hochschule zu begegnen. Dort sollten jedoch nicht nur stumpf Aspekte wie Finanzierung, Rechnungswesen oder Marketing gepaukt werden, vielmehr träumte man von einer international ausgerichteten Elite-Hochschule – so wie es die European Business School (kurz: EBS) im hessischen Oestrich-Winkel zu diesem Zeitpunkt bereits war.

Zu Beginn war man von diesem Status jedoch noch weit entfernt. Zwar wurde der berühmte Ökonom Friedrich August von Hayek zum Start der Hochschule 1984 zum Ehrenrektor ernannt, die ersten Vorlesungen und Kurse fanden allerdings noch wenig standesgemäß in einer Koblenzer Grundschule statt – ein Zustand, der den Ansprüchen der ehrgeizigen Gründer natürlich nicht genügen konnte.

Bei der Suche nach einer repräsentativen Residenz wurde man schließlich im benachbarten Vallendar fündig. Dort wurde im 18. Jahrhundert die Marienburg errichtet, die eine angemessene Kulisse für die Hochschule bot. Daher zog die Hochschule 1988, während die ersten Absolventen ihr Diplom erhielten, von Koblenz auf die andere Rheinseite.

Die ersten Jahre verliefen holprig. Die Hochschule musste sich erst einen Namen machen und gleichzeitig hatte die Stiftung, die hinter der WHU steht, einen enormen Finanzierungsbedarf. Heute wird diese von namhaften Unternehmen wie Bayer, Henkel, Telekom oder auch

Facebook getragen, in den Anfangsjahren war die finanzielle Absicherung der Hochschule jedoch vor allem einem Mann zu verdanken: Otto Beisheim.

Der Mitgründer des Düsseldorfer Handelskonzerns Metro stiftete nicht nur den Lehrstuhl für Unternehmertum und Existenzgründung, sondern gab 1993 auch 50 Millionen Mark, um die Hochschule finanziell abzusichern. Die Dankbarkeit war so groß, dass man beschloss, den Namen der WHU zu ändern. Bis heute trägt sie deswegen den Zusatztitel »Otto Beisheim School of Management«.[46]

Markus Rudolf legt viel Wert darauf, dass man die Hochschule nicht auf einen Brutkasten für Gründer reduziert. »Start-ups sind nur ein Element«, erklärt der Rektor der WHU. Es gebe aber beispielsweise auch viele Familienunternehmer, die an der Hochschule ausgebildet würden, nach ihrem Abschluss aber weniger öffentlich im Fokus stünden. Es ist Rudolf wichtig, dass diese Botschaft im Gespräch ankommt. Denn der Rektor befindet sich in einer permanenten Zwickmühle: Einerseits ist man natürlich stolz auf die vielen erfolgreichen Unternehmen, die von Absolventen der Hochschule gegründet wurden, andererseits aber zählen viele etablierte Unternehmen und Konzerne zu den Geldgebern der WHU. Insofern liegt es natürlich auch im Interesse der Hochschule, dass weiterhin Absolventen zu diesen Unternehmen wechseln. »Wir haben immer noch mehr Leute, die Berater werden, als Leute, die gründen«, so Rudolf. Aber gleichzeitig habe man eben trotzdem deutlich mehr Gründer unter den knapp 1.700 Studierenden als andere Hochschulen.

Rudolf ist seit 1998 in Vallendar und viele der heute extrem erfolgreichen Gründer hat er noch als Professor im Hörsaal erlebt – zum Beispiel Zalando-Gründer Robert Gentz, aber auch studiVZ-Gründer Michael Brehm oder Christoph Cordes, Sohn des ehemaligen Metro-Chefs Eckard Cordes und Gründer von Home24. Nicht alle erfolgreichen Gründer seien im Laufe der Jahre auch durch akademische Höchstleistungen aufgefallen, sagt Rudolf. »Viele hatten offensichtlich Talente, die sich erst nach der Zeit im Hörsaal im späteren Berufsleben so richtig entfaltet haben.«

Dass es in Vallendar so viele Gründer gibt, hänge mit der DNA der Hochschule zusammen, davon ist Rudolf überzeugt. Die WHU sei seit ihrer Gründung ein Sammelbecken für Unternehmer. Vor seinem Wechsel an den Rhein hatte Rudolf an der Universität St. Gallen promoviert und habilitiert. Die Studierenden seien ebenfalls extrem leistungsstark gewesen, hätten aber eine andere Mentalität gehabt. »Das waren eher Managertypen, die später mal in den Vorstand eines DAX-Konzerns einziehen wollten.« In der Tat finden sich viele Topmanager unter den Absolventen der Schweizer Hochschule, von Deutsche-Bank-Aufsichtsratschef Paul Achleitner, über Ex-Commerzbank-Chef Martin Blessing bis hin zu Daimler-Chef Ola Källenius – allerdings auch der Gründer der Berliner Online-Bank N26, Valentin Stalff. »Bei uns gibt es viele Leute, die wollen lieber selbst etwas machen«, sagt Markus Rudolf. »Und natürlich reiten wir diesen Hype ein bisschen.«

Die WHU hat Entrepreneurship als einen ihrer Kernwerte definiert, aber das alleine lockt natürlich niemanden nach Vallendar oder macht aus einem Studierenden einen Gründer. Daher spielt neben der exzellenten Ausbildung an der Hochschule vor allem ein Faktor eine wesentliche Rolle: Vorbilder.

Oliver Samwer steht 2017 im Scheinwerferlicht auf einer Bühne. Jeans, Pullover, Turnschuhe – obwohl das *Manager Magazin* seine Brüder und ihn im selben Jahr mit einem Vermögen von geschätzten 1,9 Milliarden Euro auf Rang 85 der Liste der reichsten Deutschen führt, unterscheidet ihn die Kleidung kaum von den Gästen im Publikum.[47] Samwer ist aus München zum IdeaLab! angereist, einer von den Studierenden der WHU organisierten Gründerkonferenz. Knapp eine Stunde lang wird er gleich über das sprechen, was er den »Small Village Instinct« nennt – den Willen zum Erfolg, weil man seine eigene Position im Leben verbessern will. Es ist ein recht kurzweiliger Auftritt, den man noch heute im Internet findet. Samwer wird auf einige der bekanntesten Gründergeschichten der Welt zu sprechen kommen, doch den entscheidenden Satz sagt er bereits ganz am Anfang: »Euer Sitznachbar könnte einer der größten Gründer der Zukunft sein.«[48]

Der Satz beschreibt ziemlich genau das, was auch HelloFresh-Gründer Thomas Griesel an der WHU erlebt hat. Das Start-up wurde von Rocket Internet finanziert, doch die ersten Kontakte zwischen den Gründern und Samwer gab es bereits während des Studiums. Denn 2007 halfen Griesel und sein Mitbegründer Dominik Richter selbst bei der Organisation der damaligen Auflage des IdeaLab! mit. Auch damals zählte Samwer bereits zu den Gästen.

Dass sich ihre Wege Jahre später wieder kreuzen würden, man gemeinsame Sache machen und Griesel einer der erfolgreichsten Gründer Deutschlands werden würde, war damals nicht absehbar. Aber dank der WHU war es dennoch wahrscheinlicher als noch einige Jahre zuvor. Denn Unternehmertum oder gar Start-ups hatten bis dahin in Griesels Leben praktisch keine Rolle gespielt.

Der HelloFresh-Gründer wuchs in einem Lehrerhaushalt in Monheim am Rhein auf. Und auch am Düsseldorfer Gymnasium Koblenzer Straße, wo Griesel sein Abitur machte, spielte Wirtschaft eher eine untergeordnete Rolle. Lediglich im Leistungskurs Erdkunde habe man auch mal volkswirtschaftliche Themen diskutiert, erinnert sich Griesel: »Wenn man dann an die Uni geht und überlegt, ein Unternehmen zu gründen, dann ist das schon eine große Hemmschwelle. Wie mache ich das überhaupt? Und wo bekomme ich Geld für die Finanzierung her? Da sind total viele offene Fragen. Das wirkt alles total schwer und risikoreich.« Doch dann lerne man im Studium permanent Leute aus höheren Jahrgängen kennen, die wenig später gründeten. Ihre gemeinsame Wohnung übernahmen die beiden HelloFresh-Gründer zum Beispiel von Robert Gentz und David Schneider, die wenig später mit Zalando Europas größten Modehändler aufbauten. Griesel sagt: »Man sieht einfach plötzlich: Ok, die haben das gemacht. Warum sollte ich das also nicht auch schaffen?«

Vor 20 Jahren waren Start-up-Gründer an der WHU noch die absolute Ausnahme. Die Gründung von Firmen wie onvista oder Alando mutete zunächst noch exotisch an, doch je mehr Studierende den Schritt in ein Start-up wagten, desto selbstverständlicher wurde er. Daraus entwickelte sich irgendwann ein Netzwerkeffekt: Eine Hochschule, die erfolgreiche Gründer produziert, zieht häufiger gründungswillige junge Menschen an, von denen wiederum einige Erfolge haben, was dann noch mehr anzieht, die gerne gründen wollen.

Im Jahr nach dem Alando-Beben gründeten laut den zwei WG-Kumpels Cornelius Rost und Florian Heinemann in ihrem 1999er-Jahrgang bereits knapp 20 der 70 Absolventen ein Start-up. Während Heinemann Justbooks in Düsseldorf aufbaute, entstand neben Rosts Amiro in Köln zu dieser Zeit auch noch Econia, ein virtueller Marktplatz für Unternehmen und Institutionen – gegründet von Markus Berger, Chris Schroers, Christian Schulte und Maik Stockmann. »Lustigerweise waren die meisten in meinem Jahrgang, die sich selbstständig gemacht haben, Rheinländer«, sagt Cornelius Rost. »Die anderen sind eher zu Beratungen, Banken oder Konzernen gegangen.«

In früheren Jahren wurde speziell Oliver Samwer nachgesagt, mit Vorliebe WHUler für seine Start-ups aus dem Rocket-Internet-Kosmos anzuheuern. Doch inzwischen sind die Fließbandgründungen überwiegend zum Erliegen gekommen, weshalb auch der Personalbedarf gesunken ist. Dafür absolvieren heute viele WHUler bereits während des Studiums Praktika bei Zalando & Co. und kommen daher noch schneller mit der Gründerszene in Kontakt.

Die vielen gut funktionierenden Gründerteams führen dabei viele WHU-Absolventen auf einen zweiten Faktor zurück, der neben den Vorbildern an der Hochschule eine entscheidende Rolle spielt: Druck. Kaum ein Begriff fällt so häufig, wenn man mit Ehemaligen spricht. Er beginnt in Vallendar mit dem Auswahlverfahren und endet mit dem Abschlusszeugnis. Ein Stück weit gehört er vermutlich zum Selbstverständnis der WHU, wo man sich laut Schilderungen von Absolventen nicht alleine über seinen Geldbeutel, sondern vielmehr über seine Leistung definiert.

»Entscheidend für uns sind deine Leistungen und deine Persönlichkeit – und nicht dein finanzieller Hintergrund«, heißt es auch auf der Internetseite der Hochschule. Laut Rektor Markus Rudolf würden nur 40 Prozent der Bachelorstudenten den vollen Semesterbeitrag von 6.900 Euro bezahlen. Der Rest habe Stipendien oder bekomme andere

Finanzierungsmodelle angeboten. »Unser Ziel ist, dass nicht nur die Kinder von Besserverdienenden zu uns kommen«, betont Rudolf.

Doch wer an der WHU bestehen will, muss sich anstrengen. Fallstudien spielen eine große Rolle, denn die Studierenden sollen nicht nur Fakten pauken, sondern auch Problemlösungskompetenzen entwickeln – Fähigkeiten, die auch beim Gründen eines Start-ups hilfreich sind. Es wird viel in Teamarbeit gemacht. »Dadurch entsteht ein großes Vertrauen ineinander, weil man eben weiß, wie die Leute unter Druck agieren«, sagt Florian Heinemann. »So ist es ja auch zu erklären, dass die Hälfte des Zalando-Vorstands bis heute aus einem WHU-Jahrgang kommt.«

Die Zeit in Vallendar ist intensiv, doch gerade deswegen für viele Absolventen umso prägender. In diesen Jahren entstehen Freundschaften, die oft ein Leben lang halten – oder Netzwerke, die vielleicht weniger emotional getrieben, aber ebenfalls belastbar sind.

Ein WHU-Absolvent erklärt das mit der Spieltheorie, 1. Semester BWL. Es geht, vereinfacht gesagt, um Entscheidungen. Wer davon ausgehen kann, dass er sein Gegenüber nicht wiedersehen wird, neigt eher dazu, auf den eigenen kurzfristigen Vorteil zu setzen, auch wenn das eigentlich langfristig weniger sinnvoll ist und auf Kosten des anderen geht. Das WHU-Netzwerk, ist der Gründer überzeugt, verhindert ein Stück weit solche Entscheidungen – denn allen sei bewusst, dass man sich in einem Mehrrundenspiel befinde, sich also quasi permanent wieder über den Weg laufe. Fehlverhalten spricht sich schneller herum und allen sei bewusst, dass damit langfristig deutlich größere Nachteile verbunden seien.

Die Netzwerkpflege übernimmt an der WHU ein Verein namens In Praxi. Mehr als 90 Prozent aller Absolventen sind Teil der Alumniorganisation – und das nicht nur wegen des roten Buches. Es gibt Veranstaltungen und die Möglichkeit, offene Stellen über das Netzwerk zu vermitteln. Das Schlüsselwort »WHU« öffnet eben Türen, die anderen verschlossen bleiben.

Umgekehrt engagiert sich der Verein auch finanziell stark für die Zukunft der Hochschule. Was das bedeutet, kann man in Vallendar am

Beispiel des sogenannten In Praxi Learning Centers sehen. Neben zwei Hörsälen, die mit Kameras und Streaming-Technik ausgestattet sind, gibt es unter anderem die Zalando-Lounge oder die Audibene-Hall. Das hochmoderne Hochschulgebäude konnte 2016 auch dank der Spenden der Ehemaligen eröffnet werden, die den Bau finanziell stark unterstützt haben. »Man kann diesen Einsatz gar nicht hoch genug anrechnen«, sagt Rektor Markus Rudolf. »Wir reden hier ja über Leute, die noch nicht mal die 40er vollendet haben.« In den USA hingegen würden viele Hochschulen die größten Summen vererbt bekommen.

Das Gebäude ist auch eine Reaktion auf den großen Zuwachs an Studierenden, den die Hochschule in den vergangenen Jahren erlebt hat. Früher tummelten sich am Campus in Vallendar nur knapp 300 Studierende – die meisten Schulen haben mehr Schüler. Doch heute hat die Hochschule diverse Programme zur Managementausbildung begonnen, die Jahrgänge wurden vergrößert und mit Düsseldorf kam 2012 sogar ein zweiter Standort im Rheinland hinzu.[49] Inzwischen hat die Hochschule rund 1.700 Studierende und wächst weiter stark an.

So wurde inzwischen in Kooperation mit den aus der WHU hervorgegangenen Start-ups das spezielle Masterprogramm Management & Entrepreneurship aufgelegt. Im Jahr 2019 startete die erste Auflage, bei der die Hochschule eng mit Unternehmen wie Zalando, Audibene oder HelloFresh kooperiert. Diese wiederum haben sich über eine Rahmenvereinbarung verpflichtet, eine bestimmte Anzahl Talente in das Programm zu entsenden. »Die Unternehmen haben das Problem, dass sie ganz junge Leute anziehen, die aber oft nach einiger Zeit doch noch einen Master machen wollen«, erklärt Markus Rudolf. Um diese Talente nicht zu verlieren, habe man gemeinsam den berufsbegleitenden Master entwickelt. Die Hochschule, so viel ist sicher, lebt den Unternehmergeist vor, der in den Hörsälen gepredigt wird.

Dennoch gibt es Stimmen, die Raum für Verbesserungen sehen. Onvista-Gründer Stephan Schubert zum Beispiel hat das Gefühl, dass andere Hochschulen in Sachen Gründertum in den vergangenen Jahren stark aufgeholt haben. Sein Wort hat Gewicht, denn Schubert ist auch Jahre nach seinem Abschluss der Hochschule noch nah. Er ist als Vorstandsmitglied in der Stiftung des Ehemaligen-Netzwerks In Praxi und in der Hochschulstiftung einer der engagiertesten Alumni. Bis vor fünf Jahren sei ein großer Anteil der Unternehmen in seinem Portfolio von WHU-Absolventen gegründet worden: »Ich habe dabei kaum Geld verloren. Aber in den vergangenen Jahren kamen die wirklich starken Gründerteams und -ideen meist von anderen Hochschulen.«

Es kann dafür eine Vielzahl von Gründen geben, wie zum Beispiel die gestiegene Komplexität vieler heutiger Geschäftsmodelle, bei denen interdisziplinäre Teams oft Vorteile haben. Doch aus Schuberts Sicht liegt es auch daran, dass an der Hochschule genau wie an anderen Business Schools ein unvollständiges Weltbild von Start-ups vermittelt werde. Studierenden werde beigebracht, wie man einen Businessplan und ein Pitch Deck schreibe, sagt der onvista-Gründer, der inzwischen in Köln als Business Angel aktiv ist. Viele seien daher eloquent und gut trainiert darin, Geld von Investoren einzusammeln: »Dabei wird aber manchmal vergessen zu vermitteln, wie man kosteneffizient eine Firma aufbaut, ein Produkt entwickelt und das dann auch verkauft.«

Ob Schubert mit seinem Eindruck Recht behält, wird man wohl erst in einigen Jahren richtig beurteilen können. Dennoch ist es nicht der einzige Kritikpunkt. Innerhalb der Gründerszene gibt es einige, die den Typus WHU-Absolvent auch unter anderen Aspekten kritisch sehen. Immer wieder hört man, dass den Studierenden vor lauter Druck und Karrierefokus die Zeit fehle, um sich intensiv mit Themen abseits des eigentlichen Studiums zu beschäftigen: »Das WHU-Konzept besteht ja darin, schlauen Leute in einem kleinen Kaff ganz viel Stoff zum Lernen zu geben und sie dabei unter Druck zu setzen«, sagt Amiro-Gründer Cornelius Rost. »Dadurch gibt es zwangsläufig weniger Austausch über Management-fremde Themen als an anderen Hochschulen.« Mangels Fächervielfalt bestehe zu Studienende der gesamte Freundeskreis aus BWL-Absolventen. »Sowas beschränkt geistig vielleicht schon etwas.«

Es gibt einige, die sich etwas weniger Stromlinienförmigkeit wünschen würden, denn der Lebenslauf vieler WHUler in der Gründerszene sieht oft nahezu identisch aus: Bachelor in Vallendar, Master an der London School of Economics oder einer vergleichbaren Hochschule, anschließend kurz zu einer Unternehmensberatung und dann rein ins Start-up-Leben. Angesichts der Leistungsstärke und der Fähigkeiten der WHU-Absolventen ist es zum Beispiel bedauerlich, dass sie im politischen Betrieb nur vereinzelt auftauchen. Jemand wie Robert Maier ist diesbezüglich ein echter Exot.

Dass er die Politik mal zu seinem Beruf machen würde, hatte sich Maier eigentlich nie vorstellen können. Der heutige Partner beim Risikokapitalgeber Holtzbrinck Ventures wuchs in Sankt Augustin bei Bonn auf. Seine Mutter, Ingrid Matthäus-Maier, war einst für die FDP in den Bundestag eingezogen, dann jedoch in die SPD übergetreten, nachdem die Liberalen die Koalition unter Kanzler Helmut Schmidt im September 1982 platzen ließen.

Später wurde die langjährige SPD-Finanzexpertin Chefin der staatlichen Förderbank KfW, trat von dem Posten aber im Jahr 2008 zurück. Eine Beteiligung an der Mittelstandsbank IKB hatte zu Milliardenverlusten geführt, weil diese sich genau wie viele andere Banken am US-Immobilienmarkt verspekuliert hatte. Die Geschäfte passierten vor Matthäus-Maiers Zeit, die Vorstandssprecherin war jedoch wegen ihres Krisenmanagements unter Druck geraten. Das alles hatte ihr offenbar zugesetzt, weshalb sie letztlich ihr Amt niederlegte.

Obwohl Robert Maier schon als Kind Wahlkampfwerbung verteilte, trat er erst mit 24 in die SPD ein – zur Unterstützung der Agenda-Politik der rot-grünen Bundesregierung. »Es gab sicherlich auch Fehler, aber die meisten wurden über die Jahre korrigiert«, sagt er. Dennoch hält er den Kurs grundsätzlich für richtig und rechnet es der Partei hoch an, dass sie sich für diesen trotz dessen Unpopularität entschieden hatte.

Im Jahr 2015 baut er das SPD-Wirtschaftsforum mit auf. Kurz zuvor hatte die Große Koalition auf Betreiben der SPD den Mindestlohn beschlossen. Maier wollte dabei helfen, den Austausch zwischen Wirtschaft und Partei zu verbessern. »Leider werden Begriffe wie Unternehmer oder Manager in der Partei ja inzwischen eher abfällig benutzt«, so Maier. »Dabei ermöglicht das Unternehmertum ja beispielsweise den sozialen Aufstieg. Aus meiner Sicht ist das ur-sozialdemokratisch.« Im

Jahr 2019 trat Maier daher sogar bei der Kandidatur um den Parteivorsitz an, scheiterte jedoch.

Ansonsten sind Start-up-Gründer mit WHU-Vergangenheit im politischen Umfeld eher die Ausnahme. Zwar sitzt mit Andreas Nick (Wahlkreis: Montabaur) ein WHU-Absolvent für die CDU im Bundestag, aber auch er hatte zuvor nach dem Abschluss in Vallendar eine Karriere an Hochschulen bzw. in der Frankfurter Finanzszene gestartet.

Markus Rudolf glaubt nicht, dass dies an der Hochschulausbildung liegt: »Viele unserer Absolventen sind sehr politisch.« Man dürfe aber nicht vergessen, dass speziell viele der Gründer noch äußerst jung seien. Selbst ein Oliver Samwer sei ja noch keine 50 Jahre alt. »Die haben halt in den letzten zehn Jahren in dem Tunnel gesteckt und ihr Unternehmen aufgebaut«, sagt Rudolf. »Das kommt vielleicht noch. Auch Bill Gates hat ja erst nach seinem Rückzug bei Microsoft begonnen, sich politisch verstärkt einzubringen.«

Doch natürlich weiß auch Rudolf, dass sich die Hochschule permanent weiterentwickeln muss. Innerhalb der Studierendenschaft hat sich daher beispielsweise schon 2015 die studentische Initiative »Diversity at WHU« gegründet, die sich unter anderem damit beschäftigt, wie man den Frauenanteil steigern könne oder bei Problemen wie Homophobie agieren sollte.[50] Doch auch beim Aufbau des Studiums könnte man beispielsweise bestimmte Punkte verändern: wie etwa das Studium Generale, das ein Teil der Ausbildung ist und Themen wie Politik, Geschichte oder Kultur zum Inhalt hat, noch deutlich breiter und vielfältiger anzulegen, wie es manche vorschlagen.

Bye, bye, my love –
wie das Rheinland irgendwann den Anschluss verlor

Um die Jahrtausendwende herum hatte Deutschland keine Gründer-hauptstadt. Es gab kein Zentrum, keinen Leuchtturm, der über die Landesgrenzen hinaus strahlte. Natürlich, München war schon damals wichtig. Aber generell war die Gründerszene genauso dezentral und verteilt wie die Wirtschaftszentren in der föderalen Bundesrepublik. Wer gründen wollte, musste nicht abwägen, ob er nach Berlin oder eben München ziehen sollte – man gründete einfach.

Die Frage, wieso das Rheinland irgendwann den Anschluss verloren hat, ist daher zwar legitim, aber im Grunde die falsche Frage. Denn eigentlich müsste man fragen: Wer war dafür verantwortlich?

»Wenn man sich Gesamt-Berlin anschaut, dann ist der größte Arbeitgeber heute neben der Bundesregierung und den verschiedenen Behörden die Summe der Start-ups.«[51] Das sagte Oliver Samwer bereits 2014 – und bis heute hat sich daran nichts geändert. Im Gegenteil. In den rund 3.000 Berliner Start-ups sind laut einer Untersuchung des Unternehmens Dealroom rund 78.000 Menschen beschäftigt. Alleine in den vergangenen zwei Jahren kamen demnach knapp 20.000 neue Jobs hinzu. Kein anderer Bereich wächst in der Hauptstadt so rasant.[52]

Was Oliver Samwer nicht sagte: Ausgelöst wurde das Berliner Jobwunder von ihm und seinen Brüdern. Zu den größten Arbeitgebern in der Stadt zählen heute viele Unternehmen, die von den Samwers finanziert wurden – allen voran natürlich der Modehändler Zalando, aber auch HelloFresh, Delivery Hero oder Home24.[53]

Wenn es um die Bedeutung von Rheinländern für die Entwicklung der deutschen Gründerszene geht, kommt daher irgendwann in Gesprächen immer wieder die Rede auf die drei Kölner Brüder. Niemand, so ist immer wieder zu hören, hat so viel für den Aufbau des Ökosystems getan – auch wenn viele ihnen weniger ideelle als egoistische Motive unterstellen. Die Bedeutung von Berlin als Start-up-Hauptstadt der Republik gehe letztlich auf das Engagement der Samwers zurück.

Oliver Samwer war 1995 das erste Mal im Silicon Valley, er und seine Brüder sahen vor Ort, welche technischen Entwicklungen passierten. Doch gegründet haben sie trotzdem in Deutschland. Man glaube an das Land, sagte Oliver Samwer bei einem Auftritt 2014 im Konrad-Adenauer-Haus.[54] Neben ihm stand Bundeskanzlerin Angela Merkel in der CDU-Zentrale und hörte aufmerksam zu. Samwer sprach über den Mangel an Risikokapital, über bürokratische Schwierigkeiten, IT-Fachkräfte aus Staaten wie Indien für Rocket Internet und dessen Start-ups zu gewinnen. Aber er sprach bei diesem Digitalabend vor ein paar Jahren auch immer wieder über Chancen.

Denn Samwer träumte damals noch immer einen großen Traum. Kurz zuvor hatten er und seine Brüder Rocket Internet an die Börse gebracht. Man sei an 103 Unternehmen in 100 Ländern beteiligt, die wiederum in Summe knapp 20.000 Mitarbeiter beschäftigten, hieß es damals vor Börsenstart. Mit sechs Milliarden Euro taxierte man den Unternehmenswert auf eine Größenordnung von Konzernen wie der Lufthansa.[55]

Im Baukastensystem sollten Ideen um Gründerteams und Elemente wie Marketing, Vertrieb und Co. ergänzt werden, um sie anschließend mit voller Finanzkraft in den Markt zu drücken. Selten klang ein Geschäftskonzept des Internetzeitalters so sehr nach deutscher Präzision und Gründlichkeit. Rocket Internet versuchte nicht weniger, als das Gründertum zu industrialisieren, um so die größte Internetplattform außerhalb Chinas und den USA zu werden.

Jamba, Groupon, Facebook –
wie die Samwers zu weltweit
bekannten Investoren wurden

Im Jahr 2000 hatte die Welt gerade die digitale Apokalypse überlebt. Die Jahrtausendwende könne weltweit Computerprogramme zum Absturz bringen, hatte es noch ein Jahr zuvor geheißen. Ein Fehler im System, der später als Y2K-Bug bekannt werden sollte, beschäftigte monatelang Computerspezialisten und die Öffentlichkeit. Manche prophezeiten, dass Zapfsäulen ausfallen könnten, andere sogar die Kernschmelze in Atomkraftwerken. Es gab Befürchtungen, dass Börsenkurse abstürzen könnten – oder sogar Flugzeuge. Weltweit wurden Milliarden investiert, um die IT für den Jahrtausendwechsel zu rüsten. Aber die Katastrophe blieb aus.

Auf die Panik folgte die Euphorie. Der Beginn des Jahrtausends sollte auch der Beginn einer neuen, mobilen Ära sein. »Diese Lizenz wird uns eine goldene und langfristig erfolgreiche Zukunft bescheren«, sagte Maximilian Ardelt am 18. August 2000.[56] Der Vorstandschef des Mobilfunkanbieters VIAG Interkom hatte zuvor Milliarden ausgegeben, um bei der Versteigerung der UMTS-Lizenzen durch den Bund ein Stück vom Kuchen abzubekommen. Wie im Rausch hatten die sieben Bieter seit dem Start der Auktion am 31. Juli in Mainz die Preise nach oben getrieben. Schon nach acht Tagen lagen die Gebote bei mehr als den 20 Milliarden Mark, die Bundesfinanzminister Hans Eichel (SPD) als Erlös der gesamten Frequenzauktion eingeplant hatte. Drei Tage später wurde bereits die 50-Milliarden-Marke geknackt. Speziell die beiden Platzhirsche aus Bonn und Düsseldorf, T-Mobile und Mannesmann Mobilfunk, trieben die Preise in immer neue Höhen, sodass Hans Eichel die Abkürzung UMTS bissig mit »Unerwartete Mehreinnahmen zur Tilgung von Staatsschulden« übersetzte. Alleine Mannesmann war zwischenzeitlich laut der Nachrichtenagentur *dpa* bereit, für eine

UMTS-Lizenz 23 Milliarden Mark zu bieten – eine Summe, die über dem damaligen Börsenwert des Thyssenkrupp-Konzerns lag.[57]

Die Geschäftserwartungen waren gigantisch, auch wenn die Anleger an der Börse nervös auf die immer neuen Zahlen aus Mainz reagierten. Als die Auktion am 17. August 2000 endete, waren von sechs Mobilfunkanbietern Konzessionen für insgesamt 98,8 Milliarden DM (umgerechnet knapp 50 Milliarden Euro) ersteigert worden. In Berlin gründeten währenddessen drei Brüder einen Tag später ihr zweites gemeinsames Unternehmen.[58]

Wie man Ideen erkennt, kopiert und blitzschnell zum Erfolg führt, hatten Oliver Samwer und seine Brüder bereits mit Alando bewiesen. Hatte man die Idee für den eBay-Klon noch in den USA entdeckt, sollte es bei der zweiten gemeinsamen Samwer-Gründung ein japanisches Unternehmen sein, das zumindest im Ansatz die Vorlage lieferte. So starteten die drei gemeinsam mit Mitgründern nur knapp ein Jahr nach dem Verkauf von Alando erneut als Unternehmer durch – diesmal mit Jamba!.[59]

Die Samwers wollten mit Jamba! das Tor zum Internet auf dem Handy sein, worauf auch schon die Schreibweise hindeutete, die eine gewisse Ähnlichkeit zum US-Portal Yahoo! aufwies. Jamba! sollte eine mobile Startseite sein, über die man Nachrichten oder Börsenkurse genauso abrufen konnte wie Spiele, Klingeltöne oder Musik. Sogar die Navigation zum nächsten Kino oder Theater wollten die drei Samwer-Brüder ermöglichen. So beschrieb es der mittlere Bruder jedenfalls in einem Interview. Geld, laut Oliver Samwer, wolle man zunächst über Werbung verdienen.[60]

Um die Zeit zu überbrücken, bis die Einnahmen wie Milch und Honig flossen, sicherte man sich vorab allerdings eine Finanzierung über 54 Millionen Mark. Gesellschafter des Start-ups wurden der Mobilfunker Debitel sowie die Elektronikhändler MediaMarkt-Saturn und EP:ElectronicPartner. Zwei Jahre könne man mit diesem Kapital durchhalten, rechnete Samwer damals vor.[61]

Die Investoren hatten Jamba! auch aus strategischen Gründen ausgewählt. Debitel wollte den Dienst auf seinen SIM-Karten vorinstallieren und die Händler wiederum auf allen Geräten, die bei ihnen in den Verkauf gingen. So sollte sich das Angebot des kleinen Start-ups rasend schnell verbreiten. Ähnlich sollten anschließend die Umsätze steigen, weshalb die Abrechnung auch über die Telefonrechnung erfolgte, wo man die Kosten nicht täglich vor Augen hatte.

Jamba! war eine große Vision – genau das, was aus Oliver Samwers Sicht zu vielen deutschen Gründern immer noch fehlt. Eine Vision, die allerdings auch ihm bei Alando offenbar noch gefehlt hat. Der frühe Verkauf sei rückblickend aus Sicht der Brüder ein Fehler gewesen, heißt es.[62]

In Erinnerung bleibt Jamba! vor allem wegen der Entwicklung, die es seit der Idee genommen hatte: Es wurde zu einem Portal, das mit seinen Klingeltönen wie dem »Crazy Frog« oder Küken »Sweety« und der Omnipräsenz der Werbung auf Fernsehsendern wie MTV viele Menschen nervte und gleichzeitig mit den sogenannten Sparabos ein höchst umstrittenes Geschäftsmodell einführte. Jamba! machte es seinen Nutzern leicht: Per SMS musste man lediglich ein Codewort an eine in der Werbung eingeblendete Telefonnummer schicken – und schon hatte man einen der Klingeltöne bestellt. Insbesondere Jugendliche nutzten das Angebot, ohne vorher das Kleingedruckte auf dem flimmernden Bildschirm des heimischen Röhrenfernsehers zu lesen. Das wäre in vielen Fällen jedoch sinnvoll gewesen, denn dort wies man die Nutzer darauf hin, dass gleichzeitig ein Abo mit monatlichen Kosten abgeschlossen würde.

Die mediale Dauerbeschallung, bei der einzelne Jamba!-Clips bis zu 150 Mal am Tag von Sendern gezeigt wurden, folgte dabei einer ganz einfachen Logik. »Bei uns hält sich keine Melodie drei Monate lang in den Charts wie bei der klassischen Musikindustrie. Das läuft vier Wochen und dann ist es durch«, so beschrieb Oliver Samwer das Konzept in einem Interview.[63] Man setzte daher darauf, dass möglichst viele Leute das Produkt in relativ kurzer Zeit sahen. Das Geschäftsmodell wurde außerdem um eine Art Handyversicherung und das Dating-Portal iLove erweitert. Zunächst ging die Idee scheinbar auf. Mit Klingeltönen und Angeboten wie einem vermeintlichen Nacktscanner und Co. machte das junge Unternehmen schnell Umsätze in Millionenhöhe.

Der unternehmerische Erfolg hinterließ jedoch zunehmend einen faden Beigeschmack. Die Marketingstrategie, die an das Modell von Sexhotlines erinnerte, half der Beliebtheit der Marke dauerhaft ebenso wenig wie das Geschäftsmodell, das unter anderem mit dem Taschengeld von Jugendlichen aufgebaut wurde. Doch als das Firmen-Soufflé begann, in sich zusammenzufallen, hatten die Samwers und ihre Partner das Unternehmen längst an Verisign weitergereicht. Das amerikanische Telekom-Unternehmen hatte Jamba! am 24. Mai 2004 für eine Summe von 273 Millionen US-Dollar gekauft.[64]

Die Amerikaner hatten den Gründern für ihren Verbleib im Unternehmen angeblich hohe Prämien bei der Erreichung gewisser Umsätze in Aussicht gestellt. Also wurde das ganze Start-up noch stärker auf kurzfristiges Wachstum getrimmt. Von 2004 auf 2005 explodierte der Umsatz auf rund 550 Millionen Dollar, nur um ein Jahr später auf weniger als die Hälfte zu fallen – und die Samwers kehrten Jamba! den Rücken zu. Nachdem Alexander Samwer das Start-up bereits 2003 verlassen hatte, gingen im September 2005 auch Marc und Oliver.

Der Traum vom Klingelton-Imperium war da schon vorbei. Wenige Jahre später machte zudem der Siegeszug von Apples iPhone das Geschäftsmodell vollständig zunichte. Das Potenzial eines solchen Geräts hatte Oliver Samwer bereits 2005 erkannt, als Jamba! ebenfalls an einer Musikplattform wie iTunes arbeitete: »Ich glaube nicht, dass Musikhandys in einem Jahr dem iPod den Rang ablaufen werden. Aber selbstverständlich werden die Leute ihr Handy als Walkman benutzen. Das ist doch praktisch – schließlich ist es das einzige Gerät, das man immer bei sich hat.«[65]

Innerhalb von sechs Jahren hatten die Samwers zwei Unternehmen aufgebaut und für Summen in Millionenhöhen verkauft. Ihr Erfolg hatte andere Gründer inspiriert und motiviert – und immer wieder hatten die Samwers junge Unternehmer auch unterstützt. Mit dem European Founders Fund schufen sie, unter anderem durch Kapital des Telekommunikationsunternehmens United Internet, nach ihrem Ausscheiden bei Jamba! ein Vehikel, mit dem sie künftig auch strategisch in junge Start-ups wie etwa studiVZ investieren wollten.

Das 2005 gegründete soziale Netzwerk ist bis heute eines der bekanntesten Unternehmen der deutschen Internetökonomie. Zeitweise waren mehrere Millionen Nutzer bei dem Netzwerk oder dessen Ablegern meinVZ oder schülerVZ angemeldet, um sich mit Freunden zu verbinden, Nachrichten zu schreiben und Gruppen mit Titeln wie »Scheiß Party, wenn ich meine Hose finde, geh ich heim« beizutreten. Der Hype war irgendwann so groß, dass der Verlag Holtzbrinck das Unternehmen für einen hohen zweistelligen Millionenbetrag übernahm.

In der Liste der Beteiligungen der Samwers ist studiVZ hingegen nur ein prominenter Name von vielen: Die drei Brüder investierten mit dem European Founders Fund in Trivago, den Ticketdienst Eventbrite oder das Karrierenetzwerk LinkedIn. Doch für das meiste Aufsehen sollte der Einstieg bei Facebook sorgen: Dort beteiligte man sich, nachdem die Anteile an Konkurrent studiVZ verkauft worden waren.

Auch den Ansatz, erfolgreiche oder zumindest erfolgversprechende Firmenideen zu kopieren, verfolgten die Samwers weiterhin. So bauten sie bereits 2006 mit MyVideo einen Klon der US-Video-Plattform YouTube auf, der später an den Fernsehkonzern ProSiebenSat.1 verkauft wurde (ebenso wie später auch das soziale Netzwerk Lokalisten).[66]

Das Konzept, eine Art Brutkasten für Start-ups aufzubauen, wurde von den Brüdern immer weiter ausgebaut – und mündete letztlich 2007 in der Gründung von Rocket Internet. Um in hoher Geschwindigkeit Start-ups auszugründen, waren Oliver Samwer und seine Brüder natürlich auch auf ein schlagfertiges Team angewiesen. Daher griff Samwer immer wieder auf sein WHU-Netzwerk zurück, um junge Talente nach Berlin zu locken.

Wie zum Beispiel Florian Heinemann. Der hatte seinen Studienkollegen bereits bei Jamba! unterstützt, parallel aber auch seine Promotion weiter vorangetrieben und war inzwischen wieder ins Rheinland gezogen, um am Lehrstuhl seines Doktorvaters Malte Brettel an der RWTH Aachen zu arbeiten und zu habilitieren. »Ich wollte zu diesem Zeitpunkt eigentlich versuchen, Professor zu werden«, sagt Florian Heinemann. »Aber dann hat Olli zu mir gesagt: ›Komm, lass das jetzt mit dem Wissenschafts-Scheiß, wir versuchen das jetzt mit Rocket.‹« Heinemann willigte ein – und sollte es nicht bereuen.

Der strategische Ansatz war klar: Viele Wagniskapitalgeber konzentrierten ihr Geschäft erst einmal auf den riesigen US-Markt oder auch auf China. Europa mit seinen verschiedenen Ländern, Sprachen und Gesetzen war aufgrund seiner wirtschaftlichen Größe zwar von zentraler Bedeutung, jedoch im Zweifel auch durch Zukäufe zu erobern – so wie die Samwers es bei Alando oder Heinemann und Co. bei Justbooks erlebt hatten.

So wurden fleißig Geschäftsmodelle kopiert und in Europa ausgerollt, was den Samwers den wenig schmeichelhaften Ruf von »Copy Cats« einbrachte, über die man als vermeintlich wahrer Innovator nur die Nase rümpfen konnte. So sagte der deutschstämmige Peter Thiel, Gründer des Bezahldienstes PayPal und erster externer Investor in Facebook, mal über Rocket Internet, der Inkubator stehe nicht für »die Art von Firmen, in die ich persönlich investieren oder die ich gründen wollen würde.«[67] Er hielt die Brüder offenbar auch für Nachahmer. Zu dieser Einschätzung Thiels dürfte auch der European Founders Fund beigetragen haben, dessen Name doch gewisse Parallelen zu seinem Investmentvehikel Founders Fund aufweist.

Aus Sicht des PayPal-Gründers gibt es zwei Arten von Fortschritt, so beschrieb er es jedenfalls in seinem 2014 erschienenen Buch *Zero to One*: Beim vertikalen Fortschritt werde etwas Neues erfunden, während beim horizontalen Fortschritt etwas Bewährtes kopiert würde, in dem man es beispielsweise auf andere Märkte übertrage. »Horizontaler Fortschritt heißt, von einer Schreibmaschine auszugehen und sie hundertfach weiterzuentwickeln. Vertikaler Fortschritt heißt, von einer Schreibmaschine auszugehen und einen Computer zu erfinden.«[68]

Die Kritik begleitet die Samwers seit Jahren. Immer wieder wurde auch Oliver Samwer damit konfrontiert. Mal verglich er sich mit »Bob, dem Baumeister«, um das Rocket-Internet-Prinzip zu erklären,[69] ein anderes Mal begegnete er der Kritik mit dem Verweis auf Toyota. Mercedes habe zwar das erste Auto erfunden, dennoch sei Toyota inzwischen der größte Fabrikant.[70]

Der Erfolg gab den Brüdern zunächst Recht: Nach dem Vorbild des Dating-Portals Parship bauten sie eDarling auf, anschließend das Couponportal CityDeal, das letztlich vom US-Vorbild Groupon übernommen wurde (bei dem die Samwers anschließend wiederum beteiligt waren und maßgeblich mitwirkten) sowie einige andere Firmen, die dann von direkten Wettbewerbern übernommen wurden.

Doch irgendwann wirkte das Modell überholt und das Vorgehen der Samwers entschlüsselt. Die Brüder hatten sich den Ruf erworben, bei vielen Geschäften am Ende oft stärker zu profitieren als ihr Gegenüber. Die ersten Risse wurden sichtbar, als Rocket Internet 2011 den Wohnungsvermittler Wimdu als europäische Antwort auf das US-Vorbild Airbnb auf den Markt brachte. Die Amerikaner verzichteten auf den Kauf des Konkurrenten. Damit, so schreibt es Joel Kaczmarek in seiner Biografie über die Samwers, hätte Airbnb das deutsche Start-up praktisch dazu gezwungen, das Geschäft dauerhaft zu betreiben: »Ein geschickter Schachzug, waren die Samwers doch oftmals eher kurzfristig orientierte Wachstumsmeister.«[71]

Die Samwers reagierten – und passten ihr Geschäftsmodell ein Stück weit an. Statt weiterhin massenhaft zu kopieren, setzte man nun stärker auf Modelle, die sich in Wachstumsmärkten ausrollen ließen: Indien, Südostasien, Russland oder Lateinamerika, keine Region auf der Welt schien zu weit entfernt zu sein, um sie von Berlin aus zu erobern. Das war zwar teuer, versprach aus Sicht von Rocket Internet aber deutlich mehr Nachhaltigkeit, weil man bewährte Geschäftsmodelle auf neue Märkte übertragen musste, statt neue Geschäftsmodelle auf bekannten Märkten auszuprobieren. Hinzu kam offenbar der Glaube daran, in diesen Märkten Entwicklungsschritte überspringen zu können. Die These lautete: Weil es weniger stationäre Läden gebe als in Industriestaaten, sei Onlinehandel dort schlicht eine Wachstumsnotwendigkeit.

In Südostasien bauten die Samwers den Zalando-Klon Zalora auf, in Brasilien hieß das Unternehmen Dafiti und in Russland Lamoda. Amazon-ähnliche Unternehmen namens Lazada oder Jumia startete man in Südostasien bzw. Afrika. Im Wohnbereich setzte man währenddessen auf die Möbel- bzw. Accessoire-Anbieter Home24 und Westwing.

Hinzu kamen die Beteiligungen an den Kochboxen von HelloFresh und dem Onlinehändler Zalando – der bis heute erfolgreichsten Samwer-Investition.

Peter Thiel ätzte einst über das Rocket-Modell, die Geschäftsideen seien »nicht sehr originell« und daher für Investoren leicht zu verstehen, was einer der Gründe für die hohe Bewertung von Rocket Internet sei.[72] Und offenbar glaubte man auch bei Rocket Internet irgendwann, dass man das eigene Modell nicht nur Investoren wie Kinnevik aus Schweden, Investor Len Blavatnik aus den USA oder Geschäftspartnern wie dem Mülheimer Handelsunternehmen Tengelmann erklären könne, sondern es sich auch für eine Geschichte eigne, die man den Kapitalmärkten quartalsweise erzählen könne. Im September 2014 kündigt das Unternehmen daher seinen Börsengang an, der schließlich sogar vom 9. Oktober auf den 2. Oktober vorgezogen wurde und somit nur einen Tag nach dem Börsengang der Rocket-Beteiligung Zalando stattfinden sollte.

Doch das Debüt missglückte. Von einer »Bauchlandung«, schrieb die Nachrichtenagentur *dpa* nach dem größten europäischen Börsengang im Internetbereich seit dem Jahr 2000. Die Samwers hatten hoch gepokert und die Aktien mit einem Ausgabepreis von 42,50 Euro am obersten Ende der Spanne auf den Markt gebracht. Doch kaum konnte das Papier gehandelt werden, schmierte der Kurs auch schon ab. Kein Wunder, wurde im Vorfeld doch bekannt, dass alle großen Beteiligungen noch rote Zahlen schrieben. Bei 37 Euro lag die Aktie am Ende des ersten Handelstages. Dazu passte fast schon sinnbildlich, dass im Handelssaal der Frankfurter Börse an diesem Tag der Feueralarm losgegangen war.[73] Alarmstimmung zum Börsenstart – das hatten sich die ehrgeizigen Samwer-Brüder sicherlich anders vorgestellt.

Wie ist die Lage heute? Sechs Jahre später ist auch der Rest der Börseneuphorie verflogen. Die Aktie hat sich in all den Jahren nie wirklich erholt und fiel auf dem bisherigen Höhepunkt der Coronakrise Mitte März 2020 auf knapp 16,50 Euro. Die Wachstumsgeschichte, die Oliver Samwer noch zum Börsenstart verbreitete, wurde niemals Wirklichkeit. Im Jahr 2017 verkaufte man die letzten Anteile am südostasiatischen Onlinehändler Lazada an den chinesischen Riesen Alibaba. Der

Verkauf sämtlicher Anteile brachte Rocket knapp 400 Millionen Dollar ein. Westwing und Home24 brachte Rocket zwar genauso an die Börse wie HelloFresh und die Global Fashion Group, in der man die Modehändler Zalora, Dafiti und Lamoda bündelte, die Bilanz an den Börsen fiel jedoch unterschiedlich aus.

Auch wenn die Geschäfte der Samwer-Brüder häufig kritisch gesehen werden, muss man eines festhalten: Es gibt keinen anderen Internetunternehmer in Deutschland, der so viele Exits orchestriert hat wie Oliver Samwer. Die große Frage wird sein, wie es bei Rocket Internet in Zukunft weitergeht. Am 1. September 2020 gab das Unternehmen bekannt, sich von der Börse zurückziehen zu wollen. Es ist wohl besser so. Denn obwohl man noch im April 2020 knapp zwei Milliarden Euro auf der hohen Kante hatte, fehlte dem Unternehmen zuletzt ein wenig die große Idee. Es schien, als wisse man nicht so genau, was man mit diesen Geldern anstellen sollte. Finanziell müssen sich die Samwers zwar keine Sorgen machen, ihr privates Vermögen stieg nach Schätzungen des *Manager Magazins* alleine zwischen 2017 und 2019 von geschätzten 1,9 auf 2,4 Milliarden Euro an.[74] Dennoch dürfte der Zustand den ehrgeizigen Oliver Samwer wurmen, der 2019 auf der Hauptversammlung von Rocket Internet einräumen musste: »Wir haben ein paar Blockbuster gehabt. Im Moment ist die Pipeline in der Mitte ein bisschen leer.«

Schrei vor Glück –
Robert Gentz erschafft mit Zalando einen Moderiesen

Zwei Jahre zuvor, im Herbst 2017, steht Oliver Samwer mal wieder vor Studierenden in Vallendar. Er ist einer der prominentesten Absolventen der WHU und inzwischen quasi Stammgast beim Gründerkongress IdeaLab!. Samwer hat eine Präsentation mitgebracht, die weltbekannte

Gründer wie Amazon-Chef Jeff Bezos zeigt. Er braucht diese Fotos, um seine These zu untermauern – die des bereits erwähnten »Small Village Instinct«.

Jeff Bezos käme aus Albuquerque im US-Bundesstaat New Mexiko, erzählt Samwer über den Amazon-Gründer. Das sei wirklich im Nirgendwo, wo es absolut nichts gebe. Dennoch dominiere er heute die Handelswelt. »Kleine Städte haben viel mit eurem Erfolg zu tun«, schlussfolgert Samwer. »Sie zwingen euch, härter zu arbeiten, weil ihr einen Traum habt: die große Stadt.«

Dann zeigt Samwer eine neue Folie, die unter anderem Robert Gentz zeigt. Der Zalando-Gründer ist in Samwers Beispiel plötzlich der deutsche Jeff Bezos, der es aus dem Nirgendwo zum Gründer von Europas größtem Modehändler gebracht hat. Man wisse nicht viel über Gentz' Privatleben, sagt Samwer und fügt nach einer Kunstpause hinzu: »Aber ich glaube, er ist ein Traktorkind.« Die Eltern des Zalando-Gründers seien Bauern, daher müsse Gentz Traktor gefahren sein oder Kühe gemolken haben. Das Publikum lacht. Und eines Tages habe er eben auf dem Traktor gesessen oder sich um die Kühe gekümmert und gedacht: »Ich will etwas wirklich Großes machen.«[75]

Man weiß tatsächlich nicht viel über das Privatleben von Robert Gentz, doch Samwers Vorstellung vom Leben auf dem Bauernhof hatte vermutlich nur wenig mit der Kindheit des Zalando-Gründers im rheinischen Kaarst zu tun. Wenn es wirklich so gewesen wäre, wie Samwer fantasierte, dann hätte Gentz in dieser Geschichte wohl eher auf einem Sulky statt einem Traktor gesessen oder ein Pferd gestriegelt statt Kühe gemolken.

Denn der »Bauernhof« der Familien Gentz ist ein 78 Hektar großes Gestüt, auf dem seit Generationen Pferde für den Trabrennsport gezüchtet werden. Das ganze Leben der Familie auf Gut Lauvenburg dreht sich um die Tiere und den Sport, in dem Vater Heinrich Anfang der 1990er-Jahre sogar zweifacher Europameister war.[76] Auch Gentz' Brüder – Robert ist das mittlere von drei Kindern – führen diese Tradition fort. Der jüngste der drei, Victor, ist ebenfalls erfolgreicher Trabrennfahrer, während Gentz älterer Bruder Constantin inzwischen als Tierarzt arbeitet.

Über Robert Gentz heißt es oft, er sei das Bauchgefühl von Zalando – und insofern hat Oliver Samwer vielleicht doch recht: Das Leben mit Pferden, deren Wohlbefinden man oft erspüren musste, prägte den Gründer natürlich, auch wenn er letztlich einen anderen Weg einschlug als seine Brüder. Nach dem Abitur am Neusser Quirinus-Gymnasium ging Gentz für das BWL-Studium nach Vallendar.

Bei einem Vortrag lernten sein WG-Mitbewohner David Schröder und er den damaligen Jamba!-Gründer Oliver Samwer kennen und erzählten ihm von einer Idee. Die beiden waren gerade im letzten Semester und wollten ein soziales Netzwerk aufbauen, allerdings nicht in Deutschland, sondern in Lateinamerika. Dort hatten sie schon während des Studiums Zeit verbracht – und die Gelegenheit schien günstig. In den USA entwickelte sich Facebook gerade rasant und in Deutschland wiederum hatte jener Oliver Samwer gerade am millionenschweren Verkauf von studiVZ partizipiert.

Robert Gentz lag an einem Strand in Guatemala, als er im Januar 2007 in der Zeitung von dem Verkauf las und dabei ins Grübeln kam. Könnte man ein solches Netzwerk nicht auch in Lateinamerika aufbauen? Unibicate hieß das Start-up, das Gentz und Schneider im August 2007 beim Amtsgericht Berlin-Charlottenburg in das Handelsregister eintragen ließen, um damit von Mexiko aus 81 Millionen Nutzer zu gewinnen.[77]

Doch schnell traten bei diesem von Beginn an etwas schrägen Plan gravierende Mängel auf, denn es fehlte quasi an allem: dem technischen Verständnis, den richtigen Mitarbeitern, ja sogar bei der Auszahlung von Gehältern musste man improvisieren. Die beiden Gründer wollten die Löhne bar bezahlen, weil viele Mitarbeiter kein Bankkonto besaßen. »Nun waren wir aber eine deutsche GmbH mit einem deutschen Bankkonto. Und die Deutsche Bank erlaubte in Mexiko nur Geldabhebungen von 500 Euro am Tag«, erzählte Gentz vor einigen Jahren.[78]

Das Abenteuer Lateinamerika, wo man außer in Mexiko auch in Chile und Argentinien aktiv war, endete in einem Desaster. Am Ende hatte man weder ein erfolgreiches Produkt noch genug Geld für den Heimflug, dafür aber die Gewissheit, dass Oliver Samwer recht behalten sollte. Denn der hatte damals abgewunken, als die beiden ihn nach dem ersten Kennenlernen fragten, ob er nicht in ihre Idee investieren wolle – zu risikoreich.

Aber Samwer hatte hinzugefügt, dass sie sich melden sollten, sobald sie zurück seien, und da man dies zwar noch nicht war, aber gerne bald wieder sein wollte, schrieben Schröder und Gentz dem Kölner eine E-Mail. Sie hatten Glück: Samwer antwortete nicht nur, sondern bezahlte auch den Heimflug. Im Gegenzug verlangte er, dass die beiden einige Zeit für ein Start-up der Brüder namens Tarifas24 in Madrid arbeiten sollten.

Der erste Versuch war gescheitert, vom Traum einer erfolgreichen Gründung wollten sich Gentz und Schneider trotz ihrer finanziellen Situation aber noch nicht verabschieden. Sie kehrten nach Deutschland zurück, trafen sich regelmäßig auf der Terrasse von Gentz' Eltern in Kaarst und spannen neue Ideen. Der Onlinehandel mit Schuhen wirkte interessant, das bewies einerseits das US-Unternehmen Zappos, anderseits aber zeigten auch Statistiken von Suchmaschinen, dass Schuhe stark nachgefragt waren.

Einziges Problem: Gentz und Schröder hatten weder Ahnung vom Handel noch von Mode. Daher versuchten die beiden mithilfe von Feldstudien in der Düsseldorfer Innenstadt, mehr vom Geschäftsmodell zu verstehen. Sie gingen in Schuhgeschäfte, wo sie unter anderem die ausgestellten Modelle zählten. Wie viele Schuhe wurden angeboten? Was gehört in ein Sortiment? Welche Marge kann man überhaupt mit Schuhen erzielen? Um einen besseren Marktüberblick zu bekommen, diskutierten sie, ob sie trotz knapper Kasse für rund 50 Euro ein Buch über den Schuhhandel in Deutschland kaufen sollten.

Rückblickend ist es absurd, dass ausgerechnet diesen beiden Novizen der Aufbau von Europas größtem Modehändler gelingen sollte, zumal die beiden Gründer bei der Besetzung ihres Kernteams nicht auf Branchenexperten, sondern überwiegend auf Kommilitonen aus ihrem WHU-Jahrgang setzten. Dass es sich dabei ausnahmslos um Männer handelte, die den speziell bei der weiblichen Zielgruppe beliebten Modehändler aufbauen sollten, ist da schon kaum mehr als eine Fußnote.

Doch Gentz und Schneider kam es vor allem auf Vertrauen an. Sie wussten aus der gemeinsamen Zeit an der WHU, wie ihre neuen Kollegen tickten – und das war in Zeiten wie diesen, wo man sich angesichts der wirtschaftlichen Rahmenbedingungen bei hohem Tempo keine Querelen erlauben durfte, eine Menge wert. Denn der Zeitpunkt ihrer Gründung war alles andere als optimal. Im August 2008 bezog Zalando sein erstes Büro in der Torstraße 218 in Berlin: drei Zimmer und ein Keller als Lager. Von hier aus wollte man durchstarten, während gleichzeitig in den USA die Wirtschaft zusammenbrach. Knapp zwei Wochen, bevor der Onlineshop online gehen sollte, musste die Investmentbank Lehman Brothers am 15. September 2008 in den USA Insolvenz anmelden. Es war der Beginn einer weltweiten Finanzkrise, durch die auch junge Start-ups bangen mussten, von Investoren kein frisches Kapital für ihr Wachstum zu bekommen. »Für uns war klar, dass wir jetzt noch sparsamer sein mussten«, erzählte Gentz. »Das zwang uns von Anfang an zu einer hohen Risikoaversion.«[79]

Dennoch entwickelte sich Zalando rasant, denn die Krise war auch eine Chance. Ähnlich wie die Coronapandemie im Jahr 2020 beschleunigte auch die Finanzkrise Transformationsprozesse, was speziell etablierte Handelsunternehmen zu spüren bekamen. So waren beispielsweise in beiden Fällen unter den Betroffenen viele Mitarbeiter der Handelskette Karstadt. In der Finanzkrise zerbrach der Konzern Arcandor mit seinen Marken Karstadt und Quelle unter dem Marktdruck, während die Coronakrise den inzwischen aus Karstadt und dem ehemaligen Konkurrenten Kaufhof hervorgegangenen Warenhauskonzern Galeria Karstadt Kaufhof zu massiven Einsparungen und Schließungen zwang. Auch viele andere Unternehmen gerieten in Schieflage.

Zalando hingegen könnte gestärkt aus der Coronakrise hervorgehen, denn die von Gentz und seinen Vorstandskollegen eingeleitete Unternehmenstransformation beschleunigte sich in diesen Zeiten. War man zunächst gestartet als Unternehmen, das Technik dazu einsetzte, um den eigenen Onlinehandel zu verbessern, soll Zalando in Zukunft ein Technologiekonzern sein, eine Plattform für den Handel mit Mode. »Robert baut das Unternehmen gerade von unten neu auf«, sagt ein langjähriger Wegbegleiter des Unternehmens.

Bereits vor fünf Jahren sprach Gentz davon, dass Zalando mehr sein müsse als ein Händler. Stattdessen müsse es in der Lage sein, alle Fragen zum Thema Mode zu beantworten. Wenn ein Kunde beispielsweise einen James-Bond-Film sehe, in dem der Geheimagent einen supercoolen Anzug trägt, dann müsse man in der Lage sein, dem Kunden genau in diesem Moment zu sagen, um welchen Anzug es sich handelt – und wo er ihn im Idealfall innerhalb der nächsten halben Stunde bekommen kann.[80]

Bis aus dieser Vision Realität wird, dürfte es noch einige Jahre dauern. Aber die Vorbereitungen laufen bereits. Seit einiger Zeit ermöglicht Zalando es stationären Händlern, ihre Ware auch über die Plattform anzubieten. Die Coronakrise führte zu einem starken Anstieg solcher Partnerschaften, weil viele Läden so trotz geschlossener Geschäfte Kleider, Hosen, Hemden und Schuhe aus ihrem Sortiment auch ohne eigenen Onlineshop anbieten konnten. Die Händler bekamen Zugriff auf Millionen Zalando-Kunden, das Unternehmen wiederum konnte das Sortiment erweitern, ohne selbst Ware einlagern zu müssen. Bis 2023/2024 sollen 20 Milliarden Euro an Handelsumsätzen über Zalando abgewickelt werden – womit sich das aktuelle Volumen innerhalb kürzester Zeit mehr als verdoppeln würde.

Eine Erfolgsgeschichte – aus Sicht des Rheinländers Gentz war sie jedoch nur möglich, weil man der Heimat den Rücken kehrte. In Düsseldorf hätte Zalando nicht funktioniert, sagte der Mann aus dem Rhein-Kreis Neuss bei einem Interview.[81] Einer der Gründe waren natürlich die Samwers, durch deren Netzwerk Berlin mehr und mehr zur wichtigsten deutschen Gründermetropole geworden war. Nachdem sie den beiden Gründern bereits die Flugtickets bezahlt hatten, gaben sie auch bei Zalando die Anschubfinanzierung. 50.000 Euro investierten sie in das Start-up sowie weitere 50.000 Euro an Dienstleistungen von Rocket Internet. Im Gegenzug bekamen sie einen geradezu unverschämt hohen Anteil von zwei Dritteln an dem Unternehmen.[82]

Doch es war nicht nur das Netzwerk, was Gentz und Schneider nach Berlin zog. Die Stadt bot auch darüber hinaus großes Potenzial, denn speziell kulturell wirkte Berlin äußerst anziehend für junge Talente, die aus aller Welt in die deutsche Hauptstadt strömten – wovon noch die Rede sein soll.

Im Jahr 2008 ging es erst einmal darum, das Geschäftsmodell ans Laufen zu kriegen. Gentz und Schneider hatten ihre Idee zunächst mit einem Onlineshop für Flipflops getestet, ab dem 28. September 2008 ging es dann mit dem Verkauf von Schuhen auf Zalando.de los – und einem Versprechen: kostenlose Retouren. Sie sollten zu einem Markenzeichen des Unternehmens werden. »Schrei vor Glück – oder schick es zurück«, lautete die Botschaft an die Kunden, mit denen Zalando um eine junge Zielgruppe warb. Da mutete es fast schon ironisch an, dass ausgerechnet die erste Kundin des Start-ups so gar nicht zum Markenauftritt und zur Kernzielgruppe passen wollte: Eine 78-jährige Kölnerin hatte sich auf der Suche nach einem Gabor-Laden im Internet auf die Seite von Zalando verirrt – und dann sogar angerufen. »Ich habe dann gesagt: Bestellen Sie doch einfach bei uns, wir liefern auch kostenlos nach Hause«, erzählt Gentz.[83]

Drei Monate nach dem Start lagen die monatlichen Umsätze bereits bei 50.000 Euro. Die Logistik erledigten die Gründer gemeinsam mit einem kleinen Mitarbeiterteam zunächst aus dem eigenen Lager im Keller an der Torstraße, wobei die Gründer nicht nur selbst mit anpackten, sondern mitunter auch ungewöhnliche Aufträge übernahmen. So lieferte Robert Gentz 2008 einen Tag vor Weihnachten auf dem Weg zu seinen Eltern noch persönlich ein Paket an eine Kundin in der Nähe von Düsseldorf aus, weil diese auf einer Lieferung noch vor dem Fest bestand.[84]

Gleichzeitig analysierte und kategorisierte man das eigene Angebot genau, um es so für die Ergebnisse von Suchmaschinen wie Google zu optimieren. Die extreme Fokussierung auf Daten führte mitunter auch zu erstaunlichen Erkenntnissen. So zeigen die Schuhspitzen im Zalando-Shop auf den Bildern bis heute nach links, weil die Analyse der

Daten zeigte, dass sie sich so, aus welchen Gründen auch immer, besser verkaufen ließen.

Die Zahlen von Zalando deuteten an, wie viel Potenzial in dem Unternehmen steckte, der sparsame Umgang mit Geld tat sein Übriges – und so gelang es den Gründern nicht nur, trotz weltweiter Wirtschafts- und Finanzkrise, frisches Kapital von den Samwers einzuwerben, wobei sich besonders der jüngste Bruder Alexander neben Marketingexperte Florian Heinemann um das Start-up kümmerte, sondern auch Holtzbrinck Ventures und das Handelsunternehmen Tengelmann von einem Investment zu überzeugen.

Der damalige Tengelmann-Firmenchef Karl-Erivan Haub konnte sich für neue Technologien begeistern – und auch dem Onlinehandel begegnete er offener als manch anderer Branchenkollege. Gleichzeitig hatte er mit Christian Winter einen erfahrenen Digitalexperten an seiner Seite, der sich zuvor unter anderem beim Parfümhändler Douglas und dem Handelskonzern Karstadt um den Aufbau des Onlinegeschäfts gekümmert hatte. Die mehr als 140 Jahre alte Firmengruppe, zu der unter anderem die Baumarktkette OBI und der Textildiscounter KiK gehören, hatte damals gerade den stationären Teil der Supermarktkette Plus verkauft und steckte nun im Dezember 2009 einen ganz kleinen, aber für Zalando-Verhältnisse ziemlich großen Teil dieser Summe in das junge Berliner Start-up, das mit diesem Geld sein Geschäftsmodell erweiterte und künftig neben Schuhen auch Mode anbot.

Das Geschäft konnte – und sollte – nun weiter an Fahrt aufnehmen. Weshalb Zalando künftig auch auf TV-Werbung setzen wollte. Robert Gentz nahm Kontakt zu verschiedenen Agenturen auf, unter anderem auch zu Jung von Matt. Als die Werber um Gründer und Agenturchef Jean Remy von Matt dem Gründer, der wegen Terminschwierigkeiten alleine an der Präsentation teilnahm, ihre Ideen vorstellten, stach eine ganz besonders hervor: Ein verzweifelter Mann sitzt in einem Kleiderschrank und spricht eine Botschaft in die flackernde Kamera. Niemals, warnt der Mann seine Artgenossen, dürften Frau, Freundin oder Schwester Zalando entdecken.»Dieser riesige Online-Schuhshop – er hat mein Leben zerstört«, stöhnt dieser, woraufhin kurz darauf die Wohnungsklingel ertönt. Der Rest ist Werbegeschichte: Die Frau öffnet die Tür, vor der ein Postbote mit Zalando-Paketen steht, schreit vor Begeisterung, der Mann schreit – und der Postbote steigt mit ein.[85] Der Schrei vor Glück war geboren.

Dass es dazu kam, war eher ein Zufall. Denn zunächst musste Gentz seine Teamkollegen davon überzeugen, beim ersten großen TV-Spot auf ein Konzept zu setzen, in dem jemand explizit vor der Marke warnte. Am Ende ließen sich die anderen, nach einer weiteren Präsentation der Agentur, vom Konzept überzeugen. Wenig später kam es zudem am Drehset zu jenem Schrei, der eigentlich gar nicht für die Werbung vorgesehen war, sondern eher zufällig entstand. Der Regisseur wollte etwas experimentieren und ließ dabei auch die Menschen schreien. Das Geräusch des Postboten klang dabei so skurril, dass es am Ende Einzug in den Clip fand, Kult wurde und es dann sogar bis in die Diskotheken am Ballermann schaffte.

Im August 2012 veröffentlichte der Schlagersänger Mickie Krause sein Album *Eins plus wie immer*, das ihm auch abseits von Megapark und Schützenzelt zum Durchbruch verhalf. Das lag einerseits an seinem Hit »Schatzi, schenk mir ein Foto«, für den er sogar eine Goldene Schallplatte bekam, andererseits aber auch an dem Lied »Nur noch Schuhe an«, das auf dem Album bereits mit dem Zusatz »Zalando-Version« angekündigt wurde. Eine ganze Strophe lang widmete sich Krause darin dem Phänomen Zalando, was in dem Satz mündete: »Und täglich um vier steht dann vor der Tür, wie auf Kommando, der Typ von Zalando, kaum lass ich ihn rein, schon fängt er an zu schreien – so laut wie in der Werbung!«

»Wir mussten für die Textzeile natürlich bei Zalando anfragen, ob wir diese Zeile nutzen dürfen«, sagt Mickie Krause. Doch als die Plattenfirma deswegen Kontakt mit dem Unternehmen aufnahm, habe es zunächst eine Absage gegeben. »Für mich war klar, dass die Nummer dadurch an Reiz verlieren würde. Die Zeile brauchten wir unbedingt«, sagt der Schlagersänger. Am Ende einigte man sich auf eine Art Tauschgeschäft: Krause durfte die Zeile benutzen, wenn er im Gegenzug beim Sommerfest des Start-ups auftreten würde. An das Ergebnis können sich beide Seiten noch gut erinnern, denn der Abend verlief anders, als der Sänger es von seinen sonstigen Auftritten kannte – und das lag offenbar auch an der Zusammensetzung der Zalando-Belegschaft. »Der Auftritt war ein bisschen schwierig, weil etwa 70 Prozent internationale Gäste da waren. Die konnten mit den Liedern gar nichts anfangen«, erinnert sich Krause lachend. »Aber die 30 Prozent deutschen Gäste hatten auf jeden Fall Spaß.«

Ende 2012 hatten Gentz, Schneider und Rubin Ritter Zalando bereits auf eine enorme Größe skaliert: Der Onlinehändler beschäftigte mehr als 4.000 Mitarbeiter, verkauft wurde in 14 europäischen Ländern. Der Umsatz hatte sich zu diesem Zeitpunkt im Vergleich zum Vorjahr mit 1,16 Milliarden Euro mehr als verdoppelt. Doch gleichzeitig stiegen auch die Verluste. Alleine 2012 macht Zalando ein Minus von mehr als 80 Millionen Euro. Sorgen musste sich das Start-up jedoch nicht machen, die Investoren, zu denen sich unter anderem auch der schwedische Investor Kinnevik gesellt hatte, schossen immer wieder frisches Kapital nach.

Einige Medien waren dennoch skeptisch: »Die größte Internetwette Deutschlands« titelte das *Manager Magazin* im Dezember 2012 angesichts von mehr als 600 Millionen Euro an Investorengeldern, die bislang geflossen sein sollen. Zalando war zu diesem Zeitpunkt erst vier Jahre alt, hatte aber dennoch bereits eine Markenbekanntheit von 95 Prozent in Deutschland.[86] Doch die Verluste, die hohe Retourenquote (wegen der man bereits den Zusatz »oder schicks zurück« aus dem Slogan verbannt hatte) und unklare Wachstumsaussichten sorgten für Skepsis bei den Autoren, die schlussfolgerten: »Noch nie haben die umtriebigen Geschwister so lange an einem Investment festgehalten wie hier. Noch nie haben sie so viele Arbeitsplätze geschaffen, noch nie ein Unternehmen so weit entwickelt wie dieses. Gewinnen die Samwers, so werden sie ihr ohnehin erhebliches Vermögen über die Milliardengrenze hieven. Verlieren sie, so ist ihr vorgeschädigter Ruf gänzlich dahin.«[87]

Die Antwort ist bekannt: Sie gewinnen. Denn im Oktober 2017 geht Zalando an die Börse, wo das Unternehmen zwischenzeitlich mehr als 16 Milliarden Euro wert ist. Der Umsatz ist seit dem Gang aufs Parkett weiter gestiegen, das Unternehmen schreibt schwarze Zahlen. Auch wenn man selbst inzwischen der etablierte Anbieter ist, der wiederum von aufstrebenden Konkurrenten angegriffen wird, so ist der Onlineanteil im Modebereich noch so niedrig, dass genug Raum für weiteres Wachstum ist. Selbst Krisen, wie Berichte über miese Arbeitsbedingungen in den Logistikzentren in den Anfangsjahren oder zuletzt die Vorwürfe, das Unternehmen würde seine Mitarbeiter dort mittels Software überwachen, konnten vom Höhenflug nur kurzfristig ablenken.

Zalando hat sich daher inzwischen größere Ziele gesetzt. Man will das werden, was Spotify für Musik und Netflix für Serien ist: Der zentrale Ort, an dem die Kunden ihre Suche beginnen, wenn es um Mode geht. Ob wohl Ritter, Gentz und Schneider noch an Bord sind, wenn diese Vision abgeschlossen ist? In der Branche gibt es immer wieder Gerüchte, dass es mittelfristig zu Führungswechseln kommen könnte. Ein günstiger Zeitpunkt wäre bald erreicht: Die Verträge von Ritter, Gentz und Schneider laufen bis zum 30. November 2023 – sollten die Geschäfte so laufen wie geplant, würden sie kurz vorher planmäßig in den Genuss eines Bonus von jeweils rund 170 Millionen Euro kommen. Genährt wurden diese Spekulationen zuletzt von der Bekanntgabe, dass Zalando bis 2023 einen Frauenanteil von 40 Prozent im Vorstand erreichen wolle.

In diesem sitzen bislang mit den drei Co-Geschäftsführern, dem für Logistik zuständigen ehemaligen WHU-Kommilitonen David Schröder und dem Tech-Chef Jim Freeman fünf Männer. Will man einen Frauenanteil von 40 Prozent erreichen, müssten sich also entweder zwei derzeitige Vorstandsmitglieder zurückziehen oder das Gremium müsste um drei Damen vergrößert werden. Eine Sprecherin des Unternehmens hatte solche Rückzugspläne in der Vergangenheit bestritten.[88]

Doch in der Szene halten sich die Gerüchte hartnäckig. Speziell Robert Gentz und David Schneider wollen ihr Unternehmen in guten Händen wissen, sagt einer, der die beiden gut kennt: »Zalando arbeitet ja seit Jahren an einer Nachfolgerlösung für die Zeit nach Rubin, Robert und David.« Doch es sei eben gar nicht so leicht, speziell in Deutschland geeignete Manager für Tech-Firmen in einem Bereich zwischen 20 und

50 Milliarden Euro zu finden. Aber diese Größe peilt Zalando momentan an. Denn Robert Gentz ist überzeugt, dass Zalando zwar mit dem technischen Fortschritt weiter mithalten muss, so wie man in der Vergangenheit den Shop stärker auf den Einkauf per Smartphone optimieren musste, dass sich am generellen Geschäftsmodell aber nichts ändern würde. Schon 2015 sagte er auf einer Konferenz: »Ich weiß nicht, ob Sie in zehn Jahren noch ein Smartphone oder Auto haben werden, aber ich bin mir ziemlich sicher, dass Sie nicht nackt sein werden.«[89] Mode, so die Botschaft, geht eben immer.

Erfolgsrezept –
HelloFresh-Gründer Thomas Griesel baut den größten Kochboxen-Anbieter der Welt

Es gibt Entscheidungen im Leben, deren Tragweite man erst rückwirkend erkennt. Thomas Griesel und Dominik Richter trafen im Jahr 2009 eine solche Entscheidung. Die beiden WHU-Studenten hatten ihren Bachelorabschluss in der Tasche und überlegten nun, wie es weitergehen sollte. Sie hatten eine Idee, denn parallel zum Studium hatten sie in der gemeinsamen Wohnung am Plan für ein Start-up gefeilt, dessen Konzept an die Lieferplattform Delivery Hero erinnerte. Die beiden Wohnungsgenossen hatten sogar schon einen Investor für ihre Pläne begeistern können. Doch dann entschieden sie sich für ein Masterstudium – und zogen von Vallendar nach London.

　　»Wir rätseln heute immer noch, warum wir das damals nicht gemacht haben«, sagt Thomas Griesel. Die Frage nach dem Was-wäre-wenn ist müßig, doch was man ohne Zweifel festhalten kann: Bereuen müssen sie ihre Entscheidung nicht. Denn das Potenzial der Lieferdienstplattformen ist zwar riesig, doch das gilt gleichermaßen auch für die Summen, die aufgebracht werden müssen, um eine marktbeherrschende Stellung zu erreichen. So konnte beispielsweise Delivery Hero seinen Umsatz im Jahr 2019 zwar im Vergleich zum Vorjahr auf knapp 1,2 Milliarden Euro nahezu verdoppeln, aber gleichzeitig stiegen die Verluste (Ebit) der Berliner laut Geschäftsbericht von 258,8 auf 663,4 Millionen Euro.[90] Ein Ende ist zudem bislang nicht in Sicht, denn im Wettkampf der Lieferdienstplattformen gilt im Grunde das alte Highlander-Motto: Es kann nur einen geben. Doch davon ist man bislang noch weit entfernt.

Delivery Hero hat von Investoren seit der Gründung 2011 zwar Hunderte Millionen eingesammelt, aber auch Hunderte Millionen verbrannt. Den deutschen Markt mussten die Berliner bereits der Konkurrenz überlassen, auf anderen Märkten triumphierte man selbst. Ähnlich erging es auch anderen Anbietern, wie dem bereits vor 20 Jahren gegründeten niederländischen Unternehmen Takeaway, das sich zuletzt nicht nur mit seiner Tochter Lieferando auf dem deutschen Markt durchsetzen konnte, sondern durch den Zusammenschluss mit Just Eat und der angepeilten Übernahme des US-Anbieters Grubhub zur größten Lieferdienstplattform außerhalb Chinas aufsteigen könnte. Die Konsolidierung des Marktes ist in vollem Gange – und wie der Kampf für Delivery Hero und Co. ausgeht, ist noch unklar.

Griesel und Richter gründeten ihr Kochboxen-Start-up HelloFresh im selben Jahr wie Delivery Hero in Berlin und sahen sich schnell einem ähnlich großen Wettbewerb ausgesetzt. Weltweit soll es zeitweise bis zu 100 Start-ups mit ähnlichen Geschäftsmodellen gegeben haben.[91] Doch HelloFresh triumphierte: Das Start-up ist inzwischen in 14 Ländern aktiv – und hat dabei unter anderem auf dem umkämpften US-Markt die Konkurrenz auf ihre Plätze verwiesen.

An der breiten Öffentlichkeit in Deutschland ist die Entwicklung des Unternehmens lange Zeit vorbeigegangen. HelloFresh galt vielmehr als Problemfall, weil es genau wie viele andere Start-ups aus dem Rocket-Internet-Universum hohe Verluste schrieb, während unklar war, ob das Geschäftsmodell langfristig tragen könnte. So verwies der Düsseldorfer Unternehmer Sven Schmidt, der als Experte in verschiedenen

Podcasts Start-up-Geschäftsmodelle analysiert, zum Beispiel immer wieder auf die Problematik mit der Kundentreue: »Sich im Flur stapelnde Pakete mit Lebensmitteln fangen irgendwann an zu stinken, da kündigt man lieber«, lautete lange Zeit sein Argument.[92]

Doch als es in der Coronakrise in Supermärkten zu Hamsterkäufen kam und viele Menschen aus Angst vor der Ansteckung lieber zu Hause blieben, schlug die Stunde der Lieferdienste – ganz egal, ob fertige Gerichte (Delivery Hero), Lebensmittel (Picnic) oder portionierte Lebensmittel samt Rezeptkarten (HelloFresh). Die Krise hob das Geschäft von HelloFresh, das sich schon vorher gut entwickelt hatte, noch einmal auf ein neues Level. 2020 stieg der Umsatz im ersten Halbjahr um mehr als 95 Prozent im Vergleich zum Vorjahreszeitraum.[93]

Um die große Nachfrage zu befriedigen, musste das Unternehmen in seinen Logistikzentren teilweise im Drei-Schicht-Betrieb arbeiten. An der Börse rissen sich so viele Anleger um die Papiere der Berliner, dass der Kurs von knapp 20 Euro auf mehr als 40 Euro hochschnellte. Alleine zwischen März und April brachte der Verkauf einiger der Anteile laut Daten der Finanzaufsicht BaFin Griesel rund 16 Millionen Euro ein. An der Börse war das Start-up zu diesem Zeitpunkt bereits mehr wert als die Fluglinie Lufthansa.[94]

Wer hätte das gedacht, als Griesel und Richter 2011 ihr Unternehmen in Berlin starteten?

Nach ihrem Master waren die beiden nach Berlin gezogen, wo in den Jahren zuvor viele ihrer WHU-Kommilitonen zu erfolgreichen Gründern geworden waren. Genau wie die Zalando-Gründer konnten auch Griesel und Richter hier auf ihr Netzwerk zurückgreifen. »Für uns war klar: Wenn wir in Deutschland ein Start-up gründen wollen, dann passiert das in Berlin«, sagt Griesel. Aus Sicht der Gründer gibt es hier den besten Zugang zu Investoren, den besten Kontakt zu anderen Start-ups, den besten Zugriff auf Talente – was natürlich an den Samwers und Rocket Internet liegt, aber auch an etwas, was man heute wohl den Netflix-Effekt nennen würde. Denn Berlin ist Schauplatz vieler Serien und Filme, die Stadt ist auch im weltweiten Maßstab angesagt. »Mit Berlin kann jeder etwas anfangen«, sagt Griesel. »Da ist es für uns natürlich deutlich einfacher, Leute nach Berlin zu holen als nach Düsseldorf. Da müssten Leute in Lateinamerika erstmal auf der Landkarte schauen: Ok, wo und was ist Düsseldorf?«

Griesel sagt das ganz nüchtern, aber dennoch sind es Worte, die nachhallen. Auch weil es kaum jemanden in Berlin gibt, der so leidenschaftlich das Rheinland verkörpert. Der 34-Jährige hat seinen Hauptwohnsitz bis heute in der Landeshauptstadt, wo er auch während der Coronakrise die Zeit im Homeoffice verbrachte. Unter Kollegen ist sein Rheinland-Patriotismus kein Geheimnis. Auch deswegen haben sich mehrere Flaschen des Düsseldorfer Kräuterlikörs Killepitsch in seinem Berliner Büro angesammelt: »Irgendwann hat sich das Gerücht verbreitet, dass ich das mag. Dabei mag ich das eigentlich gar nicht so«, fügt Griesel lachend hinzu.

Daher: Berlin. Bei ihren Recherchen entdeckten Griesel und Richter irgendwann das Geschäftsmodell mit den Kochboxen, bei denen Kunden Lebensmittel und Rezepte geschickt bekommen, mit denen sie anschließend zu Hause Mahlzeiten frisch zubereiten können. Seit 2007 gab es in Schweden mit dem Anbieter Middagsfrid ein Vorbild für dieses Modell, doch in Deutschland oder gar weltweit war der Markt noch unerschlossen. Ein erprobtes Geschäftsmodell und die Möglichkeit, eine Vielzahl von Märkten durch die perfekte Exekution zu erschließen – das perfekte Szenario für ein Start-up aus dem Rocket-Internet-Umfeld.

Genauso startete auch HelloFresh: Das Geschäftsmodell wurde von den Gründern (zu denen bis 2014 auch noch Jessica Nilsson gehörte) mit hohem Tempo ausgerollt. Anfangs fuhr Thomas Griesel zweimal pro Woche noch selbst zum Großmarkt, um die passenden Zutaten zu kaufen. Dann suchte man sich Dienstleister für diese Arbeit, bis man letztlich eigene Logistikzentren dafür baute, in denen Mitarbeiter ähnlich wie bei der Produktion von Autos Stück für Stück die Boxen zusammenstellen. Diese Mischung aus Technologie und Mensch gibt es auch in anderen Bereichen: Menschen entwickeln die Rezeptideen, ein Algorithmus hilft anschließend bei der Menüplanung, um die Geschmäcker der Kunden möglichst gut zu identifizieren und abzubilden – Hightech und Halloumi sozusagen.

Ungewöhnlich war jedoch der Weg, den das Team bei seiner Expansion wählte. Denn völlig untypisch für eine Rocket-Internet-Gründung wagte sich das Unternehmen schon früh auf den US-Markt vor, wo mit Blue Apron gerade ein neuer Konkurrent entstanden war. Man muss sich diese Zeit ein wenig vorstellen wie eine Partie beim Brettspiel Risiko, wo man für die eigenen Ziele Kontinente erobern und Gegner besiegen muss, während praktisch überall auf der Welt neue Bedrohungen auftauchen – nur dass es beim Aufbau von HelloFresh noch ein ganz banales Problem gab: Die Leute kommen auch ohne Kochboxen zurecht.

Bei der Gründung seines Unternehmens Amazon begann Jeff Bezos 1994 mit dem Verkauf von Büchern. Später kamen weitere Kategorien hinzu wie Filme, CDs, Elektroartikel oder Haushaltswaren. Amazon wurde zu einem Alles-Verkäufer, doch speziell einen Markt hat der Onlinegigant trotz seines riesigen Potenzials und seiner enormen Größe bislang nicht verändert: den Lebensmittelhandel.

Ihre Einkäufe erledigen die Menschen auch im Jahr 2020 fast ausnahmslos bei Aldi, Rewe, Lidl und Co. – in anderen Ländern ist das nicht viel anders. Genau wie im Mobilitätsbereich gibt es daher für Start-ups (und deren Investoren) enorme Chancen. Thomas Griesel sagte einst, alleine in Deutschland sehe er Potenzial für 15 Millionen HelloFresh-Kunden.[95] Das wären mehr als dreimal so viele Kunden wie das Unternehmen aktuell insgesamt hat. Doch dafür müssen die Menschen zuerst von den Vorteilen des Onlinehandels bei frischen Lebensmitteln überzeugt werden.

Gerade zu Beginn ging es für die Gründer daher zunächst einmal darum, potenziellen Kunden zu verdeutlichen, dass es HelloFresh gibt und welchen Vorteil das eigene Angebot hat. Also begann eine Marketingkampagne, die weniger penetrant als die Jamba!-Werbungen war, bezüglich der Frequenz aber durchaus mithalten konnte: In praktisch jedem Paket von Onlinehändlern von A wie Amazon bis Z wie Zalando steckten zeitweise die kleinen grünen Gutscheinkärtchen der Berliner, mit denen man einen hohen Rabatt bei der Bestellung der ersten Box bekam. Das Geld für diese Werbeoffensive kam von Rocket Internet und dessen langjährigen Geschäftspartnern Holtzbrinck Ventures und Kinnevik.

Doch auch in Wuppertal war man interessiert. In der 350.000-Einwohner-Stadt in Nordrhein-Westfalen hat Vorwerk seinen Sitz. Das mehr als 130 Jahre alte Familienunternehmen startete nicht als klassischer Risikokapitalgeber, der seinen Fokus vor allem auf Rendite richtet – Vorwerk suchte stattdessen nach Ideen. Das Unternehmen ist auf den Direktvertrieb spezialisiert, Staubsauger (»Kobold«), Küchenmaschinen (»Thermomix«) und Kosmetik werden bei Vorführungen in den eigenen vier Wänden der Kunden präsentiert – Loriots Sketch über den saugenden und blasenden Staubsauger »Heinzelmann« lässt grüßen. Selbst die Digitalisierung änderte dies nur langsam. So gibt es die Kobold-Staubsauger inzwischen auch online oder in eigenen Shops zu kaufen, den Thermomix aber gibt es beispielsweise weiterhin vielerorts nur bei sogenannten »Repräsentantinnen« zu erwerben, die den Verkauf in der Regel mit einer Live-Vorführung der Kochkünste der Maschine verbinden.

Doch natürlich hatte man auch in Wuppertal wahrgenommen, dass sich durch das Internet neue Möglichkeiten des Direktvertriebs boten. Daher sucht man seit 2007 über die Tochter Vorwerk Direct Selling Ventures nach innovativen Start-ups mit einem solchen Modell. HelloFresh, in das der Risikokapitalgeber 2012 investierte, passte zu diesem Ansatz perfekt.[96] Denn einerseits hatte das Start-up mit seinem Kochboxen-Abo einen direkten Weg in die Kundenküche gefunden, andererseits arbeitete Vorwerk auch an einer neuen, digitalen Version des Thermomix, die 2014 auf den Markt kommen sollte. Küchenmaschine und Kochbox versprachen eine verlockende Symbiose, weshalb man später auch dazu überging, speziell auf den Thermomix ausgerichtete Kochboxen zu vertreiben.

Zunächst blieb das Modell jedoch nur ein großes Versprechen, bei dem nicht klar war, ob es jemals eingelöst werden würde. Daran änderte auch der Einstieg von Insight Ventures nichts. Das Schwergewicht beteiligte sich im Juni 2014 im Rahmen einer 50-Millionen-Dollar-Runde an HelloFresh.[97] Das Geld sollte dem Start-up helfen, gegen die weltweit zunehmende Konkurrenz zu bestehen, wie Blue Apron in den USA. In Deutschland hießen die Konkurrenten unter anderem Marley Spoon, das ebenfalls von Rocket finanziert wurde, oder Kochzauber. Letzterer wurde von Frederic Knaudt, dem heutigen Deutschland-Chef des Lebensmittellieferdienstes Picnic, gegründet und ausgerechnet von Project A finanziert, jenem Risikokapitalgeber, der von einer Gruppe ehemaliger Rocket-Internet-Leute um Florian Heinemann aufgebaut wurde.[98] Wer in diesem Wettkampf gewinnen wollte, brauchte also viel Kapital. Doch Insight Ventures brachte noch etwas Weiteres in dieser Finanzierungsrunde ein – oder besser gesagt: weitere Personen. Denn aus Sicht des Risikokapitalgebers erschien es sinnvoll, das junge Start-up mit einem anderen Gründerteam in Kontakt zu bringen, in das Insight damals investiert hatte – und so kam der Düsseldorfer Griesel mit anderen Düsseldorfern in Kontakt.

Zwei Jahre zuvor war das US-Reiseportal Expedia mit fast 500 Millionen Euro bei der deutschen Hotelsuchmaschine Trivago eingestiegen, deren Gründer nun wiederum mit ihrem Geld mit ihrem Vehikel Monkfish Equity in andere Start-ups investierten – wie eben Hello-Fresh. »Das war ja eines der wenigen deutschen Start-ups, das keine Angst vor dem US-Markt hatte«, sagt Rolf Schrömgens. »Und wir waren wiederum dort ja schon aktiv. Da konnten wir natürlich einige Erfahrungen einbringen.«

Speziell mit Schrömgens habe man sich damals viel ausgetauscht, sagt Thomas Griesel. Allerdings ging es dabei nicht nur um den US-Markt, sondern speziell auch um ein anderes Thema, bei dem die Düsseldorfer extrem viel Wissen angehäuft hatten: TV-Werbung. Ähnlich wie Zalando setzte auch Trivago massiv auf Fernsehwerbung, um die eigene Markenbekanntheit zu steigern – und genau davon wollte nun auch HelloFresh profitieren. »Wir hatten damals keine Ahnung von dem Thema«, so Thomas Griesel. Gleichzeitig gab es jedoch Hunderte Fragen: Wo platziert man die Werbung am besten? Wie verhandelt man so einen Deal? Welche Preisnachlässe kann man bei Sendern durchsetzen? »Wir wollten verhindern, dass wir aus den Verhandlungen mit Sendern mit dem Gefühl rausgehen, ein super Geschäft gemacht zu haben, nur um dann von anderen zu erfahren, dass man viel mehr hätte rausholen können«, erklärt Griesel. Das Wachstum sollte sich rasant, aber auch möglichst effizient beschleunigen. Denn das Start-up hatte in den kommenden Monaten große Pläne – und damit war man nicht alleine. Wenige Monate nach der Finanzierungsrunde war mit Rocket Internet ein Großinvestor des Berliner Start-ups an die Börse gegangen und musste nun beweisen, dass die Gründung von Start-ups ein dafür passendes Geschäftsmodell war. Also brauchten die Samwer-Brüder Erfolgsmeldungen. Diese sollten ihre sogenannten »Proven Winners« liefern, zu denen neben HelloFresh im Nahrungsmittelbereich auch Delivery Hero oder foodpanda sowie im Möbelbereich Home24 oder Westwing gehörten.

Im August 2015 meldete die Nachrichtenagentur *Reuters*, dass HelloFresh noch im Oktober an die Börse gehen könnte.[99] Im Oktober wiederum kündigte Rocket Internet einen Börsengang seiner Beteiligung an und trieb damit den eigenen Börsenwert nach oben. Einen Monat zuvor hatte es bei HelloFresh eine weitere Finanzierungsrunde in Höhe von 75 Millionen Euro gegeben, bei der man den Firmenwert auf 2,6 Milliarden Euro taxierte. »Im Frühjahr hatte der Wert noch etwa zwei Milliarden Euro niedriger gelegen«, notierte ein Journalist verblüfft.[100] Im Stall von Rocket Internets »Proven Winners« schien HelloFresh das beste Pferd zu sein.

Doch diese Illusion hielt keine vier Wochen. Denn kaum war der Börsengang angekündigt worden, machten Rocket und das Unternehmen auch schon wieder einen Rückzieher – und verwiesen auf die Marktvolatilität, was bei so manchem Börsianer zu Verwunderung führte.[101] Ende September war aufgeflogen, dass der Autobauer Volkswagen jahrelang Millionen Dieselfahrzeuge manipuliert hatte, um die Abgaswerte zu schönen. Zwar hatte dieser Skandal dem Börsenkurs der Wolfsburger geschadet, der deutsche Aktienindex DAX hatte sich jedoch seit der Ankündigung im Oktober kaum verändert. Letztlich war es wohl eher die Skepsis vieler potenzieller Investoren, ob die Zahlen von HelloFresh die hohe Bewertung rechtfertigten.

Was auch immer am Ende hinter der Absage steckte, eins war klar: Beim zweiten Anlauf durfte nichts mehr schiefgehen. Denn nicht nur Rocket Internet brauchte dringend einen Erfolg, auch Griesel und Richter wären bei einer zweiten Panne ziemlich unter Druck geraten, weil es die Zweifel am Geschäftsmodell weiter verstärkt hätte. Also nahm sich das Start-up Zeit für seinen zweiten Versuch, feilte weiter am Produkt und dem Aufbau der Kundschaft, kurzum: Man sorgte dafür, dass eine Aktie von HelloFresh als Chance und nicht als Risiko gesehen wurde.

Aber die Gründer hatten die Rechnung ohne Amazon gemacht. Im Juni 2017 gab der Onlinehändler bekannt, die Supermarktkette Whole Foods für einen zweistelligen Milliardenbetrag zu übernehmen.[102] Plötzlich ging es nicht mehr um HelloFresh gegen Blue Apron oder Blue Apron gegen Green Chef – und natürlich ging es erst recht nicht mehr um Marley Spoon oder Kochzauber. Plötzlich ging es nur noch um Amazon gegen den Rest der Kochboxen-Welt.

Das erste Opfer der Übernahme war Blue Apron, das wenige Tage nach Bekanntwerden der Pläne an die Börse gegangen war. Der US-Anbieter konnte nicht ansatzweise so viel einnehmen wie erhofft und auch in den Wochen danach blieb der Börsenkurs deutlich hinter den Erwartungen zurück. Amazon schien für viele Anleger die Kräfteverhältnisse auf dem Lebensmittelmarkt nachhaltig verschieben zu können, während gleichzeitig nach dem verpatzten Börsengang von Snap (»Snapchat«) im Frühjahr die Zweifel an Geschäftsmodellen wuchsen, bei denen enormes Wachstum einer wirtschaftlich eher mageren Bilanz gegenüberstand.[103]

Doch Griesel und Richter ließen sich nicht beirren – und feierten am 2. November 2017 ihren größten unternehmerischen Erfolg. Die Aktien ihres gerade mal sechs Jahre alten Start-ups notierten beim Börsenstart über dem Ausgabepreis von 10,25 Euro. Man hatte im Vorfeld erhebliche Zugeständnisse beim Preis machen müssen, der Firmenwert lag deutlich unter dem von Oliver Samwer verbreiteten Wert von 2,6 Milliarden Euro. Doch das war in diesem Moment unwichtig.

Mit knapp 30 Jahren hatten die beiden einen der weltgrößten Anbieter von Kochboxen aufgebaut, in Deutschland an die Börse gebracht und dabei die Konkurrenz weit hinter sich gelassen. Blue Apron? Abgestürzt. Marley Spoon? Schreibt noch immer Verluste und wurde inzwischen in Australien an die vergleichsweise unbedeutende Börse gebracht. Kochzauber? Von Lidl im März 2019 eingestellt.[104] Griesel und Richter hingegen hatten es geschafft. In einer Studierenden-WG in Rheinland-Pfalz reifte in ihnen der Plan einer Gründung, nun stehen sie auf dem Parkett der Frankfurter Börse – zwei unauffällige junge Männer in Hemd und dunklem Pullover. Dann umschließen sie gemeinsam mit ihren Händen die Börsenglocke und läuten. Der Handel ist eröffnet.[105]

Mr. Reiseerlebnis –
Johannes Reck baut mit GetYourGuide Deutschlands nächsten Tourismusriesen

Am 2. April 2020 notierte das Robert-Koch-Institut 73.522 bestätigte Covid-19-Erkrankungen in Deutschland, innerhalb von 24 Stunden waren mehr als 6.000 neue Infektionen gemeldet worden.[106] In den USA begann das Virus erst jetzt, seine volle Wucht zu entfalten, doch all das war für Johannes Reck in diesem Moment zweitrangig, als er gemeinsam mit seiner hochschwangeren Frau am Tisch saß und mit seinem ungeborenen Sohn in ihrem Bauch sprach: »Ich weiß noch genau, wie wir beim Abendessen saßen und gesagt haben: ›So, jetzt darfst du kommen.‹«

Hinter dem Gründer und Chef der Reiseerlebnis-Plattform Get-YourGuide lagen die wohl nervenaufreibendsten Wochen seines Lebens: Weltweit wurden Geschäfte geschlossen, Flüge gestrichen und Kontaktverbote verfügt, um die Ausbreitung des Virus zu stoppen. Innerhalb weniger Tage wurden per behördlicher Verordnung Geschäftsmodelle gestoppt, während die Panik an den Börsen gleichzeitig Milliardensummen vernichtete. Die Wirtschaft taumelte, Menschen fürchteten um ihre Gesundheit und blieben zu Hause.

Bereits am 20. Februar hatten Vertreter von Temasek, einem Risikokapitalgeber aus Singapur, bei einer Aufsichtsratssitzung von GetYourGuide von den Verwerfungen in Asien berichtet. Selbst die Reise zum Züricher Treffpunkt sei für sie schon eine Ausnahme gewesen, weil man angehalten sei, auf nicht mehr unbedingt notwendige Flüge zu verzichten.

Auch in Deutschland waren bereits die ersten Fälle aufgetaucht, beim Autozulieferer Webasto in Bayern hatte sich ein Mitarbeiter bereits am 28. Januar bei einer Kollegin aus China mit dem Virus angesteckt.[107] Doch von Panik war man hierzulande zu diesem Zeitpunkt noch weit entfernt. Stattdessen bereiteten sich Tausende Jecken in Recks Heimat im Rheinland auf ein ausgelassenes Karnevalswochenende und den unmittelbar bevorstehenden Rosenmontag nebst Karnevalsumzug vor. Wenig später wurden im rheinischen Kreis Heinsberg die ersten Fälle nach einer Karnevalssitzung bekannt.

»Wir haben gedacht, dass uns im schlimmsten Fall ein bis zwei Wochen Homeoffice erwarten«, sagt Johannes Reck. »Wir haben es total unterschätzt.« Von Asien aus erreicht das Virus Europa: Italien, Deutschland, Spanien, Großbritannien, immer weiter breitet es sich aus. »Es hat nach dem 20. Februar nur dreieinhalb Wochen gedauert, bis unser Umsatz gleich Null war«, erzählt Reck. Aus dem befürchteten kurzen Dämpfer war eine globale Krise geworden: »Und gleichzeitig hatte ich noch eine hochschwangere Frau, die am 5. April ihr Kind erwartete.«

Tage und Nächte arbeitete das Management von GetYourGuide in diesen Märztagen an Lösungen. Das Team bereitete Szenarien vor, um zu überblicken, wie lange man mit den finanziellen Mitteln unter diesen Umständen aushalten könnte. Es wurden Pläne entworfen, wie sich Kosten sparen ließen; wie man die Firma retten konnte, sodass sie am Ende der Krise stärker sein würde als vorher.

Nach und nach kristallisierte sich eine Lösung heraus: Für einen Großteil der 700 Mitarbeiter sollte Kurzarbeit eingeführt werden, gleichzeitig wollte man begehrte Kräfte wie Software-Entwickler durch eine neue Form von Beteiligungsprogramm zu einem Gehaltsverzicht überreden. Statt ihres Fixgehalts sollten sie Firmenanteile auf einer für sie günstigen Bewertung bekommen. Parallel machte man den Investoren klar – neben Temasek unter anderem auch der Private-Equity-Investor KKR und der japanische Softbank Vision Fund –, dass man radikale Stellenstreichungen ablehne und weiter investieren wolle, um gestärkt aus der Krise zu kommen, was im Gesellschafterkreis laut Reck ziemlich kontrovers diskutiert wurde. Doch am Ende stand ein Plan, mit dem sich die Fixkosten um 40 Prozent senken ließen, und das Management beschloss, die Mitarbeiter über alle weiteren Schritte zu informieren. Reck hatte also seinen Job vorerst erledigt. Nun konnte das Kind kommen. Und noch am selben Abend setzten bei seiner Frau die Wehen ein.

Genau wie der Modehändler Zalando ist auch GetYourGuide ein Start-up der Krise. Im Jahr 2007 hatten Reck und sein Mitgründer Tao Tao eine Reise nach Peking für sich und andere Studierende der ETH Zürich organisiert. Dort fand damals die Konferenz »Model United Nations« statt, eine Art Simulation der UNO-Vollversammlung, an der auch der damalige Biochemiestudent teilnehmen wollte. Doch vor Ort stellte Reck fest, wie schwierig es war, sich in der Stadt zurechtzufinden – glücklicherweise hatte die Gruppe den Chinesen Tao Tao dabei.[108]

Die Reise löste etwas aus. Gemeinsam mit drei Kommilitonen überlegten die beiden, ob es nicht eine Lösung für das Problem gebe, das ja nicht nur sie, sondern auch viele weitere Menschen auf der Welt haben dürften. Was es bräuchte, wäre eine Art Couchsurfing für Tourguides, dachten sich die Studierenden. Auf der Plattform könnten Interessierte dann ihre Dienste als Touristenführer anbieten und im Gegenzug in anderen Ländern davon profitieren.

Reck machte gerade seinen Master in Biochemie, untersuchte dabei beispielsweise die Wirkung von Proteinen in Mäusegehirnen und veröffentlichte über seine Forschung gemeinsam mit seiner Professorin einen Aufsatz in einer wissenschaftlichen Fachzeitschrift.[109] Natürlich dachte Reck in dieser Zeit über eine Promotion nach, die Forschung faszinierte ihn, doch die starren Hierarchien und unsicheren Aussichten auf Aufstiegsmöglichkeiten innerhalb der Wissenschaft weniger.

Denn umgekehrt merkte er in dieser Zeit, wie viel Spaß ihm die Arbeit für die Touristenführer-Plattform machte, auch wenn das erste Modell mit studentischen Führern nur wenige Nutzer anlockte – und man finanziell so knapp bei Kasse war, dass der Döner im Züricher Kebab House 2 schon als Festmahl galt.[110] Doch das Team machte weiter und passte mitten in der weltweiten Finanzkrise das Geschäftsmodell an. Künftig wollte man professionelle Reiseerlebnisse vermitteln: den Besuch auf den Eiffelturm, Tickets für die Uffizien in Florenz oder einen Ausflug ins Londoner Wachsfigurenkabinett von Madame Tussaud. Im Gegenzug für die Vermittlung kassierte man von den Anbietern eine Provision. Das war der Durchbruch – und Recks vorläufiger Abschied von der Biochemie.

Im Jahr 2009 wurde GetYourGuide dann offiziell von den ETH-Absolventen Johannes Reck, Tao Tao, Pascal Mathis, Tobias Rein und Martin Sieber gegründet. Nachdem das Unternehmen zunächst aus eigener Kraft gewachsen war, gelang es bald auch, Investoren davon zu begeistern. Das erste Kapital fanden die Gründer in der Schweiz, doch Reck und seine Mitstreiter merkten schnell, dass der Standort nicht optimal für die weitere Entwicklung war. Denn einerseits waren die Lebenshaltungskosten in Zürich für ein junges Unternehmen mit überschaubaren Einnahmen relativ hoch, andererseits war es schwer, in der Schweizer Stadt in Kontakt mit großen Wagniskapitalgebern zu kommen, die es jedoch zweifelsohne brauchte, wenn man die Idee zum Erfolg bringen wollte.

»Ich habe einfach gemerkt, dass die Tech-Branche damals brodelte«, sagt Reck. Genau wie in der aktuellen Coronakrise gerieten etablierte, aber angeschlagene Unternehmen unter Druck, während gleichzeitig neue Geschäftsmodelle Fahrt aufnahmen – speziell in den USA. Im Jahr 2007 hatte der damalige Apple-Chef Steve Jobs das erste iPhone präsentiert, ein Jahr später den App-Store, mit dem sich plötzlich jedes Unternehmen mit einem Miniprogramm einen Platz auf dem Startbildschirm der Kunden sichern konnte. Gleichzeitig meldeten sich immer mehr Nutzer bei einem sozialen Netzwerk namens Facebook an. Das Internetzeitalter nahm an Fahrt auf – und in Zürich packte Tao Tao seine

Sachen. Denn die GetYourGuide-Gründer hatten einen Entschluss gefasst: Um die nächste Stufe zu erreichen, musste man nach Deutschland gehen und Tao Tao sollte dabei die Vorhut bilden.

Für Reck wäre es die Möglichkeit gewesen, in die Heimat zurückzukehren – ins Rheinland. Der heute 35-Jährige wuchs in Rösrath auf, einem knapp 28.000 Einwohner großen Städtchen südöstlich von Köln. Die Zeit hat ihn geprägt, auch wenn die Wurzeln der Familie Reck im Rheinland nicht tief reichen: Mutter Reck stammt aus Österreich, sein Vater aus Niedersachsen, doch am Ende bestimmte der Job des Vaters den Lebensmittelpunkt der Familie. Denn Hans-Joachim Reck hat in Nordrhein-Westfalen an verschiedenen Orten gewirkt. Vor der Geburt seines Sohnes arbeitet Reck sen. als Büroleiter des damaligen CDU-Fraktionsvorsitzenden im NRW-Landtag, dem späteren sächsischen Ministerpräsidenten Kurt Biedenkopf. Später wird der Jurist Oberkreisdirektor des Rheinisch-Bergischen Kreises. In Rösrath bleibt man auch sesshaft, als der Vater zeitweise Bundesgeschäftsführer der CDU in Deutschland war und den letzten erfolgreichen Wahlkampf des damaligen Bundeskanzlers Helmut Kohl leitete. Nach einer Zwischenstation bei der Deutschen Telekom in Bonn kehrte Reck in die Politik zurück – und verhalf als Generalsekretär dem damaligen CDU-Spitzenkandidaten Jürgen Rüttgers zum Triumph bei der NRW-Landtagswahl 2005.

Die Arbeit des Vaters prägte das Familienleben der Recks – und dementsprechend auch dessen Sohn Johannes. Der GetYourGuide-Gründer ist einer der politischsten Köpfe in der deutschen Gründerszene, der quasi druckreif spricht und geschliffen argumentiert: »Wir haben zu Hause immer auch politische Themen diskutiert, von daher habe ich da eine natürliche Affinität.« Einen Wechsel in die Politik in einigen Jahren kann er sich dennoch nicht vorstellen: »Ich habe ja bei meinem Vater gesehen, wie schwer das Geschäft ist.« Nicht nur die Arbeitsintensität, auch die Grabenkämpfe und Intrigen überschatten die letzte Phase der aktiven Politik von Hans-Joachim Reck. Trotz des erfolgreichen Wahlkampfs ließ Rüttgers seinen General fallen, sodass dieser vorzeitig seinen Rücktritt ankündigte.[111] Dem Rheinland haben die Eltern Reck inzwischen genauso den Rücken gekehrt wie ihr einziges Kind.

Denn den Sohn zog es gemeinsam mit Tao Tao nach Berlin, in Oliver Samwers Start-up-Mekka. Nachdem Tao Tao mit seinem gesamten Besitz, der in einen Einkaufswagen passte, von Zürich aus in die Hauptstadt geflogen war, begann er mit der Rekrutierung von Callcenter-Mitarbeitern. Denn bislang kümmerten sich die Gründer via Skype noch selbst um alle Anfragen und Beschwerden. Schon nach wenigen Tagen zog er eine zufriedene Zwischenbilanz: In Berlin fand man nicht nur Mitarbeiter, sondern zahlte auch nur einen Bruchteil der Schweizer Gehälter.

Reck hingegen verbrachte die erste Zeit mit Pendeln. Die Zeit im Flugzeug war für ihn Alltag, immerhin testete er gemeinsam mit seinen Mitgründern anfangs alle GetYourGuide-Angebote selbst. Seine Flugmeilen, schrieb das Schweizer Magazin *Bilanz* über Reck, hätten ihn sofort in den Senatorenstatus der Lufthansa erhoben – obwohl er sie in der Holzklasse erflog.[112] Die Coronakrise wirkte da wie das absolute Kontrastprogramm, was Reck nicht prinzipiell schlecht findet: »Vor Corona hatte ich eigentlich vor, Elternzeit zu nehmen – doch das war dann natürlich ziemlich schnell kein Thema mehr. Lustig ist, dass ich trotzdem mehr Familienzeit habe als vorher, weil ich permanent zu Hause bin und den Kleinen sehe.«

Inzwischen ist auch Reck in Berlin heimisch geworden. Denn obwohl das Unternehmen seinen Hauptsitz noch in der Schweiz hat, sind die meisten Beschäftigten inzwischen in der deutschen Hauptstadt ansässig. Hier residiert man inzwischen im Umspannwerk Ampere in Prenzlauer Berg, einem alten Industriegebäude, das 1926 errichtet wurde und noch bis in die 1990er-Jahre für einen Teil der hauptstädtische Stromversorgung genutzt wurde. Seitdem diente es bereits einigen Berliner Start-ups wie Zalando als Hauptquartier, bis das Gebäude den Platzbedarf nicht mehr decken konnte – vielleicht kein schlechtes Omen für GetYourGuide.[113]

Umgekehrt sind natürlich auch die Erwartungen an das Start-up riesig: spätestens, seit man sich durch eine Finanzierungsrunde in den Fokus der Weltöffentlichkeit katapultierte. Im Mai 2019 gab das Start-up eine Finanzierungsrunde in Höhe von 484 Millionen US-Dollar be-

kannt.[114] Die Summe machte aus dem Berliner Unternehmen ein soge-
nanntes Unicorn, ein nicht-börsennotiertes Start-up mit einer Bewertung von mehr als einer Milliarde Dollar. Solche Einhörner sind eine
rare Spezies, daher auch der Name. In Deutschland tauchen sie inzwischen glücklicherweise immer häufiger auf. Laut Daten von CB Insights
gab es zu Beginn des Jahres 2020 dreizehn an der Zahl.[115]

Für noch mehr Aufsehen als die Summe sorgte jedoch der Name des
Investors, der die Finanzierungsrunde bei den Berlinern anführte: Softbank Vision Fund. Der Fonds verwaltet mit 100 Milliarden Dollar eine
gigantische Kapitalsumme, um damit in Start-ups zu finanzieren. Dabei
verfolgte der Risikokapitalgeber lange Zeit eine Art Königsmacherstra-
tegie: Der Fonds pumpte Start-ups mit gewaltigen Summen auf, um so
den Konkurrenzkampf in den Segmenten zu erschweren und den eigenen Start-ups zum Durchbruch zu verhelfen. Andere Risikokapitalgeber, so die These, würden es sich anschließend zweimal überlegen, ob sie
einen Konkurrenten der Softbank-Start-ups finanzierten oder nicht.
Eine jahrelange Millionenschlacht wie bei den Lieferplattformen könnte so abgekürzt werden. »Go big or go home«, so die Devise des japani-
schen Tech-Milliardärs Masayoshi Son, dem Initiator des Fonds.

Der Fonds finanzierte in den vergangenen Jahren Start-ups wie den
Co-Working-Space-Anbieter WeWork, den Mobilitätsdienst Uber, das
soziale Netzwerk Bytedance (TikTok) sowie den Büro-Messenger Slack,
geriet aber in die Schlagzeilen, weil das Geschäftsmodell schon vor der
Coronakrise ins Wanken geriet. Der Co-Working-Space-Anbieter
WeWork musste seinen geplanten Börsengang absagen, nachdem die
Investoren die Milliardenbewertung des Unternehmens eher abschre-
ckend als anziehend fanden. Wie eine Seifenblase zerplatzte die WeWork-
Geschichte, einen schnöden unprofitablen Immobilienvermieter wie
einen Tech-Konzern bewerten zu wollen. Softbank musste das Geschäft
mit gewaltigen Summen stützen – und wirkte plötzlich wie ein Hasar-
deur, der bei seinem weltweiten Beutezug viel zu oft nicht genau hinge-
schaut hatte. Denn auch andere Beteiligungen – wie die am Fahrdienst-
vermittler Uber – verursachten plötzlich Probleme. Im Geschäftsjahr

2019 machte Softbank daher einen Verlust von umgerechnet rund acht Milliarden Euro.

In Deutschland zählt neben GetYourGuide auch noch das Start-up Auto1 zu den Softbank-Investments. »Wir hatten das riesige Glück, dass wir durch die Softbank-Runde genau zur richtigen Zeit ein Finanzpolster aufgebaut haben«, sagt Johannes Reck. Dadurch habe man sich selbst in der schwierigsten Phase der Coronapandemie nie mit der Eventualität einer eigenen Insolvenz auseinandersetzen müssen.

Im Gegenteil: Das Team um Johannes Reck beschloss, in der Krise weiter in das eigene Produkt und die Marktposition zu investieren. Der Gründer hatte sich in der Krise auch mit anderen Unternehmern wie Netflix-Gründer Reed Hastings oder den Gründern der Reiseplattform Booking.com ausgetauscht und sich Tipps geholt, wie man am besten mit Krisen umgehen sollte. Die Booking.com-Kontakte hätten ihm geraten, den Sturm mit den Mitarbeitern zu überstehen und in die Technologie zu investieren, erzählte Reck in einem Podcast.[116] Das bestätigte ihn in seiner These: »Es ergibt keinen Sinn, wenn wir uns basierend auf der Pandemie jetzt so stark verkrüppeln, dass wir ein viel kleineres Unternehmen haben und danach nicht mehr wachsen können.«

Denn trotz der großen Summen, die in GetYourGuide flossen, ist längst nicht klar, welcher Anbieter bei der Vermittlung von Urlaubsaktivitäten in Zukunft die Nummer eins sein wird. Reck ist zwar ziemlich sicher, dass die Hürden für neue Angreifer relativ hoch seien, weil der Markt so zersplittert sei. Ähnliches ist auch in der Branche zu hören. So ließe sich eine Segway-Tour noch relativ standardisiert abbilden, egal ob sie nun in Rom, New York, Hamburg oder Madrid stattfindet. Schwieriger sei es da schon bei den vielen Erlebnissen, die nicht so leicht zu normieren sind, zumal die Anbieter beispielsweise auch ganz unterschiedliche Bezahlsysteme anböten.

Trotzdem hat zuletzt eine ganze Reihe an Unternehmen angefangen, eigene Angebote in diesem Bereich aufzubauen. Der deutsche Reisekonzern TUI übernahm beispielsweise 2018 das Mailänder Start-up Musement, um seinen Kunden auch die Buchungen von Erlebnissen zu ermöglichen. Das Segment gehöre mit einem jährlichen Umsatz von

150 Milliarden Euro weltweit und einem Wachstum von sieben Prozent zu den attraktivsten Feldern im Tourismus, hieß es bei der Übernahme.[117] Es liege inzwischen im Trend, das Reiseziel nach den Aktivitäten auszusuchen, sagte TUI-Chef Fritz Joussen noch im Dezember 2019 in einem Interview. Daher wolle man Musement zum weltweit größten digitalen Marktplatz für Aktivitäten und Events ausbauen.[118] Inzwischen werden die Musement-Aktivitäten auch über die Plattform Booking.com angeboten: »Davon erhoffen sich die Verantwortlichen sehr viel«, heißt es im Unternehmensumfeld. Die Übernachtungsplattform Airbnb wiederum hat ihren »Experiences«-Bereich gestartet und verspricht eine neue Art des Reisens durch den Kontakt zu einheimischen Experten, während GetYourGuide-Investor Softbank zusätzlich zum Berliner Start-up noch den asiatischen Anbieter Klook finanziert hat – sicher ist sicher.

Bei GetYourGuide gibt man sich gelassen angesichts der Marktgröße und der geringen Zahl der bisherigen Internetbuchungen. Erst ein bis zwei Prozent der Transaktionen, verkündete Johannes Reck, fänden bereits online statt: »Wir sind ein kleiner Fisch im Meer der Erlebnisse.«[119]

Die Herausforderung für GetYourGuide wird daher sein, einerseits schneller zu wachsen als der Markt und dabei andererseits eine Marke aufzubauen, die so stark ist, dass sie ihre Kunden nicht immer wieder neu über Suchmaschinenanzeigen bei Google & Co. einkaufen muss. Denn genau wie bei vielen anderen Anbietern im Tourismusbereich wird auch bei GetYourGuide ein großer Teil der Einnahmen direkt weitergeleitet zum Google-Firmensitz nach Mountain View, um dort die Rechnungen für Werbeanzeigen zu bezahlen.

So baute das Start-up einerseits vor Corona das Angebot an eigenen Touren aus, bei denen ein Reiseführer vor Ort in GetYourGuide-Kleidung auftritt und die Marke verkörpert. In London wurde beispielsweise eine Tour entwickelt, die speziell die Drehorte der Harry-Potter-Filme ansteuert. Ähnlich wie der Streamingdienst Netflix will GetYourGuide so eigene »Inhalte« anbieten und sich von anderen Konkurrenten abheben.[120] Andererseits erkannten die Betreiber von GetYourGuide auch, dass sich Europas Tech-Unternehmen stärker gegen die großen amerikanischen Plattformen behaupten müssten. Andere Plattformen wie Trivago leiden bis heute darunter, dass ihnen Google einen Teil des Geschäfts durch eigene Angebote wegnahm, während sie gleichzeitig für ihre Sichtbarkeit auch noch Werbung bei der Suchmaschine buchen mussten.

In der Coronakrise verbündeten sich acht deutsche Start-ups daher, um in einem Brief an den Google-Top-Manager Philipp Schindler die Praktiken des Tech-Konzerns anzuprangern. Denn während den Start-ups die Einnahmen wegbrachen, bestand das US-Unternehmen offenbar weiterhin auf die Begleichung der Rechnung für Werbung in der Suchmaschine. Start-ups wie GetYourGuide, Trivago oder auch Flixbus hatten plötzlich das Problem, dass sie Werbung für Reisen geschaltet hatten, die niemals stattfinden würden. Weitreichende Kulanz bei Google trotz eines Quartalsgewinns von 6,84 Milliarden Dollar und Reserven von 117 Milliarden Dollar? Fehlanzeige.

Rechtlich war das natürlich zulässig, Vertrag ist schließlich Vertrag. Doch gab es auch die Befürchtung innerhalb der Branche und in der Politik, dass der US-Konzern seine Marktmacht zur Stärkung der eigenen Position ausnutzen könnte. Das blieb natürlich auch der Europäischen Union nicht verborgen, die in Zukunft deutlich restriktiver bei der Regulierung vorgehen dürfte als in der Vergangenheit. Für die Tech-Start-ups wie GetYourGuide oder auch Zalando wird es dann darum gehen, für eine Regulierung zu werben, die Europas Szene nützt, statt ihr zu schaden.

Gleichzeitig zeigt das Beispiel GetYourGuide auch, welch ein großes Problem die deutsche bzw. europäische Gründerszene noch hat: Für die großen Finanzierungsrunden fehlt es an europäischem Kapital. Außer dem von Klaus Hommels – von dem später noch die Rede sein wird – gegründeten Fonds Lakestar war kein europäischer Kapitalgeber in der letzten großen Runde bei GetYourGuide dabei. Stattdessen floss überwiegend amerikanisches bzw. asiatisches Kapital. Bei anderen Start-ups sieht die Bilanz ähnlich aus. Am mangelnden Willen der Gründer liegt das jedoch nicht.

»Ich hatte den Samwers mal einen Business-Plan gesendet«, sagt Johannes Reck. Damals, vor knapp zehn Jahren, hatte GetYourGuide noch keine Milliardenbewertung und Rocket Internet war der einzige Investor, den der junge ETH-Absolvent kannte. Statt Millionen Erlebnissen vermittelte man im ersten Jahr 30. Im zweiten waren es dann zwar schon 30.000 – doch die Zahlen waren immer noch niedrig genug, um vergleichsweise günstig einzusteigen. Für die Samwers wäre Get-YourGuide heute wohl ein Kandidat für den nächsten Börsengang, doch stattdessen sagten die Brüder ab. Wie Johannes Reck es formuliert: »Sie mochten die Tourismusbranche nicht so.«

Sockel des Eisbergs –
Rheinländer prägen die Hauptstadt

Rocket Internet hat Berlin zu einem der wichtigsten Tech-Hubs Europas gemacht. Innerhalb von knapp zehn Jahren haben die Samwers mit ihren Investments dazu beigetragen, dass in Berlin mit Zalando, Hello-Fresh, Delivery Hero und Rocket Internet mehr als 40 Milliarden Euro Börsenwert entstanden. Die Samwers stießen Gründungen an und lockten Talente an – so lange, bis die Szene über ihre Schöpfer hinauswuchs, weil der Netzwerkeffekt einsetzte: Erfolgreiche Gründungen locken Talente und Kapital an, woraus wiederum erfolgreiche Gründungen entstehen können, die mehr Talente und Kapital anlocken.

Im Jahr 2013 zeigte eine Befragung von Gründern, dass der Großteil von ihnen genau wie Zalando, HelloFresh, GetYourGuide und Co. sein Unternehmen erst zwischen 2009 und 2013 gestartet hatte – die meisten davon in Berlin.[121] Nachdem es um die Jahrtausendwende herum kein klares Zentrum der deutschen Start-up-Szene gab, hat sich diese Situation inzwischen geändert: München und Berlin haben allen anderen Standorten den Rang abgelaufen. Und nachdem Nordrhein-Westfalen dabei auf politischer Ebene mehr als zehn Jahre lang nahezu tatenlos zugesehen hatte, hat man heute Mühe, den Rückstand aufzuholen.

»In Berlin sind die Schwaben in die Agenturen gegangen und die Rheinländer haben gegründet«, so Boris Radke, ein Rheinländer und langjähriger Kenner der Szene in der Hauptstadt. Der 40-jährige Aachener wollte eigentlich Sportjournalist werden. Stattdessen baute er die Unternehmenskommunikation bei Zalando auf. Nach einer Zwischenstation bei ProSiebenSat.1 in Bayern ist Radke inzwischen Kommunikationschef bei der Mobilitätsplattform Omio, einem weiteren Berliner Unicorn.

Die Liste der Berliner Gründer mit rheinländischen Wurzeln ist lang: Da ist zum Beispiel der Kölner Boris Wasmuth, der hier 1999 seinen Ciao- und Amiro-Rivalen dooyoo startete und später mit dem Onlinespieleanbieter Gameduell nachlegte.

Oder Lucas von Cranach, der als Rheinländer sein Start-up One-Football zunächst in Bochum aufgebaut hatte, den Sitz 2010 aber nach Berlin verlegte – weil er dort bessere Bedingungen für die Weiterentwicklung sah. Zumindest das Image der Hauptstadt dürfte besser zu den Zielen, die weltgrößte Fußball-Plattform zu werden, gepasst haben als die Räumlichkeiten im Ruhrgebiet: Angefangen hatte von Cranach in der damaligen IT-Abteilung des Wurstherstellers Zimbo, dessen Gründer Reinhard Zimmermann als erster Investor bei OneFootball eingestiegen war.[122]

Im Jahr 2008 startete von Cranach sein Fußballprojekt – und zählte damit zu einer der ersten 1.000 Apps in Apples App-Store. Nutzer bekommen mit OneFootball Statistiken und alle relevanten Nachrichten zu ihrem Lieblingsclub angezeigt, die das Start-up aus verschiedenen Quellen aggregiert. Zwölf Jahre nach der Gründung haben mehr als 70 Millionen Menschen – nach Angaben des Unternehmens – die App heruntergeladen, keine andere Fußball-App hat weltweit mehr Nutzer.

Das Talent zum Skalieren ist in der Familie offenbar seit Generationen vorhanden: Lucas von Cranach ist ein direkter Nachfahre des berühmten Renaissancemalers Lukas von Cranach dem Älteren. Vor rund 500 Jahren machte sich dieser einen Namen als Hofmaler und porträtierte unter anderem den Reformator Martin Luther. Die rund 5.000 Werke, die von Cranach erschaffen haben soll, entstanden allerdings mit tatkräftiger Unterstützung: Der Maler beschäftigte in seinem Atelier eine ganze Reihe an Helfern, um so schneller und mehr produzieren zu können.

Obwohl das Unternehmen seines Nachfahrens in 21. Generation bislang kaum Umsätze und hohe Verluste macht (2018 lag der Umsatz bei 10,7 Millionen Euro und der Verlust bei rund 10 Millionen Euro), glauben viele Investoren an das Potenzial der Plattform. So investierte unter anderem der Sportartikelhersteller Adidas in das Start-up. Auch der Staatssekretär im Bundesfinanzministerium, Jörg Kukies, hält Anteile, die er noch in seiner Zeit bei der Investmentbank Goldman Sachs erworben hatte. Mit den Düsseldorfer Brüdern Philipp und Florian Schindler sowie dem gebürtigen Niederrheiner Klaus Hommels investierten sogar einige Rheinländer – auch wenn Lakestar-Chef Hommels und der Gründer von Cranach zumindest fußballerisch eher Gegner sind: Hommels hält zu Borussia Mönchengladbach, von Cranach ist eingefleischter Fan des 1. FC Köln.

Im selben Jahr wie Lucas von Cranach gründete auch Robert Maier ein Start-up: Ladenzeile. Zwei Jahre später war man bereits – ungewöhnlich für die Berliner Branche – profitabel. Nach seinem Studium an der WHU arbeitete Maier zunächst als Investmentbanker, kam dann aber über einen Freund von der Hochschule mit Oliver Samwer in Kontakt: »Wir haben uns am Starnberger See getroffen und ein bisschen geschnackt.« Nach dem Treffen sprach der Bonner dann mit Samwer irgendwann über eine Idee, die damals in den USA bereits funktionierte: Like.com. Die Produktsuchmaschine funktionierte weniger über Text als über Bilder und war damit prädestiniert für den Mode- und Möbelhandel.

Einige Monate nach dem Gespräch in Bayern klingelte Maiers Telefon. Oliver Samwer wollte die Idee umsetzen. Im Dezember 2008 – drei Monate nach der Insolvenz der US-Investmentbank Lehman Brothers, die der Auslöser für die Weltfinanzkrise sein sollte – wurde Visual Meta gegründet, das Unternehmen hinter der Shoppingplattform Ladenzeile.

Die Samwers gaben das Kapital und stellten gleichzeitig auch das Gründerteam zusammen. Der BWLer Maier sollte sich um das Geschäft kümmern und Mitgründer Johannes Schaback um den Technologie-Bereich.[123] So lief das eben.

Drei Jahre später zog sich Rocket Internet jedoch bereits wieder zurück. Denn Ladenzeile war nicht nur profitabel, sondern auch äußerst vielversprechend gewachsen. Daher sicherte sich 2011 der Axel-Springer-Konzern die Mehrheit an dem Start-up – angeblich für rund 40 Millionen Euro.[124] Denn natürlich bekam man auch im Springer-Hochhaus mit, wie sich die Welt vor der eigenen Haustür änderte. Da die wirklich interessanten Wachstumsmöglichkeiten im Medienbereich angesichts der Bedenken des Kartellamts hinsichtlich einer Übernahme des Fernsehkonzerns ProSiebenSat.1 praktisch ausgeschlossen waren, investierte der Konzern immer stärker im Internetbereich, wo man unter anderem auch bei der Bieterschlacht um studiVZ mitmischte.

Um noch mehr Einblick in die Szene und Zugang zu spannenden Geschäftsmodellen zu bekommen, startete Springer 2013 seinen Accelerator Plug and Play. Dafür holten sie sich Alando-Mitgründer Jörg Rheinboldt als Geschäftsführer ins Haus. Dieser hatte nach dem Verkauf von Alando an eBay einige Jahre das deutsche Geschäft der Amerikaner geleitet, sich 2007 aber mit dem Non-Profit-Start-up Betterplace erneut selbstständig gemacht und anschließend immer wieder in Start-ups investiert. Somit wirkte der Rheinländer wie der perfekte Mann für diese Position, zumal er auch schon Accelerator-Erfahrung als Mentor bei Hubraum sammeln konnte.[125]

Unter diesem Namen hatte die Deutsche Telekom ein Jahr zuvor in Berlin ihren Accelerator gestartet – das Startsignal für eine Entwicklung, die man im Umfeld der NRW-Landesregierung irgendwann als »digitale Fahnenflucht« bezeichnete. Angezogen von den vielen Start-ups, aber auch geblendet vom damals schon entstandenen Hype, hatten viele NRW-Konzerne lieber eigene Programme in der Hauptstadt statt vor der eigenen Haustür gestartet. Ob das im Einzelfall immer sinnvoll war, war zweitrangig. In den frühen 2010er-Jahren ging es zunächst darum, dabei zu sein und zu zeigen, dass man begriffen hatte, dass diese Digitalisierung doch etwas ist, was die Welt vielleicht verändern könnte.

In kurzer Zeit starteten unter anderem RWE, Henkel, Metro und Bayer eigene Programme in Berlin. Man finde auch in NRW gute Startups, versicherte Henkel-Manager Paolo Bavaj noch 2015, doch »als Unternehmen kommt man inzwischen an Berlin nicht mehr vorbei.«[126] Für NRW – und besonders das Rheinland – war diese Entwicklung dennoch verheerend. Während sich nämlich in München mit der BMW-Großaktionärin Susanne Klatten bereits seit Jahren eine Milliardärin mit eigenem Geld über das im Umfeld der Technischen Universität angesiedelte Projekt UnternehmerTUM massiv für eine Stärkung des Gründungsgeschehens in der Region stark machte, fehlte es damals ausgerechnet in einer Region mit einer Vielzahl von DAX-Konzernen an heimischem Engagement aus der Privatwirtschaft.

Dabei hatten nicht nur die DAX-Konzerne, sondern auch viele andere Unternehmen die Zeichen der Zeit erkannt, wie der Chef des Duisburger Stahlhändlers Klöckner & Co., einem Unternehmen mit mehr als 100-jähriger Geschichte, bei dem Bestellungen noch immer häufig per Fax abgewickelt wurden. Doch Gisbert Rühl ahnte, dass sich das ändern könnte, wenn sich digitale Geschäftsmodelle in immer mehr Branchen ausbreiteten. Dann wäre allerdings nicht mehr die Frage, ob man den Stahlhandel auch digital betreiben könnte, sondern welche Rolle ein Unternehmen wie Klöckner & Co. in diesem Szenario noch spielen würde.

Als er 2013 im *Spiegel* davon las, dass Axel Springer ein ganzes Managementteam inklusive des *Bild*-Chefredakteurs Kai Diekmann für eine halbjährige Exkursion ins Silicon Valley geschickt hatte, wollte Rühl dabei sein. Er rief bei Christoph Keese an, einem der Manager aus der Reisegruppe, und fragte, ob er mal ein paar Tage vorbeikommen dürfe.[127]

Gisbert Rühl ist kein berufsjugendlicher Selbstinszenierer, der nach dem Trip seine Anzüge in den Schrank hing und dafür den Hoodie überstreifte: »Ich bin 57 Jahre alt, da muss ich mich rein äußerlich nicht den 30-Jährigen anpassen.«[128] Dennoch veränderte die Reise sein Leben.

Denn der Stahlmanager lernte, wie Springer-Manager Christoph Keese später notierte, in Plattformen zu denken. Zurück in Corporate-Germany begann Rühl damit, das eigene Geschäft anzupassen. Er holte die Berater von Etventure ins Haus, heuerte Mitarbeiter von Rocket Internet & Co. an, traf sich mit Gründern – um seine Idee voranzutreiben, das Amazon des Stahlhandels zu werden.

Doch in Duisburg, davon war Rühl überzeugt, würde daraus nichts werden – Firmensitz hin oder her. In der Stadt fehlte das digitale Ökosystem, das in Berlin schon seit einigen Jahren erblühte. Als Klöckner & Co. daher ein hausinternes Start-up gründete, bekam es eine andere Postleitzahl als der Mutterkonzern. In Berlin sollte Klöckner.i das Kerngeschäft digitalisieren. Faxgeräte sucht man in dem modernen Großraumbüro daher vergeblich, stattdessen herrscht Start-up-Atmosphäre.

Auch wenn die Umsetzung der Visionen zäher geriet als zunächst geplant – das Signal, das Rühl damit ungewollt sendete, war für Nordrhein-Westfalen verheerend: Zukünftiger Erfolg lässt sich nicht vor der eigenen Haustür realisieren. So halfen sowohl Unternehmen als auch Gründer aus dem Rheinland bzw. NRW dabei, das Berliner Ökosystem permanent weiterzuentwickeln, indem etwa Rheinländer andere Rheinländer finanzierten.

Florian Heinemann und Stefan Holwe hatten sich schon während ihrer Jugend auf dem Tennisplatz kennengelernt. Beide stammen aus dem Rhein-Sieg-Kreis, Heinemann wuchs in Lohmar auf, Holwe im benachbarten Troisdorf-Sieglar. Abseits des Tennisplatzes kreuzten sich ihre Wege im Erwachsenenalter auf einem ganz anderen Feld: Holwe arbeitete später unter anderem für den Vorstand der Deutschen Bank, gründete dann jedoch 2015 zusammen mit Jan Roosen den Kofferhersteller Horizn Studios – natürlich in Berlin. Doch für die Umsetzung der Idee brauchte man zusätzliches Kapital und so kam es, dass Holwe Kontakt zu seinem alten Tennisbekannten aufnahm, der inzwischen nach Stationen bei Justbooks und Rocket Internet den Wagniskapitalgeber Project A aufgebaut hatte.

Dort kam ihre Idee gut an. Die beiden wollten einen Koffer samt Powerbank auf den Markt bringen, mit der man auch unterwegs an

Flughäfen oder Bahnhöfen das Smartphone laden können sollte. Um die Koffer herum wollten Holwe und Roosen außerdem eine Art virtuelle Reisebetreuung aufbauen, die Kunden rund um die Uhr bei Problemen zur Seite stehen sollte.[129] Das Modell passte in die Zeit. Viele Investoren setzten damals auf sogenannte Direct-to-Consumer-Marken, die ihr Produkt am klassischen Handel vorbei an den Endkunden bringen wollten – egal, wie profan es war: Windeln, Rasierklingen oder Matratzen, keine Kategorie schien zu abseitig, um nicht von einem jungen Gründerteam aufgegriffen zu werden. Oft erfüllten sich die Hoffnungen der Investoren jedoch nicht. Das gilt auch im Fall von Horizn Studios, das in der Coronakrise ein Sanierungsverfahren durchlaufen musste und schließlich von den Gründern und Partnern übernommen wurde.[130]

Besser lief es hingegen für einen Konkurrenten, der ebenfalls im Jahr 2015 gestartet war: Die Koffer des US-Start-ups Away sind mit denen von Horizn Studios nahezu identisch. Investoren bewerteten das Startup im vergangenen Jahr bei einer neuen Finanzierungsrunde allerdings mit mehr als einer Milliarde Dollar. Sollte die Away-Wette also aufgehen, könnten am Ende doch noch Rheinländer vom Aufbau einer weltweit führenden Koffermarke profitieren: Bei Away ist seit einiger Zeit Global Founders Capital investiert, der neue Fonds der Samwer-Brüder.[131] Nach dem Duell auf dem Kochboxen-Markt kam es somit zu einem weiteren Wettstreit der Ex-Rocket-Mitarbeiter mit ihren früheren Chefs und Kollegen – den die Samwers jedoch vorläufig für sich entschieden.

Solche Wellen zeigen, dass sich auch Wagniskapitalgeber von Trends leiten lassen. So war es auch 2015, als eine deutsche Gesetzesänderung eine ganze Reihe von Gründern elektrisierte. Am 5. März beschloss der Bundestag das Mietrechtsnovellierungsgesetz, das bereits zum 1. Juni des gleichen Jahres in Kraft treten sollte. Ein Kernelement der Reform war die Einführung einer Mietpreisbremse, um die enormen Steigerungen speziell in Ballungsräumen zu stoppen. Daher sprach der damalige Justizminister Heiko Maas (SPD) nach der Abstimmung im Bundestag auch von einem »verdammt guten Tag«, während sich die Opposition deutlich weniger begeistert vom »Mietpreisbremschen« zeigte.[132]

Doch mit der Novellierung kam auch eine weitere Neuerung. Fortan sollten nicht mehr die Mieter die Kosten für einen Makler übernehmen, stattdessen sollte das Bestellerprinzip gelten: Wer den Makler bestellt, bezahlt ihn auch. Was nachvollziehbar klang, sorgte in der Branche für Kritik. Die einen fürchteten höhere Kosten für Immobilienbesitzer, die anderen sorgten sich, dass die Mieten steigen würden, weil die Courtage einfach umgelegt würde.

Die zwei Düsseldorfer Schulfreunde Hanno Heintzenberg und Lukas Pieczonka erkannten hingegen eine Chance und gründeten ein Start-up, um Maklertätigkeiten zu digitalisieren – mit der Unterstützung der bekannten Szeneköpfe Felix Jahn, Hakan Koc und Christian Bertermann. Die zwei Letzteren wurden als Gründer von Auto1 (»Wirkaufendeinauto.de«) bekannt, Ersterer als Co-CEO des Möbelshops Home24. Sein Handwerk – analysieren und exekutieren – hatte Jahn nach seinem Abschluss (natürlich an der WHU) zuvor bei Rocket Internet gelernt. Dort war er zunächst einer der Geschäftsführer neben Florian Heinemann und kümmerte sich unter anderem um das Management der unterschiedlichen Gründungen, bis er schließlich mit einem Partner Home24 gründete und bis 2014 als Co-CEO leitete.

Nach seinem Ausstieg dauerte es nicht lange, bis er mit Bertermann und Koc den Inkubator Warpspeed Ventures aufsetzte und für ein Projekt Heintzenberg und Pieczonka als Gründer mit ins Boot holte. Die beiden kannten sich aus der gemeinsamen Schulzeit am Düsseldorfer Suitbertus-Gymnasium in Kaiserswerth. Nach dem Abitur studierten sie unter anderem in St. Gallen, bevor Pieczonka bei Home24 in Berlin anfing, und dort Jahn und Koc kennenlernte. Heintzenberg wiederum heuerte nach dem Studium als Berater bei der Boston Consulting Group an, kündigte seinen Job dann aber, um mit seinem Schulfreund und Jahn das Unternehmen McMakler zu gründen. Parallel zum Inkrafttreten des Mietrechtsnovellierungsgesetzes ging es im Juni 2015 los. Was Heintzenberg damals nicht wusste: Der Markt war heißer umkämpft als gedacht. Mehr als 30 Start-ups arbeiteten an einer ganz ähnlichen Idee wie die drei.[133]

Aber Heintzenberg und Pieczonka hatten nichts zu verlieren, doch viel zu gewinnen. So trieben sie ihr Modell immer weiter voran. Das Start-up stellte eigene Makler an, innerhalb von nur einem Jahr wuchs das Team auf mehr als 50 Mitarbeiter. McMakler digitalisierte die Prozesse, vom Erstellen eines Exposés über die Terminvergabe bis hin zur Kundenakquise. Der Makler sollte so entlastet werden – und deutlich mehr Termine machen können, während das Start-up an der Provision verdiente.

»Dass sich durch die Einführung des Bestellerprinzips der Markt grundsätzlich ändern würde, war so klar wie damals, als die Deutsche Bahn das Monopol im Fernverkehr verlor«, sagte Heintzenberg bei einem Treffen im Jahr 2016.[134] Entsprechend der klassischen Rocket-Schule ging auch McMakler mit viel Druck in den Markt. Im Jahr 2016 sammelte man bereits 8,5 Millionen Euro von Investoren ein, unter anderem bei Klaus Hommels' Lakestar. Ein Jahr später flossen weitere 16 Millionen in das Berliner Start-up, das aber gleichzeitig in diesen beiden Jahren einen Verlust von rund zehn Millionen Euro anhäufte. So wurde also schon bald die nächste Finanzierungsrunde nötig. Mit dem Kapital, das 2019 folgte, sollte das Unternehmen etwas länger auskommen, immerhin flossen noch einmal 50 Millionen Euro der Investoren.[135]

Das Geschäftsmodell hat McMakler zwischenzeitlich angepasst. Anfangs konzentrierte man sich vor allem auf Vermietungen, was viel Arbeit bei vergleichsweise geringen Einnahmen bedeutete. »Um das Modell dauerhaft profitabel zu betreiben, reicht der Mietmarkt nicht«, erklärte Hanno Heintzenberg. Inzwischen fokussiert man sich stärker auf Immobilienverkäufe – und konkurriert somit mit einem Start-up, dessen Wurzeln wie die von Heintzenberg und Pieczonka im Rheinland liegen.

Homeday wurde 2015 von Steffen Wicker, Dmitri Uvarovski und Philipp Reichle in Köln gegründet, der Firmensitz wurde allerdings schon ein Jahr später nach Berlin verlegt. Die Bedingungen für Start-ups seien dort einfach noch besser, sagte Steffen Wicker damals. Die Stadt habe auch internationale Strahlkraft – und auf Stellen, die man vorher für Köln ausgeschrieben habe, bekomme man jetzt sogar Bewerbungen aus Spanien, Portugal oder den USA.

Das Start-up ist inzwischen zum größten Konkurrenten von Mc-Makler aufgestiegen – spätestens seit man im März 2020 von Investoren 40 Millionen Euro bekam. Finanziert wurde das Start-up unter anderem von Picus Capital, dem Fonds von Alexander Samwer, Florian Heinemanns Project A sowie das Unternehmen Axel Springer, das inzwischen die Mehrheit hält.

Während McMakler auf dem Mietmarkt angefangen hatte, startete Homeday zunächst als eine Art Vermittlungsplattform. Immobilienverkäufer sollten hier den besten Makler finden. »Für uns war von Anfang an klar, dass wir die gesamte Transaktionskette digitalisieren wollen«, sagt Steffen Wicker. »Doch dafür brauchten wir Risikokapital. Um die Investoren zu überzeugen, mussten wir also erstmal ein Modell haben, bei dem man relativ schnell Wachstum erkennen kann.«

Homeday und McMakler: zwei Modelle, zwei unterschiedliche strategische Ansätze, in einen Markt einzudringen, um sich am Ende doch als Wettbewerber gegenüberzustehen, auch wenn die Konzepte leicht variieren: Während McMakler auf festangestellte Makler setzt, ist Homeday eine Vermittlungsplattform, die mit lokalen Partnern arbeitet und dafür eine Provision bekommt.

Welches Modell sich durchsetzt, ist noch nicht absehbar. Doch so oder so: Lukas Pieczonka und Hanno Heintzenberg werden diese Entwicklung in Zukunft in anderer Funktion verfolgen. Nach mehr als vier Jahren verließen die beiden McMakler: »Als wir angefangen haben, war McMakler ein Start-up. Inzwischen arbeiten dort 700 Mitarbeiter. Das ist eine ganz andere Form von Management«, erklärte Hanno Heintzenberg die Entscheidung. Der Tag habe zuletzt aus vielen Routinen bestanden und man »verbringt sehr viel Zeit in Meetings und verteilt Hausaufgaben. Wir wollten wieder selber Dinge anpacken.«

Steffen Wicker hingegen hat einen solchen Neuanfang bereits hinter sich. Homeday ist sein zweiter Versuch, einen Milliardenmarkt zu er-

obern. Beide Male hatte der Gründer frühzeitig einen Trend vorausge-
sehen, beide Male war er bei den Umbrüchen in den Märkten als einer
der Pioniere dabei. Bei Homeday will er diesen Vorsprung ins Ziel retten, nachdem er bei seinem ersten Versuch noch gescheitert war – und
für Köln die bislang größte Chance zerplatzte, dass in der Domstadt ein
Digitalunternehmen von Weltrang entsteht.

Spotify aus Köln –
wie das Rheinland seine größte Chance verspielte

Natürlich ist es müßig, sich zu fragen, ob sich die Gründerszene in
Deutschland anders entwickelt hätte, wenn die Samwer-Brüder Alando
& Co. nicht in Berlin, sondern in ihrer Heimat aufgebaut hätten. Hätte
das etwas geändert? Hätte es überhaupt zu dem gleichen Ergebnis geführt? Oder waren es nicht doch viel mehr Variablen, die in dieser Glei-
chung eine Rolle gespielt haben? Aber wenn man den Gedanken zu-
lässt, dass es Möglichkeiten gegeben hätte, den Lauf der Geschichte zu
ändern, dann landet man ganz automatisch im Jahr 2006. Die Welt
befand sich erneut an der Schwelle eines globalen Megatrends: dem
Streaming.

Das Dateiformat MP3 war bereits in den 1980er-Jahren erfunden
worden, doch je mehr Menschen Zugang zum Internet hatten und je
größer die Bandbreiten wurden, desto populärer wurde es – speziell auf
illegalen File-Sharing-Plattformen. Napster, Kazaa, Bearshare – die Liste
der Anbieter, auf denen Nutzer kostenlos Musik »tauschen« konnten,
war lang. In zahlreichen Jugendzimmern liefen die Rechner damals
stundenlang, um erst einzelne Songs, dann Alben und später auch Filme
oder Spiele herunterzuladen. Das Angebot manch heimischer Festplatte
war irgendwann vielfältiger als das des örtlichen Plattenladens.

Für die Musikindustrie, die so lange und gut von den Verkäufen von Platten, Kassetten und CDs gelebt hatte, begannen schmerzvolle Jahre. Beinahe hilflos suchte man in dieser Zeit nach einer Lösung, um diese Entwicklung zu stoppen. Doch dies gelang erst Apple. Das US-Unternehmen hatte 2001 das Abspielgerät iPod auf den Markt gebracht und Anfang 2003 um den iTunes Music Store ergänzt, über den man einzelne Lieder zum Festpreis von zunächst 99 Cent kaufen konnte.[136] Plötzlich bekam ein virtuelles Produkt einen Preis und – was erstaunlich war – die Leute bezahlten ihn.

Apple hatte eine Blaupause geliefert, viele andere Konkurrenten zogen nach und brachten eigene Bezahlmodelle an den Start. Bereits im Sommer 2003 kündigte die Telekom-Tochter T-Online bei der Internationalen Funkausstellung in Berlin den Start eines eigenen Angebots namens Musicload an, bei dem man zunächst rund 20.000 Titel für Preise zwischen 99 Cent und 1,79 Euro erwerben können sollte. Gleichzeitig arbeitete die Telekom unter dem Namen »Phonoline« damals auch gemeinsam mit der Musikindustrie an einer eigenen Variante, die letztlich bereits früh floppte. Selbst beim Onlineanbieter AOL dachte man über ein Angebot nach.[137]

Im Jahr, als iTunes, Musicload & Co. starteten, begann Steffen Wicker sein BWL-Studium in Mannheim. Er kann sich heute nicht mehr an den genauen Tag erinnern, nur daran, dass er irgendwann gemeinsam mit Christoph Lange in dieser Vorlesung saß: VWL. Der Dozent erzählte etwas von Marktgleichgewichten und perfekten Substituten; wenn Güter einander glichen, dann – so die reine Lehre – müssten sich auch die Preise eigentlich einander angleichen, weil ein Preisanstieg ansonsten immer zu einem Nachfragerückgang bei dem einen und dem Nachfrageanstieg bei dem anderen Produkt führe. Wickers Gedanken schweiften ab.

Doch die Worte des Dozenten hatten etwas in ihm ausgelöst. Wenn es wirklich so war, wie man es Studierenden landauf und landab beibrachte, wieso kostete ein Lied bei iTunes dann 99 Cent, bei anderen Anbietern aber teilweise deutlich mehr oder weniger? Wieso sollten Leute mehr bezahlen für ein Musikstück? »Wir dachten, dass die

Markttransparenz fehlte«, sagt Wicker. Wenn die Leute wüssten, dass es das Lied woanders günstiger gebe, so die Logik der beiden, dann würden sie es dort auch kaufen. Also entwickelten die beiden Studierenden eine Suchmaschine speziell für die Preise von Musik-Downloads – und verfolgten damit ein aus ihrer Sicht großes Ziel: Sie wollten damit bei *Spiegel Online* landen.

Wicker lacht, wenn er von diesem Plan erzählt. Klar, andere Gründer setzen sich andere Ziele. Aber hey, anfangs war es eben nur ein Hobby. Doch schon bald merkten die Gründer, dass aus ihrer Idee mehr werden könnte. Nachdem *Spiegel Online* bereits im Mai 2006 tatsächlich über ihr Unternehmen Simfy berichtete (und der Autor feststellte, dass es alleine beim Eurovision-Song-Contest-Gewinner »Hardrock Hallelujah« der maskierten finnischen Rocker Lordi Preisunterschiede von bis zu 30 Cent gab),[138] bekamen die beiden die ersten Investorenanfragen. Über Umwege gerieten sie in Kontakt mit Music Networx, einem Kölner Start-up, dessen erfahrenes Gründerteam mit digitalen Kopien von Live-Mitschnitten auf Konzerten Geld verdienen wollte. »Wir haben es nicht geschafft, in Mannheim Venture Capital zu bekommen«, sagt Steffen Wicker. Stattdessen stieg Music Networx, unterstützt von seinen Investoren DuMont Ventures und Earlybird, bei Simfy ein, um fortan in Köln gemeinsame Sache zu machen.

Wäre die Geschichte von Simfy ab dieser Stelle anders verlaufen, hätte man heute rückblickend über das Jahr 2009 gesagt: Das war der Moment, in dem Europas größter Musik-Streaming-Dienst entstand. Auf der einen Seite das Music Networx-Gründerteam um den heutigen *Handelsblatt*-Geschäftsführer Gerrit Schumann, das bereits Erfahrung im Aufbau von Unternehmen hatte, auf der anderen Seite die jungen Vordenker aus Mannheim, in denen die Idee gereift war, aus ihrer Suchmaschine ein Flatrate-Modell zum Abspielen von Musik zu machen.

Simfy statt Spotify. Denn in Schweden bastelte ein Start-up zwar seit 2006 ebenfalls an einer Streaming-Lösung, doch das Team um Spotify-Gründer Daniel Ek sollte erst 2013 auch auf dem deutschen (und damit größten) europäischen Markt starten. Aber die Deutschen waren ja eigentlich schon startklar: »Wir haben gesehen: Das ist die Disruption im

Musikmarkt«, sagte Gerrit Schumann in einem Podcast.[139] Timing, Bandbreite, Smartphone-Verfügbarkeit – alles passte. Und Simfy war einer der Pioniere. Es blieb genug Zeit, um den Markt zu besetzen, die Nutzerzahlen durch einen starken Mobilfunkpartner zu steigern, vielleicht sogar einen Partner im Einzelhandel zu finden, der Smartphones zusammen mit einem Simfy-Abo verkaufen würde, und so eine Marktmacht in Deutschland aufzubauen, gegen die kein Spotify der Welt mehr ankäme.

Anschließend wäre dann die Expansion ins Ausland, erst in Europa, dann in die USA gekommen, bis man so groß gewesen wäre, dass man selbst ein Unternehmen wie Apple auf Distanz halten könnte, wenn dort irgendwann ein eigenes Streaming-Angebot entstehen würde. Dann wäre Simfy an die Börse gegangen, immer wertvoller geworden, erst 20, dann sogar mehr als 40 Milliarden Euro, vielleicht sogar in den Aktienindex DAX aufgestiegen, wohin es seit SAP bis dahin kein anderes deutsches Digital-Unternehmen mehr geschafft hatte. Ein digitaler Champion aus Köln wäre entstanden, dessen Gründer der Erfolg reich gemacht hätte. Die dann wiederum andere Gründungen finanzieren könnten, einen Domstadt-Boom auslösen und das Rheinland zu einer der wichtigsten Gründer-Regionen Europas machen würden.

Nur ging die Geschichte so nicht weiter. Simfy hätte Spotify sein können. Stattdessen waren die Kölner am Ende praktisch pleite. Was ist da also schief gelaufen? »Rückblickend waren die beiden zusammengelegten Geschäftsmodelle von Anfang an eine Missgeburt«, sagt Steffen Wicker ganz unverblümt. Der ursprüngliche Plan sah vor, dass die Modelle von Music Networx und Simfy voneinander profitierten. Auf Konzerten sollten künftig nicht nur Live-Mitschnitte auf USB-Stick oder CD verkauft werden, stattdessen wollte man der musikaffinen Zielgruppe auch direkt ein Simfy-Abo anbieten.[140]

Doch in der Praxis waren die Synergien gering. Als die Mannheimer ihre Büromöbel in einen Transporter packten und im Kölner Büro von Music Networx wieder aufbauten, arbeiteten die Teams anfangs erst einmal weiter an ihren eigenen Konzepten. Nach und nach entstanden zwar Synergien durch eine gemeinsame Personal- oder Finanzabteilung, doch erst beim Thema Marketing wurden Fakten geschaffen: »Da kam von unseren Investoren die klare Ansage, dass es keinen Sinn ergab, zwei Marken aufzubauen«, so Wicker.

Simfy blieb übrig. Über den Computer konnte man das werbefinanzierte Angebot kostenlos nutzen, die werbefreie Variante kostete zehn Euro im Monat – und konnte auch unterwegs per App auf dem Smartphone verwendet werden. Gestartet im Mai 2010, hatte man bereits nach einem Jahr fast eine Million Nutzer. »Wir wussten, dass Spotify und andere an den Markt kommen würden«, sagte Gerrit Schumann einst.[141] Deswegen drückten die Gründer aufs Tempo.

Strategisch machte man jedoch einige gravierende Fehler. Anders als Spotify schränkte man schon früh die werbefinanzierte kostenlose Variante ein. Nutzer konnten eine bestimmte Zeit im Monat kostenlos hören, anschließend wurden sie aufgefordert, ein Abo abzuschließen.[142] Das kostete Wachstum – während die Schweden inzwischen bewiesen, dass man trotz des Gratisangebots auch viele Kostenlosnutzer langfristig in zahlende Abonnenten umwandeln kann.

Auch technisch lief nicht alles rund in Köln, während gleichzeitig die hohen Lizenzgebühren, die Simfy unter anderem an die Musikrechtegesellschaft GEMA zahlen musste, für hohe Verluste sorgten. Im Jahr 2010 lag das Minus bei mehr als acht Millionen Euro, 2011 waren es bereits über zwölf Millionen.[143] Das Unternehmen verbrannte zu schnell zu viel Geld und brauchte dringend weitere starke Partner.

»Ich weiß gar nicht, wie oft ich damals in Bonn war«, sinniert Steffen Wicker. Monatelang liefen damals Verhandlungen mit der Telekom. Immer dienstags traf man sich zu einem Jour fixe, 8:30 bis 9:15 Uhr, doch immer wieder drehte man sich dabei im Kreis. Natürlich war auch der Telekom klar, dass sich der Markt veränderte. Allerdings hatte man mit Musicload einen eigenen Anbieter aufgebaut. Warum also nicht einfach dessen Angebot in ein Paket mit einem Handytarif packen, sodass Kunden zum Beispiel 20 Downloads im Monat inklusive hätten? Mit den Plattenfirmen war man sich angeblich sogar schon einig, rund 30 Millionen Euro an Lizenzgebühren sollten jährlich fließen.

Simfy hingegen wollte den Telekommunikationskonzern von einer Streaming-Partnerschaft überzeugen, immerhin hätten die Kölner so theoretisch alleine in Deutschland Zugang zu deutlich mehr als 17 Millionen Mobilfunkvertragskunden bekommen.[144] Ein Wechsel im Vorstand erhöhte die Chancen, denn auch der neue Telekom-Technologiechef Edward Kozel soll den Streamingansatz favorisiert haben, heißt es. Aber wer sollte die Mindestgarantie in Höhe dieser rund 30 Millionen Euro gegenüber den Labels übernehmen? »Wir haben gesagt, dass wir das als kleine Firma nicht übernehmen können, zumal die Telekom ja am Ende diejenige war, die mit darüber entscheidet, wie erfolgreich dieses Paket wird«, erklärte Wicker. »Deswegen wollten wir, dass die Telekom die Garantie übernimmt.« Doch die dachte offenbar gar nicht daran – und Simfy sagte ab: »Wir haben uns einfach nicht getraut, dieses Risiko zu übernehmen.« Ein herber Rückschlag für das Kölner Startup, zumal der Telefonanbieter bereits ein Jahr später, also 2012, eine Kooperation mit Spotify bekannt gab.[145]

Allerdings gab es ja noch eine weitere Chance, denn Simfy führte auch Gespräche mit der Media-Saturn-Holding, dem Unternehmen hinter den Elektrofachmärkten, an der damals auch die Düsseldorfer Metro AG beteiligt war. Die Holding hatte 2009 die Mehrheit an einem Unternehmen namens 24-7 übernommen, über dessen Technik man Musik in MP3-Form vertrieb. Fast ein Jahr lang verhandelte man über einen Zusammenschluss von 24-7 und Simfy, dann gelang der Durchbruch: »Wir hatten Verträge unterschriftsreif«, erzählte der frühere Simfy-Chef Gerrit Schumann in einem Interview. Doch wenige Tage vor dem Notartermin verweigerte der Aufsichtsrat der Elektromarktkette die Zustimmung.[146] Aus und vorbei.

Das war der Moment, in dem es Steffen Wicker und Christoph Lange reichte. Im November 2012 kündigten die beiden Gründer ihren Ausstieg an: »Wir waren damals am Limit als Organisation. Wir hatten schon Kurzarbeit eingeführt, waren nur noch mit einer Minimalbesetzung unterwegs und haben einfach versucht, die Zeit bestmöglich zu überbrücken, bis die Finanzierung kommen würde«, gibt Wicker zu. »Als die nicht kam, war klar, dass die Firma so nicht überleben kann.«

»Simfy hatte zwischendurch mal anderthalb Jahre Vorsprung auf Spotify & Co., weil man sich frühzeitig vertraglich mit der GEMA auf ein Abrechnungsmodell beim Streaming verständigt hatte«, sagt Claas Heise, Abteilungsleiter Venture und Seed Capital bei der damals investierten NRW.Bank. »Dadurch hatte Simfy in Deutschland die besten Voraussetzungen.« Doch Spotify und Deezer hätten einfach deutlich mehr Kapital bekommen. »Da bringt dann irgendwann selbst der größte Vorsprung oder die bessere Technologie nichts mehr, weil die anderen einfach viel schneller aufholen können«, erklärte Heise. Jörg Binnenbrücker, der damals den Simfy-Investor DuMont Ventures leitete, sieht es ähnlich: »Hätte die Kooperation mit der Telekom geklappt, hätte Simfy es vielleicht sogar hinbekommen. Das wäre das Einhorn aus NRW gewesen.«

Stattdessen verspielte das Kölner Start-up seinen zeitlichen Vorsprung auf dem deutschen Markt. Im März, ein knappes halbes Jahr bevor das Geschäft von Simfy und Media-Saturn platzte, war Spotify auf dem deutschen Markt gestartet. Gerrit Schumann hatte sich sogar noch mit Gründer Daniel Ek getroffen, doch der zeigte kein Interesse an einem Zusammenschluss. »Wir haben uns in der ganzen Zeit einfach viel zu sehr mit uns selbst beschäftigt«, meint Steffen Wicker. Statt der Telekom oder Media-Saturn investierte am Ende ein Privatier in das Kölner Unternehmen, um es anschließend abzuwickeln. Im Mai 2015 wurde bekannt, dass der französische Konkurrent Deezer, für den Gerrit Schumann zu diesem Zeitpunkt inzwischen arbeitete, die Simfy-Kunden übernehmen würde, während das inzwischen nach Berlin umgezogene Start-up seine Pforten schloss.

Steffen Wicker hingegen beendete nach seinem Ausscheiden bei Simfy sein Studium und reiste anschließend für einige Wochen mit Christoph Lange zusammen ins Silicon Valley, um sich vor Ort inspirieren zu lassen. Die beiden hatten bewiesen, dass sie ein Gespür für große Umbrüche hatten. Daher machten sie sich auf die Suche nach ihrer nächsten Idee. »Wir haben uns gesagt: Wahrscheinlich gibt es nicht so viele junge Leute in Deutschland, die in so einem Alter schon so viel unternehmerische Erfahrung gesammelt haben«, sagt Wicker. »Es wäre doch eine Schande gewesen, nicht noch einmal zu gründen und es besser zu machen.« Im gleichen Jahr noch, also 2015, gründeten er und Lange Homeday. Unter den ersten Investoren: Gerrit Schumann.

Down under –
wie Rheinländer südlich des Weißwurstäquators Erfolge feiern

Es gibt viele Rheinländer, die mit ihrer Herkunft kokettieren, speziell wenn sie aus Köln kommen. Die Liebe zu Dom, Stadt und dem 1. FC Köln wird hier oft schon quasi-religiös zelebriert. Für Kölner ist Köln keine Stadt, sondern – wie es hier so schön heißt – ein Jeföhl. Das kommt nicht überall gut an. An Köln nerve ihn, dass der Horizont vieler Kölner knapp hinter der Stadtgrenze ende, hat der Kabarettist Fritz Eckenga mal gesagt: »Die halten sich für Weltstädter.«[147] Man ahnt es: Eckenga kommt nicht aus Köln, sondern dem Ruhrgebiet.

Der »Henner« ist da anders – so wird Henrich Blase hier im Rheinland genannt von Leuten, die den Check24-Gründer als »Ur-Kölner« beschreiben. Ob er es wirklich ist? Dazu will ein Sprecher des Vergleichsportals lieber nichts sagen – man checkt hier zwar laut Werbebotschaft alles, doch alle Antworten kriegt man eben doch nicht. Der 53-Jährige sei im westfälischen Münster geboren, heißt es lediglich. Wann er nach Köln kam? Unklar. Es gibt Leute, die sagen, er sei quasi schon immer in der Domstadt gewesen, belegen lässt sich dies zumindest ab dem Studium. An der hiesigen Universität studierte Blase BWL und Jura, um danach mehr als sein halbes Leben in der Domstadt wohnen zu bleiben. Im Jahr 1993 schloss er hier auch seine Promotion ab, in der er sich mit der Börse – genauer: Warentermin- und Warenterminoptionsmärkten – beschäftigte. Es heißt, er sei ein Überflieger gewesen, der zwar zunächst bei der Beratung Bain anfing, eigentlich aber immer

schon ein eigenes Unternehmen hatte gründen wollen. Wer hätte gedacht, dass es direkt das größte Vergleichsportal Deutschlands mit
einem Milliardenumsatz werden würde?

Blase startete Check24 gemeinsam mit Eckard Juls, einem ehemaligen Bain-Kollegen – 1999 war das, als die Samwers in Berlin gerade
Alando hochzogen und schnell wieder verkauften; als die Interneteu-
phorie sich langsam auf ihren Höhepunkt zubewegte und Firmen praktisch über Nacht mit zwei- oder dreistelligen Millionensummen finanziert und bewertet wurden. Juls und Blase hingegen mussten mit zwei
Millionen DM auskommen. Mehr konnten sie für ihre Idee nicht auf-
treiben. Zum Glück – muss man vielleicht sogar rückblickend sagen.
Denn so achteten die beiden von Anfang an auf die Kosten und bauten
sogar die eigene Internetseite zunächst selbst. Umgekehrt verloren sie
auch nicht viele Anteile, denn bis heute halten die beiden 80 Prozent am
Unternehmen.[148] Das *Manager Magazin* schätzte das Vermögen von
Blase und Juls 2019 auf 350 Millionen Euro.[149]

Los ging es mit dem Vergleich von Kfz-Versicherungen, heute kann
man bei Check24 auch Handytarife, Pauschalreisen, Tagesgeldkonten
oder sogar Anbieter von Brustvergrößerungen vergleichen. Für Kunden
ist der Service kostenlos, von den Unternehmen kassiert Check24 hingegen eine Provision. Umgekehrt zahlt Check24 wiederum für Werbung bei Google, um die Kunden einzusammeln, die nach all diesen
Versicherungen, Verträgen und Angeboten suchen – zumindest solange,
wie sie nicht direkt die Adresse von Check24 in ihren Browser eingeben
oder die App öffnen. Deshalb machen die Münchner auch auf anderen
Kanälen Werbung. Viel Werbung. Wer den Fernseher einschaltet und
nicht sofort zu Netflix & Co. wechselt, kann den zwei nervigen Famili-
en und den platten Sprüchen kaum aus dem Weg gehen. Natürlich ist
das Kalkül, denn die Werbung ist so aufdringlich, dass man sie kaum
vergisst und vor einigen Jahren selbst das Lied »Everybody dance now«
noch als Ohrwurm behielt.

Die beiden Gründer bauten ihr Unternehmen in München auf, obwohl Blase mit seiner Familie weiterhin in Köln wohnte, wo er am Wochenende sogar noch hin und wieder Zeit für Sport fand. Blase gilt als

guter Tennisspieler, kann jedoch auch mit dem Ball am Fuß umgehen. Beim Kölner Fußballclub SV Westhoven schoss er 2013 in einer Saison 39 Tore – bei nur 17 Einsätzen.[150] Mit Check24 landete er anfangs dafür weniger Volltreffer. Trotz guter Idee lief das Geschäft zunächst eher schleppend – die Internetgeschwindigkeiten waren in Deutschland schlicht zu langsam, um auf das Angebot von »E-Insurance«, wie die Firma anfangs hieß, komfortabel zuzugreifen. Im Jahr 2004 drohte angeblich sogar kurzfristig die Pleite.[151] Doch dann ging es immer rasanter aufwärts.

Auch die Samwers hatten das Potenzial des Preisvergleichs früh erkannt und waren im April 2008 mit ihrem European Founders Fund neben dem Londoner Risikokapitalgeber Accel bei den Münchnern eingestiegen. Doch bei einer Finanzierungsrunde überging Blase die Brüder – und entfachte damit den Zorn von Oliver Samwer. Nachts um drei griff dieser zum Hörer. Sieben Mal rief er das Check24-Management an und drohte, dass die Münchner keinen Fuß mehr auf den deutschen Internetboden bekämen. So beschreibt es jedenfalls der Journalist Joel Kaczmarek in seinem Buch *Die Paten des Internets*.[152] Blase bestätigte später das Gerücht um die Finanzierung – ohne der Geschichte mit den Anrufen zu widersprechen.[153]

Es sollte nicht der einzige Konflikt in der knapp 20-jährigen Geschichte des Unternehmens bleiben. Viele Versicherungen sehen die Rolle von Check24 kritisch, sie ärgern sich über die Provisionen, die sie zahlen müssen, über die Vergleiche, die die Margen kaputtmachen – kommen um das kontinuierlich wachsende Portal aber kaum noch herum. Die HUK-Coburg ging sogar so weit, einen eigenen Preisvergleich aufzubauen, um die Marktmacht der Münchner auszuhebeln. Der Versicherer scheiterte, weigert sich aber bis heute, die Provisionen zu zahlen. Die Versicherung ist daher mit Autopolicen – trotz Marktführerschaft in Deutschland – bei Check24 immer noch nicht gelistet. Zusätzlich übten 2016 die Verbraucherzentralen Kritik am Check24-Modell, weil es angeblich nicht immer den günstigsten Preis anzeige, woraufhin das Münchner Unternehmen methodische Mängel in der Analyse beklagte.

Check24 wächst und wächst aber dennoch, inzwischen arbeiten mehr als 1.000 Mitarbeiter für die Münchner. Aktuelle Umsatzzahlen sind nicht öffentlich einsehbar. Im Jahr 2016 soll der Innenumsatz, also die Summe der Provisionen, bei rund einer halben Milliarde Euro gelegen haben. Dem Unternehmen kam zugute, dass es schon früh auf eine Ein-Marken-Strategie gesetzt hatte, während Konkurrenten wie Unister (Fluege.de, Ab-in-den-Urlaub.de) ihr Werbebudget auf mehrere Töpfe verteilen mussten. Selbst die Übernahme von Verivox durch den Fernsehsender ProSiebenSat.1 konnte das nicht ändern, obwohl das Medienunternehmen dem Check24-Konkurrenten als eigener Tochterfirma nun bevorzugt zu Werbezeit verhelfen konnte. Nach der Übernahme drohte Check24 damit, die Werbung bei der Sendergruppe einzustellen – dann verständigte man sich lieber schnell auf bestimmte Spielregeln, sodass Check24 gegenüber dem Konkurrenten Verivox nicht benachteiligt würde. »Da draußen lauern 1.001 Gefahren für unser Geschäftsmodell, das ist nun mal so im Internet«, sagte Blase einst.[154]

Dessen dürfte man sich auch bei einem anderen Münchner Unternehmen bewusst sein – nur dass Tado anders als Check24 mit Google nicht gegen einen der großen US-Tech-Riesen antritt, sondern sich mit ihm verbündet hat. Im Jahr 2011 wurde das Start-up Tado von Christian Deilmann und Johannes Schwarz gegründet, inzwischen hat unter anderem der US-Online-Händler Amazon in den Entwickler intelligenter Thermostate investiert. Mit den Produkten der Münchner soll die Heizung so gesteuert werden, dass sie nur noch bei Bedarf heizt. Das schont die Umwelt und spart Geld.

Deilmann wurde in Düsseldorf geboren, machte sein Abitur nach einem Umzug allerdings genau wie OneFootball-Gründer Lucas von Cranach am Aloisiuskolleg in Bonn. Sein Interesse an Energiethemen wurde schon in den 1990er-Jahren zu Schulzeiten geweckt, als er in einem Chemiebuch etwas zur Wasserstoffwirtschaft las. Nach seinem Abschluss ging er nach München, studierte dort Maschinenbau und Management – mit Schwerpunkt Energiewirtschaft. Speziell die erneuerbaren Energien faszinieren ihn, wofür er in der rheinischen Heimat damals teilweise belächelt wurde. Freunde seiner Eltern arbeiteten rund um die Jahrtausendwende bei Energiekonzernen wie E.ON oder Ruhr-gas. Mit Themen wie der Energiewende konnte man dort seinerzeit nicht viel anfangen. »Das hat sich glücklicherweise geändert«, sagt Deilmann. Der Essener E.ON-Konzern ist heute einer der Gesellschafter bei den Münchnern. Mehr als 100 Millionen US-Dollar hat Tado inzwischen von Investoren eingesammelt, neben E.ON und Amazon investierte auch der Münchner Risikokapitalgeber Target Partners in das Start-up. Mit dem Geld will das Start-up den Markt für intelligente Thermostate erobern.

Die Idee reifte langsam in Christian Deilmann, doch sie wurde stetig größer, je länger er sich mit dem Thema beschäftigte. Los ging es in den USA, wo der Düsseldorfer 2007 einen Master am renommierten MIT machte. In einer wissenschaftlichen Arbeit beschäftigte er sich mit dem weltweiten Energieverbrauch: »Da ist mir so richtig bewusst geworden, dass circa 30 Prozent der weltweiten Energie für das Heizen bzw. Klimatisieren von Räumen verwendet wird. Vielerorts kommen völlig veraltete Systeme zum Einsatz, die überhaupt nicht effizient sind.«

So viel zur Theorie. Doch Deilmann erlebte an der US-Ostküste auch die Praxis. In der Wohngemeinschaft, in der er damals lebte, wurde immer wieder die Frage diskutiert, ob man die Klimaanlage nun abschalten sollte, wenn man das Haus verlässt oder nicht. Angesichts einer Stromrechnung von monatlich rund 1000 Dollar sollte die Antwort eigentlich auf der Hand liegen – dennoch gab es Diskussionen.

Im Rückblick lassen sich Gründergeschichten immer wunderbar stringent erzählen, so als würden sie einem Masterplan folgen: Gründer A erlebte dies und das, dann hatte er die Lösung für das Problem und baute ein erfolgreiches Unternehmen auf. Die Realität ist jedoch häufig komplexer. Auch Deilmann kehrte aus den USA zurück und startete nicht sofort durch. Nach seiner Rückkehr fing er vielmehr zunächst beim Risikokapitalgeber Target Partners an, während sich vor seinem inneren Auge die Idee zu Tado ganz langsam wie ein Mosaik zusammenfügte. Da war der Thermostat in seiner Münchner Mietwohnung: »ein Buch mit sieben Siegeln. Ich hatte keine Ahnung, wie ich dieses kleine Mäusekino mit drei Tasten einstellen sollte.« Seine Forschungsarbeit, die sündhaft teure Energierechnung, die unkomfortable Bedienung der heimischen Heizung – all das mündete am Ende in der Idee der intelligenten und per App steuerbaren Thermostate, die sowohl Energie als auch Kosten sparen sollten.

Inzwischen hat das Start-up europaweit mehr als eine Million dieser Thermostate verkauft, aus dem zweiköpfigen Gründerteam ist ein Unternehmen mit rund 200 Mitarbeitern geworden. Auch eine Steuerung für Klimaanlagen hat Tado bereits herausgebracht. 80 Prozent seines Umsatzes, laut Deilmann eine Summe im mittleren zweistelligen Millionenbereich, macht das Start-up dabei außerhalb von Deutschland. Bis die Gewinnschwelle erreicht ist, wird es laut dem Gründer aber noch ein bis zwei Jahre dauern – der Fokus liege zunächst auf Wachstum.

Bislang hat Deilmann nicht bereut, dass er seinen Job als Risikokapitalgeber für Tado aufgegeben hat. Er erinnert sich noch gut, wie er tagsüber bei Target Partners arbeitete und abends mit Co-Gründer Johannes Schwarz an der Geschäftsidee feilte: »Und irgendwann musste ich dann meinen Kollegen sagen, dass ich gehen würde, um selbst zu gründen.« Beim Risikokapitalgeber, der auch in das Bonner Start-up Scanbot und das Kölner Start-up ArangoDB investiert hat, nahm man es sportlich. Der Risikokapitalgeber war nicht nur der erste Geldgeber von Tado, sondern erlaubte ihm auch, früher aus dem Vertrag auszusteigen, falls er einen Ersatz fand. Deilmann schlug Michael Münnix vor, mit dem er am Gymnasium in Meerbusch vor seinem Umzug nach Bonn die Schulbank gedrückt hatte. Das rheinische Netzwerk – es funktioniert auch südlich des Weißwurst-Äquators.

Rheinischer Kapitalismus 2.0 –
mit Risikokapital drehen Rheinländer das große Rad

Florian Heinemann kannte Oliver Samwer lange genug, um zu wissen, was dieser Schritt auslösen würde. Er ging ihn trotzdem – und was für Samwer noch viel schlimmer war: Er ging ihn nicht alleine. Die Nachricht, dass sich praktisch die gesamte Führungsriege von Rocket Internet verabschiedete, um einen neuen Inkubator zu schaffen, schlug 2012 in der Berliner Start-up-Szene ein wie eine Bombe.

Project Accel –
wie die Samwers ihre wichtigsten Mitarbeiter verloren

Bereits 2011 hatte Heinemann mit einigen anderen Führungskräften über einen Plan B zu Rocket Internet gesprochen, oder genauer gesagt: über ein Project A. Denn so sollte der neue Inkubator heißen, der zum Start mit knapp 50 Millionen Euro vom Hamburger Handelskonzern Otto ausgestattet wurde. Als einen der Kernwerte definierte das Team unter anderem Manieren. Andere Menschen sollten so behandelt wer-

den, wie man es gerne selbst würde. Oder, um es in der Sprache von
Project A zu sagen: »No assholes allowed.« Das kann man vermutlich
auch als Hinweis an den Ex-Arbeitgeber Rocket Internet deuten.

Otto war dabei als Partner angeblich eigentlich nur die zweite Wahl:
Die ersten Gespräche soll das Team damals mit dem US-Risikokapital-
geber Accel geführt haben. Die ursprüngliche Idee sah offenbar vor, dass
Heinemann & Co. US-Investments dabei helfen, auf dem europäischen
Markt Fuß zu fassen und operativ ein Frühphasen-Lab aufbauen: »Des-
wegen heißen wir auch Project A – wie Project Accel«, erklärt Florian
Heinemann.

Doch die Pläne zerschlugen sich und stattdessen führte das Team
Gespräche mit Rainer Hillebrand, der damals im Otto-Vorstand für das
Onlinegeschäft und die Konzernstrategie zuständig war. Der Kontakt
kam über Umwege zustande, doch dann ging alles relativ schnell. Bereits
im Februar 2012 hatte Project A drei Etagen in einem Berliner Neubau
angemietet und rund 40 Mitarbeiter unter Vertrag genommen, von
denen rund 80 Prozent laut damaligen Medienberichten von Rocket
Internet kamen.[155] Im gleichen Jahr investierte auch der Axel-Springer-
Konzern bei Project A und stockte die von Otto zur Verfügung gestell-
ten Mittel auf 80 Millionen Euro auf.[156]

»Zu Beginn war das ein wilder Ritt«, erinnert sich Heinemann. Der
Start ging auch mit einigen Umstellungen einher. Nachdem man zunächst damit begonnen hatte, nach dem Vorbild von Rocket Internet
eine Art eigenen Inkubator aufzubauen, schwenkte man relativ schnell
um und wurde zu einem Wagniskapitalfonds mit angeschlossenem Ser-
viceangebot. »Operational VC«, also Risikokapitalgeber (engl. Venture
Capitalist), nennen sie das Konzept, bei dem Project A die Gründerteams in Bereichen wie Marketing, Vertrieb oder der Mitarbeitersuche
unterstützt.

Seitdem haben die Berliner zwei weitere Fonds aufgelegt – wobei
neben etablierten Familienunternehmen wie dem Schuhhändler Deichmann, dem Nahrungsmittelriesen Oetker und der Brauerei Bitburger
auch Privatpersonen wie Trivago-Gründer Rolf Schrömgens ihr Geld
investierten.[157] Während der zweite Fonds noch ein Volumen von

140 Millionen Euro hatte, stehen bei dem 2019 aufgelegten Fonds insgesamt 180 Millionen Euro für Investitionen in Start-ups bereit.[158]

Geblieben ist das Konzept, sehr früh bei Start-ups einzusteigen. Project A investiert bereits in der Seed-Phase oder der Series A zwischen einer und sieben Millionen, wo man neben Geld auch die eigenen Stärken noch einbringen kann. Bis zu 1.000 Gespräche mit Start-ups führt der Risikokapitalgeber dafür angeblich pro Jahr.[159]

Die neuen Geldgeber verbinden mit ihrem Investment aber mehr als nur Rendite. Gleichzeitig erhoffen sich Deichmann & Co. auch Einblicke in die Start-up-Szene – und im Idealfall einen Innovationstransfer.

Klaus Hommels –
das Trüffelschwein vom Niederrhein

Florian Heinemann ist jedoch nicht der einzige Rheinländer, der den Aufbau der deutschen Start-up-Szene finanziert. Investoren, deren Wurzeln irgendwo zwischen Aachen, Bonn und Düsseldorf liegen, tummeln sich mittlerweile deutschlandweit – und manchmal nicht nur dort. Denn auch in der Schweiz hat sich inzwischen eine kleine rheinische Enklave gebildet. Dafür ist Klaus Hommels verantwortlich, dessen Naturell dem Prototypen eines Rheinländers ziemlich nahekommt. Gleich mehrere Teammitglieder seines Fonds Lakestar kommen aus der Region und »der Rest muss zumindest den entsprechenden Humor haben«, so Hommels.

Es gibt nur wenige europäische Investoren, die so eine hohe Trefferquote bei Investments haben wie Hommels. Er investierte früh in Facebook, Spotify, Skype oder Xing und wurde so zu einem der einflussreichsten Investoren Europas. Das Wirtschaftsmagazin *Forbes* führt ihn auf seiner Midasliste auf Platz 5 der wichtigsten europäischen Risikokapitalgeber.[160] Hommels, dessen Risikokapitalgeber Lakestar das Büro heute in Zürich hat, ist der einzige Deutsche in dem jährlich erscheinenden Ranking.

Doch angefangen hat alles am Niederrhein, genauer gesagt auf einem landwirtschaftlichen Betrieb in der Nähe von Jüchen. Hier wuchs Hommels auf, hier spielte er mit seinen Freunden Fußball, nicht im Verein, wie er sagt, sondern auf der Straße – als Borussia-Mönchengladbach-Fan natürlich in Puma-Schuhen. Als seine Oma ihm eines Tages 20.000 Mark zum Investieren gab, fiel dem Schüler die Entscheidung, wofür er dieses Geld nutzen würde, relativ leicht. »Ich habe mir gedacht: Ok, wenn Oma die Verluste übernimmt, kann ich ja mit vollem Risiko einsteigen.« Er kaufte Puma-Aktien.

Die Marke war begehrt – spätestens seit ein junger Mann namens Boris Becker 1985 in Puma-Schuhen als jüngster Spieler der Geschichte das Tennis-Finale in Wimbledon gewonnen hatte. Dann schoss auch noch der Argentinier Diego Maradona im Sommer 1986 sein Land in Puma-Schuhen zum Weltmeistertitel, wenn auch unter Zuhilfenahme der »Hand Gottes«.

Nach dem Börsenstart von Puma im Juli kannte die Euphorie keine Grenzen mehr. Die Kurse stiegen kontinuierlich – und mit ihnen das Vermögen des Schülers aus Jüchen. »Ich habe in drei Monaten 100.000 Mark verdient zu einer Zeit, in der ich gleichzeitig zehn Mark Taschengeld bekam«, erinnert sich Hommels. Damals habe er sich gesagt: »Ok, das ist ja eine dufte Sache. Mit zwei Telefonanrufen Hunderte Jahre Taschengeld – das lohnt sich. Das Spiel gefällt mir.«

Und Hommels beherrscht es. Als die Aktienkurse später einbrachen, war er längst ausgestiegen. Das Gespür für den richtigen Zeitpunkt hatte er bewahrt. Hommels sei ein Trüffelschwein in Bezug auf Deals, hat Lars Hinrichs, Gründer des Karrierenetzwerks Xing, über ihn gesagt. Das *Manager Magazin* führt Hommels inzwischen mit einem geschätzten Vermögen von 350 Millionen Euro auf Platz 478 seiner Liste der reichsten Deutschen – Tendenz steigend.[161] Den Grundstein dafür musste er später ein weiteres Mal legen, denn die Gewinne aus den Aktiengeschäften waren schnell wieder passé, aber sein Interesse an Wirtschaft geweckt: »Das war schon ein einschneidendes Erlebnis. In der Schule war Wirtschaft ja nie ein Thema.«

Nach einer Banklehre in Düsseldorf zog es ihn in die Schweiz, ab 1988 studierte er Wirtschaft in Fribourg, wo er anschließend auch promovierte. Über den Medienkonzern Bertelsmann kam Hommels als damals fünfter Mitarbeiter in die Geschäftsleitung des Internetanbieters AOL Europe. Er verglich diese Zeit mal mit dem Tin Lizzie, der Blechliesel, dem ersten erschwinglichen Automobil des US-Herstellers Ford, das 1908 auf den Markt kam. Ähnlich wie bei dem Fahrzeug habe man auch bei AOL damals alles selbst gemacht – vom Browsergeschäft über die Werbung bis hin zu den Content-Kanälen. Dadurch habe man auch alle Kennzahlen gekannt und unmittelbar gesehen, wie sich Veränderungen auswirkten: »Das war eine interessante Schule, um später Geschäftsmodelle bewerten zu können«, resümiert Hommels.[162]

Im Jahr 2000 entschied er sich, den Schritt in die Selbstständigkeit zu wagen – und in Start-ups zu investieren. Doch wenige Tage später platzte die Dotcom-Blase, brach der Neue Markt ein. Statt selbstständig war Hommels plötzlich praktisch arbeitslos. »Da ging gar nix mehr und ich musste mich mit miesen Beratungsjobs über Wasser halten«, erinnert er sich an diese Phase. Erst 2004 sei es wieder bergauf gegangen und Hommels bewies erneut den richtigen Riecher.

»Am Ende des Tages waren es unheimlich viele glückliche Zufälle«, sagt er. »Wenn man ein-, zweimal bei Investments Glück gehabt hat, denken die Leute, du weißt, was du tust – und dann wird es immer einfacher.« Das ist natürlich ein Understatement. Zwei Monate telefonierte er täglich dem Skype-Gründer hinterher, um bei ihm investieren zu dürfen, hat er mal erzählt. Hommels hatte zuvor die Videotelefonie-Software ausprobiert und war begeistert.[163] Zwei Monate habe es auch gedauert, um an Facebook-Anteile zu kommen. Glück muss man sich eben oftmals hart erarbeiten.[164]

Heute findet man auf der Internetseite seiner Investment-Firma Lakestar weder Telefonnummer noch E-Mail-Adresse. Wer mit Hommels Geschäfte machen will, muss schon empfohlen werden oder auf andere

Art sein Interesse wecken: »Es muss bei Unternehmen immer einen Wow-Effekt geben«, so Hommels.

Seit der Gründung von Lakestar im Jahr 2013 hat Hommels drei Fonds aufgelegt. Laut dem Magazin *Bilanz* soll der erste, Traya, eine jährliche Rendite von 65 Prozent gehabt haben. Auch der 2015 aufgelegte Fonds Lakestar II ist demnach bereits positiv.[165] Im Jahr 2019 gab der Rheinländer dann einen dritten Fonds bekannt, für den er insgesamt 735 Millionen Dollar einsammeln konnte[166] – neben dem Europäischen Investitionsfonds (EIF) kommt das Geld unter anderem vom Düsseldorfer Konzern Henkel, bei dem Hommels neben Florian Heinemann auch im Digitalbeirat sitzt.[167]

Allerdings entgeht offenbar auch einem Trüffelschwein wie Klaus Hommels manchmal ein gutes Geschäft. Im Jahr 2006 gab der Risikokapitalgeber Benchmark bekannt, dass Hommels sein europäisches Team verstärken würde. Der Rheinländer war zuvor als Business Angel bzw. mit seiner Hommels-Holding auf eigene Rechnung unterwegs gewesen, nun schloss er sich (zumindest temporär) einem der größten und einflussreichsten Risikokapitalgeber der Welt an. »Er weiß, was es braucht, um außergewöhnliche Unternehmen aufzubauen«, lobte ihn der damalige General-Partner von Benchmark, Johan Brenner, in einer Pressemitteilung, in der auch auf Hommels Rolle beim Aufbau des 1999 gegründeten Internetportals Freenet hingewiesen wurde.[168] Wenig später wurde der Neue dann im Londoner Büro des Risikokapitalgebers zu einem Treffen mit einem deutschen Gründer hinzugerufen. Dieser war nur wenige Kilometer von Hommels Elternhaus entfernt in Mönchengladbach aufgewachsen – und neben der geografischen Heimat teilte er mit dem Investor noch dazu die Liebe zum selben Fußballverein.

All das wusste Hommels aber nicht. Auch sein Gegenüber hatte keine Ahnung, mit wem er da sprach. So stellte der Gründer also lediglich seine Idee vor. »Klaus war der allererste, bei dem ich damals gepitcht habe«, sagt Rolf Schrömgens. »Ich war damals noch total grün hinter den Ohren und wusste gerade mal, wie man einen Business-Plan schreibt.« Trivago war zwar schon seine zweite Gründung, doch bei

Amiro und später Ciao wurde diese Aufgabe des Geldeinwerbens teilweise auch von anderen übernommen. Hommels kann sich heute nicht mehr an das Gespräch erinnern, Schrömgens dafür umso besser. Und inzwischen kann er sogar darüber lachen: »Klaus hat mir noch im Meeting abgesagt. Das war erstmal schwer zu verarbeiten.«

Philipp und Florian Schindler –
Mr. Google und sein June-Fund

Keine Namen. Keine Telefonnummer. Keine Adresse. Erst recht keine Fotos auf der Seite des June-Funds. Stattdessen nur eine Art Selbstbeschreibung und eine nichtssagende E-Mail-Adresse: info@june.fund. Wer Fragen hat, sollte hier nicht nach Antworten suchen. Doch auch bei Google bleibt die Ausbeute dürftig.

Es entbehrt nicht einer gewissen Ironie, dass ausgerechnet der Fonds, über den Google-Topmanager Philipp Schindler gemeinsam mit seinem Bruder Florian in Start-ups investiert, selbst mit der Suchmaschine nahezu unsichtbar bleibt. Doch der June-Fund soll auch gar nicht von allen gefunden werden: »Wir sind sehr wählerisch«, erklärt Florian Schindler. »Wir wollen wirkliche Innovationen und keine Nachbildungen von Geschäftsmodellen.« Daher sucht das kleine Team lieber aktiv nach den Start-ups, in die es investieren will, anstatt Hunderte Anfragen im Postfach sichten zu müssen.

Im Jahr 2013 fingen die beiden Schindlers gemeinsam mit dem Gründer von Aquila Capital, Roman Rosslenbroich, mit den gemeinsamen privaten Investments an, damals noch unter dem Namen Schindler & Schindler. Die beiden Brüder wuchsen in Düsseldorf-Gerresheim auf, Rosslenbroich im Stadtteil Benrath, doch über einen gemeinsamen Tennisfreund hatte man sich in der Jugend kennengelernt. »Wir wollten alle im Technologie-Bereich investieren, aber am liebsten unter eigener Kontrolle«, so Florian Schindler. Nach und nach kamen immer mehr externe Investoren hinzu, sodass die drei die Strukturen irgendwann anpassen mussten – und 2017 den June-Fund auflegten. 20 bis 25 Start-ups sollen aus dem ersten Fonds finanziert werden, ein hoher zweistelliger Millionenbetrag steht dafür bereit. Neben Florian Schindler kümmert sich der frühere Earlybird-Manager David Rosskamp um das Tagesgeschäft, während sich Philipp Schindler eher im Hintergrund hält. »Wenn wir Investments tätigen, stimmen wir das vorher mit ihm ab«, erzählt Florian Schindler. »Er ist für uns ein wichtiges Korrektiv, speziell durch die Distanz zum täglichen Geschäft.«

Distanz – das gilt in Philipp Schindlers Fall nicht nur im übertragenen, sondern auch im buchstäblichen Sinne. Seit 2012 lebt er mit seiner Familie in Kalifornien, ihn trennen also Tausende Kilometer und neun Stunden Zeitverschiebung von seinem Bruder in Berlin. Der ältere Bruder sitzt bei Google als Chief Business Officer im Vorstand und verantwortet das weltweite Werbegeschäft der Suchmaschine mit rund 100 Milliarden Dollar jährlichem Umsatz und Tausenden von Mitarbeitern. Der Düsseldorfer gilt als einer der einflussreichsten Deutschen im Silicon Valley – und das mit gerade einmal 50 Jahren.

Doch öffentlich ist darüber vergleichsweise wenig bekannt. Sein Wikipedia-Eintrag umfasst nur ein paar dürre biografische Angaben. Selbst die allwissende Suchmaschine Google spuckt kaum etwas über ihn aus. Aktuelle Interviews gibt es nur wenige – und wenn, dann geht es viel um das Geschäft und kaum um den Menschen Philipp Schindler. Dabei hat auch dessen Lebensweg viel Potenzial für spannende Geschichten. Schon 2001 titelte die *Berliner Morgenpost* über ihn, er sei »in der Zukunft zu Hause«.[169] Der damals 30-Jährige hatte da schon einen rasanten Aufstieg hinter sich, der ihn aus einem Kinderzimmer in Düsseldorf-Gerresheim auf den Posten des Vize-Präsidenten von AOL Deutschland geführt hatte.

AOL startete 1995 in Deutschland – als Gemeinschaftsunternehmen des US-Mutterkonzerns America Online und des deutschen Me-

dienunternehmens Bertelsmann. Mit diesem Start waren große Hoffnungen verbunden, immerhin waren die Amerikaner im eigenen Land
Marktführer. In Deutschland verfügten damals zwar erst knapp drei
Millionen Haushalte über einen Internetanschluss per Modem, dennoch waren die Hoffnungen groß.

Philipp Schindler fing nur kurze Zeit später im Nachwuchspro-
gramm von Bertelsmann an, wechselte jedoch schon bald zu AOL, wo
er letztlich zum Marketingchef für Deutschland aufstieg. Der Internetanbieter war hoffnungsvoll auf dem deutschen Markt gestartet, lag im
Kampf um die Marktführerschaft jedoch meilenweit hinter T-Online
zurück, als Schindler im April 1999 ins Hamburger AOL-Büro wechselte. An den grundsätzlichen Kräfteverhältnissen konnte der junge Manager zwar nichts ändern, dafür gelang es ihm in kürzester Zeit, AOL
mit einer Werbekampagne ins Zentrum der medialen Aufmerksamkeit
zu rücken.

Der Satz »Bin ich da schon drin, oder was?« wurde innerhalb weniger
Wochen Kult, die AOL-Werbung mit dem Tennisnationalhelden Boris
Becker flimmerte nicht nur deutschlandweit über die Röhrenfernseher
und sorgte medial für einen Coup, sondern ließ auch die Kundenzahl
innerhalb kurzer Zeit sprunghaft ansteigen. Alleine zwischen Oktober
1999 und März 2000 konnte AOL die Zahl von 900.000 um rund
45 Prozent auf 1,3 Millionen erhöhen.[170] Die Kampagne war ein Rie-
senerfolg, aber mindestens eine Einschätzung Schindlers sollte sich im
Nachhinein als falsch erweisen. Der Tennisspieler habe einfach Spaß am
Internet, hatte er damals gesagt: »Becker ist keiner, der für Geld noch
was machen muss.«[171]

Es war laut *WirtschaftsWoche* Schindler, der die verantwortliche Wer-
beagentur Grey ins Boot geholt hatte – einen Spezialisten für einfache
und eingängige Werbebotschaften mit Kultpotenzial. Denn aus dem
Hause Grey stammten auch schon die Slogans »Und die Grundgebühr
ist auch schon drin« oder »Ja, ist denn heut schon Weihnachten?«, mit
denen Fußballkaiser Franz Beckenbauer mit bayerischem Zungenschlag
die Tarife des Mobilfunkanbieters E-Plus beworben hatte.

Im Jahr 2001 ging auch der Kauf der Namensrechte des Hamburger Volksparkstadions auf Schindlers Konto.[172] Ein historischer Moment. Es war das erste Mal, dass ein deutscher Bundesligaverein die Namensrechte an seinem Stadion verkaufte. 30 Millionen Euro zahlte der weltgrößte Internetanbieter damals über einen Zeitraum von fünf Jahren dafür, dass die Spielstätte des damals noch erstklassigen Hamburger Sportvereins ab nun »AOL-Arena« hieß.

Wenige Wochen, bevor das Geschäft bekannt gegeben wurde, saß Schindler im April 2001 mit einem Journalisten in seinem Büro im Millerntor-Hochhaus im Hamburger Stadtteil St. Pauli. Die beiden diskutierten über das Internet und dessen Zukunft, aber auch über Philipp Schindlers Rolle in dieser Welt, in der er mit 30 Jahren schon in einer Position angekommen war, die andere nicht mal am Ende ihres Berufslebens erreichten. Die Dotcom-Blase war im Jahr zuvor geplatzt, den Siegeszug des Internets und globaler Digitalunternehmen hatte dies jedoch nicht gestoppt.

»Ich bin gerade 30 Jahre alt geworden«, sagte Schindler damals. »Ich verantworte einen nicht unerheblichen Bereich. Ich habe circa hundert Mitarbeiter, um die ich mich kümmern muss. Wohin soll das führen?« – Ziemlich steil nach oben.

Nur vier Jahre später, im Jahr 2005, wurde Schindler Googles Deutschland-Chef, weitere zehn Jahre später ist der Manager, der als Prozessfreak und Logikmensch gilt, fast ganz oben angekommen. Im Jahr 2015 wird er im Rahmen der Neustrukturierung, bei der das Mutterunternehmen Alphabet entsteht und Google zu einer Tochter wird, zum Chief Business Officer der Suchmaschine. Als »Mr. Google aus Düsseldorf« wurde Schindler in einem Porträt bezeichnet.[173]

Eine absolute Erfolgsgeschichte – und dennoch keine Bürde für den zwei Jahre jüngeren Bruder Florian. Die beiden haben früh gelernt, dass sie auch nebeneinander im Mittelpunkt stehen können, immerhin feiern die Geschwister zufällig sogar am gleichen Tag Geburtstag. »Außerdem sind wir grundverschieden«, erklärt Florian Schindler.

Doch das stimmt nur teilweise. Denn auch der jüngere Bruder ist extrem talentiert. Genau wie Philipp machte auch Florian Schindler sein Abitur »Am Poth«, wie das Gymnasium Gerresheim inoffiziell aufgrund seiner Adresse heißt. Anschließend zog es ihn jedoch an die Uni in Mainz, während sein Bruder nur wenige Kilometer entfernt davon an der privaten Hochschule EBS in Oestrich-Winkel studierte.

»Ich hatte lange überlegt, ob ich Anwalt werde«, sinniert Florian Schindler. Schon sein Großvater hatte in Düsseldorf eine Kanzlei gegründet, die Vater Schindler anschließend fortführte. Der aber riet dem Sohn, lieber eine Wirtschaftsausbildung zu machen, um von jedem Land aus arbeiten zu können – ein Beleg dafür, wie der Reaktorunfall in Tschernobyl und der Kalte Krieg den Blick vieler Menschen auf die Welt in dieser Generation geprägt hatten. Schindler junior studierte daraufhin Betriebswirtschaftslehre, um Wirtschaftsprüfer in der väterlichen Sozietät zu werden – und verwarf diesen Gedanken schnell wieder, als er sich näher mit dem Beruf beschäftigt hatte. Viel zu trocken.

Stattdessen landete er in der Werbebranche, nachdem er während seiner Diplomarbeit durch einen Zufall mit Führungskräften von BBDO in Kontakt gekommen war. »Ich habe für meine Arbeit ein langes Interview mit dem damaligen Geschäftsführer geführt«, erinnert sich Schindler. »Und fand seine Arbeit überwältigend inspirierend.« Schindler absolvierte ein Praktikum, aus dem zunächst ein Trainee-Programm, dann eine Festanstellung und sechs Jahre nach seinem Einstieg die Geschäftsführung des Berliner Standorts der Agentur resultierten. Ab 2004 leitete er hier die Geschäfte – und erlebte mit, wie um ihn herum die Start-up-Szene erblühte. Immer wieder gab es Anfragen, ob die Werbe- und Kommunikationsagentur die Gründer nicht unterstützen könnte. Doch das war angesichts der knappen Budgets und der unklaren Zukunftsaussichten der Start-ups nicht immer attraktiv für BBDO.

Aber natürlich bekamen auch Florian Schindler und sein Team mit, wie der Medienkonzern ProSiebenSat.1 Start-ups wie Zalando ab 2009 über seine Tochter Seven Ventures mit Media-for-Equity-Angeboten köderte. Werbezeit und -fläche gegen Firmenanteile, lautete das Geschäft. Daher überlegte Florian Schindler, ob man eine ähnliche Konstruktion nicht auch als Agentur aufbauen könnte: »Die Idee war, systematisch ein Portfolio aufzubauen, um das Risiko zu streuen.«

Parallel reifte in ihm der Gedanke, sich selbstständig zu machen, also mit eigenem Geld und Risiko zu investieren. Schindler hatte sich inzwischen ein Netzwerk in der Gründerszene aufgebaut und war außerdem überzeugt, durch seine bisherige Karriere ein gutes Verständnis dafür erarbeitet zu haben, wie Produkte oder Dienstleistungen am Markt positioniert werden müssten. »Ich habe mich zwei Jahre lang fast ausschließlich damit auseinandergesetzt, was Gründer brauchen und wie unser Angebot aussehen müsste, damit sie uns als Investor wollen.«

Er investiert 2013 zum ersten Mal in ein Start-up. Mit dem Angebot von Komoot können Nutzer Wanderrouten und Fahrradtouren planen. Die Schindlers halten knapp zehn Prozent an dem Unternehmen, das seit vielen Jahren hochprofitabel ist und weiterhin stark wächst. Die Investorenpremiere ist geglückt.

»Eigentlich hätte ich mit der Bilanz aufhören müssen«, sagt Schindler lachend. Stattdessen macht er weiter. Erst nur mit Freunden und Familie, ab 2017 dann auch mit dem June-Fund. Dieser soll primär in Start-ups investieren, die in ihrem Segment die Marktführerschaft übernehmen könnten. »Unsere June-Investoren sind selbst globale Führungspersönlichkeiten aus unterschiedlichen Industrien. Wir bieten unseren Start-ups die Möglichkeit, über dieses Netzwerk schneller zu wachsen.«

Der Name ›June‹ sei dabei mehr aus Zufall entstanden. Der Markenprofi Schindler suchte nach einem Begriff, der einerseits neutral, andererseits aber positiv konnotiert und international akzeptiert ist. Doch das war gar nicht ganz so einfach. »Meine Frau ist Markenrechtlerin, wir haben daher natürlich jeden Begriff sofort daraufhin überprüft, inwiefern er in irgendwelchen Bereichen schon belegt ist«, erklärt er. Irgendwann landete man beim Juni, der schon immer sein Lieblingsmonat gewesen sei. Warm, aber nicht zu warm, lange Tage und Aufbruchstimmung, weil der Sommer naht: »Dass der Juni, also June, auch noch unser Gründungsmonat ist, war dann eher ein passender Zufall.«

Der Investment-Fokus entstand dann aus dem eigenen Anspruch – und ein Stück weit aus dem, was Philipp Schindler in die Familie getragen hatte: die starke Fokussierung auf die Zukunft. »Ich bin überzeugt, dass wir alle dabei sind, eine Welt zu schaffen, in der die digitale Technik das Leben der Menschen verbessert«, so Philipp Schindler vor Jahren bei einem Auftritt in Deutschland.[174] Durch seine Arbeit in dieser so dynamischen Branche hat sich auch die Familie schon früh mit Entwicklungen auseinandergesetzt, die andere vielleicht erst später kommen sahen.

»Wir kommen« ja aus einem grundsoliden Haushalt«, sagt Florian Schindler. Natürlich habe man früher auch einen Commodore 64 gehabt und damit ein bisschen experimentiert. »Aber es ist auch nicht so, dass wir jetzt wie Daniel Düsentrieb ständig an irgendetwas rumgeschraubt hätten.« Doch mit Philipp Schindlers Beruf zog die Frage, wie Technologie das Leben verändert, immer stärker in die Familie ein und prägte das Denken. Auch beim June-Fund. Monatelang guckt sich das Team einzelne Branchen wie den Agrarsektor an. Wie wird die Digitalisierung diesen Bereich verändern? Welche Entwicklungen werden am schnellsten eintreten? Welches Start-up könnte davon am stärksten profitieren? Hat man einen Favoriten identifiziert, greift das Team auch selbst zum Telefon und ruft an.

Verpasst man dadurch trotzdem mal vielversprechende Start-ups? Auf jeden Fall, gibt Florian Schindler offen zu: »Das passiert laufend.« Er habe zum Beispiel in der Frühphase das inzwischen mit mehr als drei Milliarden Euro bewertete Banking-Start-up N26 abgelehnt. Aber er sieht es sportlich. Einerseits freue er sich, wenn generell so viele gute Unternehmen entstünden. Andererseits habe man ja auch nicht den Auftrag, in die besten Unternehmen der Welt zu investieren, sondern nur in 20 oder 25 der besten Unternehmen. »Wichtiger ist daher, dass die Firmen in unserem Portfolio auch wirklich zu den besten zählen.«

Alex von Frankenberg –
der Beschleuniger aus Bonn

Agenda 2010, Dosenpfand, Atomausstieg, Praxisgebühr oder Kosovo-Einsatz – die rot-grüne Bundesregierung hat viele Entscheidungen getroffen, die öffentlich kontrovers diskutiert wurden und sich nachhaltig ins kulturelle Gedächtnis der Republik eingebrannt haben. Andere Initiativen gerieten in Vergessenheit – wie jene, die Gerhard Schröder am 16. Januar 2004 ankündigte.

Der Bundeskanzler befand sich damals in einem anschwellenden Sturm, der ein Jahr später in der zweiten Vertrauensfrage seiner Kanzlerschaft münden sollte, die den Anfang vom Ende einleitete. Die deutsche Wirtschaft steckte in der Krise. Die Zahl der Arbeitslosen stieg, die Marke von vier Millionen Menschen ohne Job war 2002 gerissen und seitdem nicht mehr unterboten worden. Die Arbeitslosenquote lag konstant bei mehr als 10 Prozent,[175] während der Aktienindex DAX 2003 zeitweise unter die 3000er-Marke gefallen war. Schröder wusste, dass er reagieren musste.

Schon 2003 hatte er eine umfangreiche Reform der Arbeitsmarkt- und Sozialpolitik angekündigt, die Hartz-Reformen, die ihn letztlich sein Amt kosten sollten, obwohl sie langfristig die Wende brachten. Nun, im Januar 2004, hatte er sich mit Vertretern aus Wirtschaft und Wissenschaft getroffen, um Lösungen zu entwickeln, die Deutschlands Innovationskraft stärken sollten. Nach abendlichen Beratungen kündigte der SPD-Politiker am Morgen danach das Ergebnis an: Die Initiative »Partner für Innovation« solle Ideen erarbeiten, um das Innovationssystem Deutschland auf allen Ebenen zu stärken.[176] Eine Lösung gab es noch nicht, dafür aber eine Ansammlung Arbeitsgruppen.

Eine von ihnen beschäftigte sich auch mit dem Thema »Wagniskapital«. Denn die Finanzierung von Start-ups war seit der geplatzten Dotcom-Blase praktisch zum Erliegen gekommen – speziell in der Frühphase waren die Investitionen im Jahr 2003 weiter rückläufig. Der

Zusammenbruch des Neuen Marktes hatte nicht nur viele Start-ups in die Pleite getrieben, auch die Gesellschafter wurden getroffen. Viele Risikokapitalgeber mussten hohe Wertberichtigungen in ihrem Portfolio vornehmen oder es direkt ganz abschreiben. Viele Investoren zögerten nach diesen Erfahrungen, einen neuen Fonds aufzulegen. Der Markt brach ein. Der Bundesverband der Kapitalbeteiligungsgesellschaften warnte in Person des Vorsitzenden Thomas Kühr wenige Wochen nach Schröders Auftritt davor, dass die fehlende Investitionsbereitschaft und Kapitalknappheit im Start-up-Bereich den Innovations- und Technologiestandort Deutschland gefährde.[177]

Es musste etwas passieren, so viel war klar. Und so suchte Kühr, der hauptberuflich die Risikokapitaleinheit T-Venture der Telekom leitete, gemeinsam mit anderen Industrievertretern von BASF und Siemens sowie einem Vertreter der Fraunhofer-Gesellschaft nach Lösungen. Die Aufgabe war knifflig, denn einerseits musste die Lösung einen wirklichen Effekt auf den Markt haben, andererseits durfte es auch nicht dazu kommen, dass am Ende durch staatliche Mittel private Finanzierungsangebote verdrängt würden.

An den Beratungen nahm auch ein junger Beamter teil: Johannes Velling war erst kurz zuvor aus dem Forschungsministerium in das Superministerium von Wirtschafts- und Arbeitsminister Wolfgang Clement (SPD) gewechselt. Er entstammt der traditionsreichen Neusser Werhahn-Familie, deren Firmengruppe unter anderem am Messerfabrikanten Zwilling beteiligt ist. Im Superministerium sollte sich der promovierte Volkswirt unter anderem um das Thema Wagniskapital kümmern – und machte es zu einer Art Lebensaufgabe.

»Es gab dann ein Industriekonzept, das aber unter anderem aus Gründen des Beihilferechts nicht funktionierte«, sagt Johannes Velling, der stattdessen eine Alternative vorschlug, die Kanzler Schröder ein Jahr nach dem Start der Partner für Innovation als »Hightech-Gründerfonds« ankündigen sollte, kurz: HTGF. Das Konzept sah eine sogenannte Public-Private-Partnership vor, also eine Mischung aus öffentlichen und privaten Geldern. Neben dem Bund sollten noch die staatliche KfW-Bankengruppe sowie Industrieunternehmen an dem geplanten Fonds beteiligt sein. Dieser sollte mit seinem Geld in Start-ups in der Frühphase investieren. Knapp 270 Millionen Euro standen dafür bereit, wobei der Großteil (240 Millionen Euro) vom Staat kam. »Der Hightech-Gründerfonds sollte durchaus auch mehr Risiko auf sich nehmen als ein üblicher Risikokapitalfonds und deshalb zum Beispiel auch jedes Jahr eine bestimmte Stückzahl an Investments erreichen«, erklärt Velling. »Der Fonds wird auch von Konjunkturschwankungen nicht umgehauen, sondern finanziert einfach weiter. Dadurch stabilisiert er natürlich auch den Markt, das darf man nicht vergessen.«

Die Leitung des Fonds sollte Michael Brandkamp übernehmen, ein erfahrener Manager aus dem Risikokapitalbereich.[178] Angesichts der heutigen Start-up-Dichte würde man einen solchen Fonds jetzt wohl eher in München oder Berlin ansiedeln als in Bonn, doch damals gab es solche Zentren noch nicht. Die Szene war zersplittert – und in einem politisch getriebenen Projekt zählen am Ende freilich auch noch andere Argumente.

So hatte die KfW erst wenige Jahre zuvor die Deutsche Ausgleichsbank übernommen, die sich in den 50 Jahren ihres Bestehens von einem Spezialinstitut für die Eingliederung von Heimatvertriebenen und Flüchtlingen zu einer Gründer- und Mittelstandsbank gewandelt hatte. Die Fusion sollte nach dem Willen der damals beteiligten Bundesminister Hans Eichel (Finanzen) und Werner Müller (Wirtschaft) Synergieeffekte bringen.[179] Von diesen Effekten sollte wiederum letztlich auch der Hightech-Gründerfonds profitieren, der bei seinem Start in Bonn nicht nur vorläufig in den Räumlichkeiten der KfW Unterschlupf gefunden hatte, sondern auch einige Mitarbeiter der ehemaligen Ausgleichsbank übernehmen konnte.

Neben Brandkamp sollte es allerdings noch einen zweiten Geschäftsführer geben, den man per Stellenanzeige in der *Frankfurter Allgemeinen Zeitung* suchte. Kurz darauf gingen die ersten Bewerbungen ein – unter anderem aus München, wo Alex von Frankenberg in den letzten Jahren für Siemens eine Art hausinternen Company-Builder aufgebaut hatte.

Wie Velling hatte auch von Frankenberg in Mannheim studiert – allerdings BWL statt VWL. Nach dem Abschluss verbrachte er einige

Zeit in den USA, bevor er nach seiner Rückkehr nach Deutschland ein Start-up aufbauen wollte – und scheiterte. Für den Misserfolg habe es verschiedene Gründe gegeben, erklärt von Frankenberg rückblickend: »Einer war sicherlich auch 9/11. Wir haben einfach keine Termine mehr bekommen, die Leute haben alle Projekte gestoppt.« Er kehrte zu Siemens zurück und kümmerte sich für den Technology Accelerator darum, aus den vielen Ideen und Projekten im Unternehmen Start-ups zu machen – bis ihn ein Arbeitskollege auf die Stellenausschreibung des Hightech-Gründerfonds hinwies und er eine Bewerbung abschickte.

Am 13. Oktober 2004 begann von Frankenbergs Karriere als Risikokapitalgeber, was zu der – angesichts der heutigen Bedeutung der Standorte München und Berlin für die Start-up-Szene – kuriosen Situation führte, dass der eine Geschäftsführer (Brandkamp) von Berlin nach Bonn zog, während der andere (von Frankenberg) seinen Lebensmittelpunkt von München in die ehemalige Bundeshauptstadt verlegte.

Zu den ersten Aufgaben der beiden Manager zählte das Anwerben weiterer Geldgeber aus der Industrie. Nachdem zunächst die Deutsche Telekom, Siemens und die BASF, deren Vertreter Dieter Jahn die Planungen maßgeblich vorangetrieben hatte, ihre finanzielle Unterstützung zugesagt hatten, folgten 2006 drei weitere Zusagen von Daimler, Bosch und Carl Zeiss. Doch das Budget, das der Hightech-Gründerfonds nun für Start-up-Finanzierungen zur Verfügung hatte, täuschte über die anfängliche Skepsis hinweg, die auch von Frankenberg und Brandkamp zu spüren bekamen. Ein neuer Fonds mit neuem Management, wobei einer der beiden Geschäftsführer keinerlei Erfahrung im Venture-Capital-Geschäft hatte – und das nach den Erfahrungen mit dem Neuen Markt? Speziell in der Industrie gab es Vorbehalte gegenüber dem Projekt, selbst bei jenen, die ihre Unterstützung zugesagt hatten. Während einige aus Überzeugung mitmachten, wollten andere wohl eher der Regierung einen Gefallen tun – man sieht sich schließlich immer zweimal im Leben.

»Einer der ersten sechs Investoren hatte das Geld sofort nach dem Investment komplett abgeschrieben«, erinnert sich Alex von Frankenberg. »Der war überzeugt: Das wird eh nix.« Noch heute hört man den

Stolz in von Frankenbergs Stimme, wenn er erzählt, wie dieses Unternehmen plötzlich Rückflüsse aus dem ersten Fonds des HTGF verbuchen konnte und schließlich sogar noch ein kleiner Gewinn dazu kam. »Das war wichtig für unsere Entwicklung«, sagt der HTGF-Chef. »Wir haben gezeigt, dass das Geld nicht weg ist und es sogar noch erheblichen Mehrwert gibt.«

Bis heute hat der HTGF zwei weitere Fonds aufgelegt, wobei inzwischen deutlich mehr Industrieunternehmen beteiligt sind – darunter mit Bayer, Deutsche Post DHL, Qiagen, Lanxess oder FOND OF eine Vielzahl Unternehmen aus dem Rheinland. Der Industrieanteil am Fondsvolumen ist dadurch im Laufe der Zeit weiter angestiegen. Als der HTGF im Jahr 2018 das sogenannte Second Closing des dritten Fonds bekannt gab, verfügte dieser über rund 320 Millionen Euro Kapital, wobei sich mehr als 30 Unternehmen aus Wirtschaft und Industrie beteiligt hatten.

Die Zeiten, in denen andere Risikokapitalgeber den HTGF-Chef von Frankenberg nicht einmal in ihr Büro baten, sondern an einem kleinen Tischchen im Empfangsbereich abfertigten, sind vorbei. Der HTGF hat sich nicht nur etabliert, sondern ist angesichts von rund 40 Investments jährlich inzwischen zahlenmäßig der aktivste Frühphaseninvestor der Republik – zudem nicht nur angesichts seiner Größe und Breite bei den knapp 600 bisherigen Investments als Netzwerk interessant.

Auch die Liste der ehemaligen HTGF-Mitarbeiter ist nach knapp 15 Jahren am Markt lang. Jörg Binnenbrücker ist beispielsweise einer von ihnen. Er fing 2005 kurz nach der Gründung in Bonn an, blieb aber nur zwei Jahre und gründete später den Kölner Risikokapitalgeber Capnamic. Damals startete auch Clemens von Bergmann in Bonn, der neun Jahre dabei bleiben sollte, aber heute in München mit Carsten Maschmeyer dessen Fonds Alstin Capital leitet. In Essen gibt es bei TEV inzwischen mit Jan Sessenhaus einen Partner mit HTGF-Vergangenheit, ebenso wie in München mit Benjamin Erhart, der beim Risikokapitalgeber UVC in Start-ups investiert. Auch Simon Schneider, der jetzt für Sparkassen und NRW.Bank den Fonds Neoteq Ventures in Köln managt, kann auf eine HTGF-Karriere zurückblicken – genauso wie Matthias Dill von Energy Impact Partners oder Julia Bösch, die nach einem Praktikum ein Jobangebot ausschlug, um zunächst zu Zalando zu wechseln und dann den Personal-Shopping-Dienst Outfittery zu gründen.

»Das ist einerseits natürlich sehr positiv, weil wir zu vielen der früheren Kollegen ein gutes, vertrauensvolles Verhältnis haben«, sagt Alex von Frankenberg, der den HTGF nach dem Abgang von Michael Brandkamp inzwischen gemeinsam mit Guido Schlitzer leitet. Allerdings habe es auch eine Phase gegeben, in der es zu viel Fluktuation gegeben habe. Im Jahr 2017 hatte beinahe jeder vierte Mitarbeiter das rund 40 Köpfe starke HTGF-Investment-Team verlassen. »Das war natürlich viel zu hoch.«

Einige Mitarbeiter hatten damals das Gefühl, sie würden unter Wert bezahlt. Speziell bei den Bonusleistungen für erfolgreiche Investments hatten andere Risikokapitalgeber deutlich bessere Bedingungen zu bieten. Der HTGF reagierte, passte die Organisationsstruktur und auch die Erfolgsbeteiligungen an, bei denen man jetzt laut von Frankenberg nahe an denen eines klassischen Risikokapitalgebers liege. Inzwischen liegt die Fluktuation wieder bei rund fünf Prozent pro Jahr. »Unser Netzwerk wird sich also weiter vergrößern«, prognostiziert von Frankenberg.

In der Szene sieht man die Arbeit des Fonds zwiespältig. Einerseits gibt es viel Lob für die Vielzahl an Investments. Im Jahr 2011 wurde er vom Portal *Gründerszene* sogar zum Investor des Jahrzehnts gekürt – aufgrund seiner Leistungen für das Ökosystem als Ganzes.[180] Andererseits sind einige überzeugt, dass es bei dem Fonds immer wieder zu sogenannter adverser Selektion kommt – sowohl beim Personal als auch bei den Start-ups. Er sei sich nicht sicher, ob sich alle Mitarbeiter des HTGF bei unabhängigen Venture-Funds im Auswahlverfahren durchsetzen würden, sagt ein renommierter deutscher Risikokapitalgeber. Ähnlich sei es bei den Investments: Wenn Start-ups aus dem freien Markt Geld bekämen, würden sie das anstelle des HTGF-Investments nehmen.

Auch Alex von Frankenberg hört diesen Vorwurf seit Jahren – und ist logischerweise genervt davon. »Natürlich haben wir ein Start-up wie

Auto1 nicht vorher gesehen, aber wir haben dafür bei anderen Start-ups investiert, die anschließend einen Multi-Millionen-Exit gemacht haben – und die hatte von den anderen Venture-Capital-Gebern keiner gesehen, weil da bis dahin nur Business Angels drin waren.« So wurde das Bonner Biotech-Unternehmen Rigontec, das an Therapiemöglichkeiten gegen Krebs arbeitet, 2017 für mindestens 115 Millionen Euro an den US-Riesen Merck verkauft.[181] Neben dem HTGF war auch die NRW.Bank an dem erst 2014 gegründeten Start-up beteiligt.

So oder so: Aus der deutschen Gründerlandschaft ist der HTGF nicht mehr wegzudenken. Aus Sicht von Alex von Frankenberg gebührt dafür speziell einem Mann besonderer Dank: Johannes Velling. »Er ist ein historischer Glücksfall.« Denn einerseits sei er ein Top-Beamter, der genau wisse, wie man bestimmte Dinge in einem Ministerium umsetzen müsse. Andererseits habe er durch seinen familiären Hintergrund auch einen unternehmerischen Ansatz. Zudem wäre der Hightech-Gründerfonds, das hört man immer wieder, ohne Velling nicht entstanden. Sogar um die Namenswahl kümmerte sich der Beamte. »Ich wollte nichts Kompliziertes«, erinnert sich Velling, der inzwischen im NRW-Wirtschaftsministerium die Strategien des Landes zu Start-ups und der Digitalisierung der Wirtschaft vorantreibt. Die große Bühne überließ er damals wie heute anderen, auch wenn der HTGF für manche Politiker nur ein Projekt von vielen war. »Ich habe mich kürzlich nochmal mit Wolfgang Clement über den Fonds unterhalten«, erinnert sich Velling an ein Gespräch mit dem früheren Superminister, der das Konzept unter anderem bei einer Pressekonferenz vorstellte. »Er konnte sich nicht mehr richtig daran erinnern. Für ihn zählten die Hartz-Reformen wahrscheinlich mehr.«

Jörg Binnenbrücker –
der Dealmaker aus Köllefornia

Es gibt Unternehmen, die ihren Top-Kräften einheitliche Anzüge samt Krawatte zur Verfügung stellen, andere setzen auf Polo-Shirts oder, und auch das gibt es, weiße Oberhemden, auf die das Firmenlogo am Kragen eingestickt ist. Die einheitliche Kleidung ist Teil der sogenannten »Corporate Identity«, soll also eine Art Identifikation mit der Firma ausdrücken. Jörg Binnenbrücker hat sich gegen das Besticken von Hemdkragen entschieden. Und doch kann man das Team des Risikokapital-Investors Capnamic Ventures an diesem Dienstagnachmittag im Jahr 2019 in Köln gut in der Menge ausmachen – an den Schuhen.

Einmal im Jahr lädt der Kölner Start-up-Investor Gründer und Partner zum Portfolio-Day ein. Zuerst präsentieren die Start-ups, in die Capnamic investiert hat, ihre Geschäftsmodelle und Fortschritte, anschließend wird genetzwerkt – dieses Jahr in einer Brauerei. Mittendrin das Team von Capnamic, von denen viele weiße Nike-Turnschuhe mit dem Schriftzug »Capnamic« in dem berühmten Nike-Swoosh tragen. Acht Paar Schuhe hat Binnenbrücker für sein Team fertigen lassen und anschließend bei einem Ausflug in die Skihalle in Neuss 2018 überreicht.[182]

Auf seinem weißen Air-Jordan-Schuh steht handgeschrieben »#Dealmaker« – ein Spitzname, wie man ihn auf dem Basketballfeld verleihen würde: NBA-Star Karl Malone nannte man den »Mailman«, weil er seine Bälle so zuverlässig im Korb unterbrachte wie der Postbote die Briefe im Briefkasten. Aufbauspieler Gary Payton wiederum war »The Glove«, weil er so eng wie ein Handschuh an seinen Gegenspielern klebte. Und der Mann, dessen Schuhe Binnenbrücker trug, bekam den Spitznamen »Air« Jordan wegen seiner spektakulären Dunkings verpasst.

Binnenbrücker ist eine Ausnahmeerscheinung in der deutschen Venture-Capital-Szene – und das nicht nur, weil er vom Typ her an die Rettungsschwimmer aus der Serie *Baywatch* erinnert. Es gibt nur wenige, die so gut vernetzt sind wie er. Binnenbrücker ist ein Urgestein der Szene, die sich in den vergangenen Jahren stark verändert hat. Auch wenn es äußerlich nicht so scheint, wenn Binnenbrücker mal wieder in Sportschuhen, T-Shirt und Baseball-Cap irgendwo auftaucht – sein Werdegang ähnelte zunächst den Lebensläufen ganz vieler Gründer und Investoren.

Er studierte Jura und VWL an der Universität in Bonn, unter anderem mit dem Bruder von Project-A-Gründer Florian Heinemann, den er auch von diversen Duellen auf dem Tennisplatz kannte. Anschließend fing er auf dem Höhepunkt des Neuen Markts bei der Beratung PricewaterhouseCoopers an. Zu seinen Kunden zählte damals auch die Risikokapital-Einheit der Telekom, T-Ventures. Binnenbrücker erlebte quasi hautnah vom Seitenrand aus das Platzen der Blase, bevor er später über den Hightech-Gründerfonds selbst in das Geschäft einstieg.

Damals gab es nur wenige Risikokapitalgeber in Deutschland, doch speziell im Verlagsbereich wuchs das Interesse an dieser Anlageform. Bereits 1999 hatte Burda begonnen, in Start-ups zu investieren – und mit Alando, onvista und Justbooks Erfolge gefeiert. Ein Jahr später starteten auch Holtzbrinck und Axel Springer mit Investments. Die Verlage hatten bereits früh damit begonnen, das Internet als Absatzkanal zu erkennen und eigene Nachrichtenportale aufzubauen. Im Laufe der Zeit wurde allerdings auch immer deutlicher, dass die Digitalisierung das Kerngeschäft bedrohen würde: den Verkauf von Anzeigen in gedruckten Printmedien, die anschließend wiederum verkauft werden. Jobs, Immobilien, Autos – Rubriken, mit denen die Medien jahrzehntelang Seiten gefüllt und hohe Einnahmen generiert hatten, wanderten ab der Jahrtausendwende nach und nach zu Gründungen wie der Scout-Gruppe ins Internet ab. Gleichzeitig sanken die Auflagen der Zeitungen. Je stärker die Kräfte der Digitalisierung also zu spüren waren, umso nervöser wurden die Verlage. Viele von ihnen haben auf diese Entwicklung bis heute keine Antwort gefunden. Andere wie Axel Springer begannen früh damit, in das Digitalgeschäft zu investieren und erwirtschaften heute mit Unternehmen wie der Düsseldorfer Jobbörse Stepstone gute Umsätze und Renditen.

Das Jahr 2007 war insofern gleich in mehrfacher Hinsicht ein Meilenstein. Im Januar stellte nicht nur Apple-Chef Steve Jobs die erste Generation des iPhones vor. Es wurde auch bekannt, dass Holtzbrinck das soziale Netzwerk studiVZ übernehmen würde. Auch der Springer-Verlag soll interessiert gewesen sein, genauso wie Facebook. Mark Zuckerberg, so ist es überliefert, soll den Gründern fünf Prozent der Anteile an seinem Unternehmen angeboten haben. Diese lehnten ab. Dumm gelaufen. Denn während Facebook zum Tech-Giganten wurde, der auch in Deutschland Millionen Nutzer gewann, verpasste studiVZ den Anschluss und fiel wie ein Soufflé in sich zusammen.

In Köln wurde damals wiederum DuMont-Ventures aus der Taufe gehoben, ein Risikokapitalgeber des traditionsreichen Verlags M. Du-Mont Schauberg, der gerade erst die Mehrheit an der *Frankfurter Rundschau* übernommen hatte. Trotz des Zukaufs im Printgeschäft wollte sich der Verlag jedoch stärker digitalisieren – und setzte dabei auch auf Investments. Jörg Binnenbrücker sollte dafür sorgen, dass aus dem Projekt ein Erfolg wurde.

Die Venture-Capital-Szene war damals überschaubar und Binnenbrücker machte sich durch einige clevere Investments schnell einen Namen. Doch irgendwann wollte er mehr: »DuMont-Ventures war eine 100-prozentige Tochter von DuMont – und ich bin Unternehmer und wollte das irgendwann größer machen. Ein Verlag ist gut, aber fünf Verlage sind besser.« Also startete er 2013 Capnamic. Neben dem Kölner DuMont-Verlag, dessen Portfolio der neue Risikokapitalgeber künftig mit betreute, beteiligten sich auch andere Medienhäuser wie die Düsseldorfer *Rheinische Post* Mediengruppe oder die *Nord-West-Zeitung* am Fonds.[183] Nachdem die erste Auflage noch ein Volumen im mittleren zweistelligen Millionenbereich hatte, knackten Binnenbrücker und seine Partner Christian Siegele und Olaf Jacobi 2017 mit ihrem zweiten Fonds die 100-Millionen-Marke. Neben der Förderbank NRW.Bank zählen inzwischen auch der Versicherer Axa oder der US-Technologiekonzern Cisco zu den Investoren.[184]

Diese Feuerkraft ist auch nötig, damit die Kölner weiterhin erfolgreich im Markt mitspielen können, denn das Geschäft hat sich gravie-

rend verändert. Die Summen wurden größer, Risikokapitalgeber sind
näher an den Unternehmen dran und treffen schnellere Entscheidungen, weil die Teams auch mehr von den Technologien verstehen. »Ich
war damals einer von den neuen VCs«, so Binnenbrücker. Heute zähle
er selbst zu den Etablierten: »Und aus der Generation hat keiner überlebt, der sein Modell und die Teams nicht angepasst hat.«

Frank Thelen –
der Influencer-Investor

DuMont-Ventures suchte deutschlandweit nach interessanten Geschäftsmodellen – und wurde letztlich vor der eigenen Haustür fündig,
genauer gesagt: in Bonn. Dort arbeitete der junge Seriengründer Frank
Thelen gerade an einer innovativen Dokumenten-App namens Doo.
Das Programm sollte dabei helfen, Dokumente zu verwalten und sortie-
ren. Der Traum vom papierlosen Büro klang auch aus Sicht DuMonts
vielversprechend. Also investierte man 2011 neben Thelen selbst, Xing-
Gründer Lars Hinrichs und Target Partners in das Start-up, woraufhin
Thelen selbstbewusst ein Gebäude in der Bonner Innenstadt anmietete,
das Platz für bis zu 100 Personen bot. Think big!

Am 3. Juli 2012 veröffentlichten Thelen und seine beiden Partner
Marc Sieberger und Alex Koch die erste Version der App. Doch trotz
großer öffentlicher Aufmerksamkeit blieb der Erfolg aus. Mehrmals
musste das Team um Frank Thelen das Geschäftsmodell drehen, wäh-
rend Konkurrenzangebote auf den Markt kamen und die eigenen
Nutzerzahlen sich nur schleppend entwickelten. Zum Schluss hatten die
Bonner nach eigenen Angaben 300.000 Nutzer, viel zu wenige, um das
Geschäft zu finanzieren.[185] Im Frühjahr 2014 gab das Doo-Team seinen
Traum auf. »Wir haben es in einem Markt versucht, der noch nicht da
war. Wir waren einfach zu früh«, sagte Thelen damals über das Aus.[186]

Das Scheitern gehört zu Thelens Karriere genauso dazu wie das Aufstehen – und die Erkenntnis, dass es immer wieder aufwärtsgeht. Der Bonner hat gelernt, seine Erlebnisse nicht nur zu verarbeiten, sondern auch zu vermarkten: Geschichten vom Scheitern werden von Managern in Deutschland bis heute gerne verschwiegen. Thelen half dabei, den Misserfolg als Teil eines Prozesses salonfähig zu machen. Er beherrscht die Kunst, seine Geschichte so zu erzählen, wie man es im Silicon Valley machen würde: als eine Art Drama, in dem es nach der Katastrophe zur Katharsis kommt.

Sein Aufstieg wird da schnell mal zum perfekten Märchen, in dem ein »totaler Loser« (O-Ton Thelen) zum Millionär wird – und in dem eine Niederlage wie die Doo-App am Ende doch noch in einem Erfolg mündet. Die Geschichte geht ungefähr so: Es war einmal ein Junge aus dem Bonner Stadtteil Bad Godesberg, auf den niemand so wirklich setzte, der das Gymnasium aufgrund seiner Leistungen verlassen musste und dann auf die Realschule ging, »in einem harten Viertel, wo nur Sportlehrer Pausenaufsicht machen durften und auch mal Waffen gehandelt wurden«. Der früher nur Skateboard fuhr, bei einem Praktikum seine Leidenschaft für Technik entdeckte, ein Start-up gründete, 1,4 Millionen Mark Wagniskapital bekam, sich weiteres Geld lieh – und alles verlor, als die Firma pleiteging.[187]

Es war die Zeit des Neuen Markts rund um die Jahrtausendwende, in der so viele Unternehmen vom schnellen Geld träumten. »Wir tranken Cola light ausschließlich aus den kleinen Flaschen. Klar, die großen waren günstiger, aber wen juckte das schon«, schreibt Thelen in seiner Biografie über diese Phase seines Lebens, in der die Wahl der Colaflaschen noch zu den kleineren finanziellen Sünden gehörte.[188] Thelen drohte die Privatinsolvenz, vor lauter Stress bekam er häufig Nasenbluten. Mit 25 Jahren hatte er alles verloren – und stand mit knapp einer Million Euro Schulden da.

Während sein Vater auf die Weisheiten des Rheinlands hoffte (»Et hätt noch emmor joot jejange«), handelte Frank Thelen mit der Bank einen Vergleich aus. Statt der Million musste er so nur 60.000 Euro zahlen, die er bis vor wenigen Jahren in Raten à 500 Euro abstotterte.

Nach der Pleite war es eine Onlineplattform für Fotos, die ihn nach dem Verkauf 2008 an Fujifilm zum Multimillionär machte – und bei der das Team von Thelens heutiger Investmentgesellschaft Freigeist erstmals zusammenarbeitete. Marc Sieberger hatte gerade seinen Abschluss an der WHU gemacht, als er bei IP.Laps einstieg, wo Alex Koch und Thelen schon an der Software tüftelten.

Mit dem Gewinn aus dem Verkauf machten die Bonner ihre ersten eigenen Investments. In den folgenden Jahren investierte das Team unter anderem in die Start-ups Kaufda, bei dem Axel Springer 2011 die Mehrheit übernahm, mytaxi, das heute unter dem Namen Free Now firmiert und damals vom Autobauer Daimler übernommen wurde, und 6Wunderkinder. Im November 2010 ging dessen App Wunderlist online, mit der man seine Aufgaben mithilfe von To-do-Listen verwalten konnte. Das Produkt war beliebt, doch Geld verdiente das Start-up damit nicht. Dafür wollte das Team eine deutlich größere Lösung entwickeln, eine Produktivitätsplattform namens Wunderkit. Mit dieser Idee ging man auf die Suche nach Kapital – und wieder wurden die Gründer in Bonn fündig.

Obwohl die Start-up-Szene der ehemaligen Bundeshauptstadt bis heute überschaubar ist, war Frank Thelen zu diesem Zeitpunkt noch nie mit dem Hightech-Gründerfonds in Kontakt gekommen. Während Thelen sonst für viele Termine inzwischen nach Berlin musste, kamen die 6Wunderkinder-Gründer diesmal in seine Heimat, um gemeinsam mit dem Investor beim HTGF zu pitchen. Mit T-Venture investierte kurz darauf sogar noch ein dritter Bonner Risikokapitalgeber in die App, bevor die Wunderlist dann durch den Einstieg des Top-Fonds Atomico von Skype-Gründer Niklas Zennström auch international geadelt wurde.

Am 2. Juni 2015 gab 6Wunderkinder die Übernahme durch Microsoft bekannt. Das *Wall Street Journal* berichtete damals, dass der US-Tech-Riese zwischen 100 und 200 Millionen Dollar für die To-do-App bezahlt haben soll.[189] Ob sich der Kaufpreis je gelohnt hat, ist unklar. Im Jahr 2019 gab Microsoft bekannt, das Kapitel Wunderlist schließen zu wollen. Der Betrieb wurde zugunsten einer eigenen To-do-Lösung eingestellt. Es war ein Schlussstrich, so wie ihn Thelen in diesem Jahr auch an anderer Stelle zog. Denn der Gründer und Investor hatte in den Jahren zuvor eine weitere Karriere vorangetrieben: Frank, der Fernsehstar.

Bei einer Veranstaltung des Hightech-Gründerfonds, dem Private Investor Circle, hatte ihm ein Freund von einem Projekt eines Nachbarn erzählt. Eigentlich dienen diese exklusiven HTGF-Treffen dazu, dass spannende Start-ups vor ausgewählten Investoren ihre Idee präsentieren können. Doch stattdessen pitchte Thelens Bekannter dem Investor das Konzept einer Fernsehsendung. Die Produktionsfirma Sony Pictures hatte damals verschiedene Investoren auf der Liste – und sich unter anderem bei Jörg Binnenbrücker erkundigt, ob dieser nicht Interesse an einer Teilnahme hätte. Aber der winkte ab. Auch Thelen war nicht sofort überzeugt, erst recht nicht, als er den Titel hörte: *Die Höhle der Löwen.* Den Namen fand er affig. Auch vor der öffentlichen Aufmerksamkeit hatte er Respekt, so zumindest schildert er es in seiner Biografie.[190]

Am Ende sagte er dennoch zu – und sollte es nicht bereuen. Denn die Show war für ihn am Ende das Sprungbrett, das ihn zum bekanntesten Gesicht der deutschen Gründerszene machen sollte. Die Samwers haben das Berliner Ökosystem erschaffen, Robert Gentz den größten Onlinemodehändler Europas, Klaus Hommels wurde zum einflussreichsten deutschen Investor – doch Frank Thelen erkennen die Menschen auf der Straße.

Dieser Erfolg war natürlich nicht abzusehen, die erste Staffel der Gründershow lief mäßig an, erst in den Folgejahren wurde aus *Die Höhle der Löwen* eine der erfolgreichsten (und auch preisgekrönten) Shows im deutschen Fernsehen. In der Gründerszene rümpfen viele über ihn die Nase, doch eines muss man Frank Thelen lassen: Er hat durch seine Auftritte im Studio in Köln-Ossendorf dazu beigetragen, das Thema Gründung einer breiten Masse näherzubringen. Rund drei Millionen Zuschauer sahen in Spitzenzeiten zu, wie Thelen bei schlechten Präsentationen der Gründer der Kragen platzte oder er Investments in Lebensmittel-Start-ups abschloss.

Heute folgen Thelen Tausende in den sozialen Netzwerken, seine Biografie *Start-up-DNA* hat sich besser verkauft als die von Sportstars wie Boris Becker oder Lukas Podolski. In Talk-Sendungen wie *Hart aber fair, Markus Lanz* oder *Maischberger* ist Thelen zu Gast, wenn neben Politikern mal wieder ein Gründer bzw. Unternehmer sitzen soll, der nicht Wolfgang Grupp heißt, aber genau wie der Trigema-Chef eine Meinung zu vielen Themen hat. Hinzu kommen zahlreiche Auftritte bei Veranstaltungen und Konferenzen, die sich Thelen gut bezahlen lässt: Bis zu 25.000 Euro soll er laut Branchenkennern pro Vortrag nehmen.[191]

Doch das Leben im Rampenlicht hatte nicht nur Vorteile. Als das vom Bonner finanzierte Herrenmode-Start-up von Floerke in die Pleite schlitterte, heizte dessen Gründer David Schirrmacher eine öffentliche Schlammschlacht an, bei der auch der Investor nicht gut aussah. Um sich vor Verunglimpfungen zu schützen, ließ Thelen den eigenen Namen sogar als Marke beim Deutschen Patent- und Markenamt schützen.[192] Mit Problemen beschäftigte sich plötzlich nicht nur sein Team, sondern auch die Boulevardpresse.

In dieser Phase seines Lebens musste Thelen eine zentrale Entscheidung treffen: Wer will ich sein? Als Investor will Frank Thelen eigentlich für Technologiethemen stehen. Mit seinem Risikokapitalgeber Freigeist investiert er in Themen wie Batteriespeicher, Blockchain-Technologie und natürlich Lilium Aviation. Freigeist hat früh in das Start-up aus der Nähe von München investiert, das ein Elektro-Flugzeug baut, das senkrecht wie ein Helikopter aufsteigen und dann fliegen kann. Der Lilium-Jet soll mittelfristig eine Alternative zum Auto sein. Das Start-up konnte insgesamt rund 375 Millionen Euro von Investoren einsammeln und wird mittlerweile mit mehr als einer Milliarde Dollar bewertet.[193] Doch damals musste er sich die Frage stellen, wie Flugtaxis mit Suppen, Eiscreme und Gewürzen zusammenpassen, in die er in der Fernsehsendung investiert hatte.

Im Internet kursiert ein Video über Frank Thelen mit dem Titel *Keine Ahnung*.[194] Es ist ein Zusammenschnitt aus mehreren Folgen *Die Höhle der Löwen*, in dem der Investor Aspekte benennt, von denen er nichts weiß: Nähen, Staubsaugen, Gartenarbeit, Wärmflaschen, Frauenkleider, Kaiserschnitte, Klöster und Mönche. Das Video dauert nur 1:19 Minuten, aber es verdeutlicht gut, warum sich Frank Thelen nach sechs Staffeln als Investor aus dem Erfolgsformat bei VOX zurückzog: Es passte einfach nicht mehr. Der Technologieansatz von Freigeist und die Ideen der Gründer in *Die Höhle der Löwen* waren irgendwann immer weniger kompatibel. Kein Wunder, denn die Sendung funktionierte zuletzt eher als Werbeveranstaltung für Konsumgüter mit oft geringer Halbwertszeit. Für *Die Höhle der Löwen* ist Thelens Abschied dennoch bitter, immerhin war er der einzige Investor, der einen echten Tech-Start-up-Hintergrund hat.

Als vergleichsweise kleiner Fonds sucht Freigeist seine Chance nun in der Nische. Das Team arbeitet dafür eng mit Hochschulen wie der RWTH Aachen zusammen: »Ich spreche inzwischen regelmäßig an den führenden Tech-Unis Deutschlands. In Berlin ist die Szene vielleicht am aktivsten, aber für uns sind Technologie-Unis wie die RWTH, die TU München oder das Karlsruher Institut für Technologie die wichtigsten Partner.«, sagt Thelen.

Durch die frühe Zusammenarbeit will Freigeist noch stärker dabei helfen, Produkte marktfähig zu machen – genug Erfahrungen hat man ja in den vergangenen Jahren gesammelt. Sogar das Debakel mit der Dokumenten-App Doo ging am Ende einigermaßen gut aus. Denn Thelen und sein Team nutzten einen Teil der Technologie, um daraus die Scanner-App Scanbot zu programmieren, die zu einem großen Erfolg wurde.

Stephan Schubert –
der Angel mit unternehmerischem Anspruch

Geboren in Köln, aufgewachsen im Sauerland – aus Stephan Schuberts Sicht war diese Kombination hilfreich, um als Gründer und Investor erfolgreich zu werden: »Die Mentalität ist rheinisch-kölnisch, der Arbeitsethos westfälisch. Das ist ja speziell in der Start-up-Szene nicht verkehrt«, sagt er und lacht.

Der Kölner ist seit Jahren als Business Angel aktiv. Er hat in Unternehmen wie Justbooks von Florian Heinemann, den Hörgerätehersteller Audibene und den Onlineprospektdienst Kaufda (neben Frank Thelen) investiert und seine Anteile erfolgreich verkauft. Drei Gründungen aus ganz unterschiedlichen Bereichen, bei denen es jedoch eine Gemeinsamkeit gab: Die Gründer bzw. zumindest ein Teil des Teams hatten vorher an der WHU in Vallendar studiert – wie Schubert.

Dieser hatte bei seinem Start an der Hochschule noch Pioniergeist bewiesen. Denn als Schubert nach dem Abitur nach Vallendar ging, hatten an der 1984 gegründeten WHU gerade mal drei Jahrgänge ihr Examen gemacht. Doch das war Schubert egal, denn ihn reizte das Konzept, von dem er erstmals aus der *F.A.Z.* erfahren hatte: Sein Vater hatte in der Zeitung einen Artikel über die WHU gelesen, ihn dem Sohn ausgeschnitten und hingelegt. Die unternehmerische Ausrichtung der Hochschule passte zu Schuberts eigenen Vorstellungen vom Leben.

Schon mit 16 Jahren, erzählt der Kölner, habe er seinen Eltern gesagt, dass er irgendwann mal gründen wolle. Was genau, das spielte damals zunächst keine Rolle. Schubert war auf der Suche. Nach dem Studium fing er bei der Beratung McKinsey in Köln an und versuchte, Einblicke in mittelständische Betriebe zu bekommen oder bei Projekten mitzuarbeiten, in denen es bei Unternehmen um die Gründung neuer Geschäftsteile ging. Irgendwann entstand dann gemeinsam mit seinem Kommilitonen Michael Schwetje die Idee zu onvista, einem Internetanbieter für Finanzinformationen. Die beiden gründeten das Start-up 1998, wenige Monate nach dem Start stieg auch Fritz Oidtmann operativ mit ein. Dieser war damals noch bei McKinsey und hatte mit Kapital bei der Gründung geholfen – bis er so viel Spaß an der Idee entwickelte, dass er mitmachen wollte.

»Ich habe damals neben dem Job bei McKinsey noch an meiner Dissertation geschrieben«, erzählt Schubert. »Damals dachte ich, dass wir die Webseite schnell aufbauen und ich dann weitermachen kann.« Er irrte sich – und zwar gewaltig. Denn stattdessen wurde onvista eine der großen Erfolgsgeschichten der frühen Internetjahre in Deutschland. Bereits ein Jahr nach der Gründung machte das Start-up 2,3 Millionen Mark Umsatz und verzeichnete monatlich mehr als zehn Millionen Nutzer auf seinen Internetseiten. Nachdem zunächst im Januar 2000 der Burda-Verlag über eine Tochter bei dem Start-up eingestiegen war, gingen die Kölner bereits im Februar an die Börse. Die Aktie, gab das Unternehmen damals bekannt, sei 80-fach überzeichnet und werde zu einem Stückpreis von 43 Mark (umgerechnet 22 Euro) am Neuen Markt der Frankfurter Börse platziert – gerade noch rechtzeitig, wie sich einige Tage später herausstellen sollte. Denn die Blase drohte bald zu platzen.

Die Zahl der Börsengänge war zuletzt rasant gestiegen. Gab es 1996, im Jahr des Börsenstarts der T-Aktie, noch 14 Börsengänge, waren es 1999 bereits 175.[195] Nie schien es so einfach, praktisch über Nacht reich zu werden. Alleine der Kurs der T-Aktie hatte sich bis zum Tag des Börsenstarts von onvista mehr als vervierfacht. Im Jahr 1996 kostete das Papier noch umgerechnet 14,57 Euro, nun lag der Kurs zum Börsenstart bei 77,59 Euro. Am Ende der Woche sollten es sogar 89,97 Euro sein.[196] Auch der Kurs von onvista hatte sich in fünf Tagen von 22 Euro auf 44,40 Euro bereits mehr als verdoppelt. Die Märkte liefen heiß, doch noch zog kaum ein Anleger die Notbremse – immerhin stand ja mit Infineon bereits das nächste Schwergewicht in den Startlöchern.

Am 13. März 2000 sollte die Siemens-Tochter an die Börse gehen, ein Halbleiterhersteller, dessen Kerngeschäft so gut in diese Zeit passte, in der die Digitalisierung praktisch grenzenlose Möglichkeiten versprach. Nach dem Start der Deutschen Telekom 1996 würde es der zweitgrößte Börsengang in der Geschichte der Bundesrepublik werden, so viel war sicher. Entsprechend groß war das Getöse. Zum Börsenstart fuhr der damalige Infineon-Chef Ulrich Schumacher in einem Porsche-Rennwagen am ehrwürdigen Frankfurter Handelsplatz vor, statt Sakko und Krawatte trug er zunächst Rennanzug und Helm.[197] Die Botschaft war klar: Nachdem bereits im vergangenen Jahr der Umsatz um 81 Prozent gesteigert werden konnte, sollte der Chiphersteller nun auch als Wertpapier durchstarten.

Die Vorzeichen standen gut. Die Nachrichtenagentur *dpa* notierte, dass die Nachfrage so groß sei, dass im Losverfahren entschieden werden müsse, wer von den Privatanlegern wie viele Aktien erhalte. Die Nachfrage war 33-mal höher als das Angebot, weshalb das Papier auch schon vor dem Börsenstart mit 110 Euro gehandelt wurde – obwohl der Ausgabepreis nur bei 35 Euro lag. An den Märkten war das Unternehmen damit deutlich mehr wert als zum Beispiel der weltgrößte Flugzeughersteller Boeing. Obwohl die Erwartungen im Vorfeld nicht erfüllt wurden und der Aktienkurs zwischenzeitlich nur die Marke von 70 Euro übersprang, war die Euphorie so groß, dass Vorstandschef Schumacher bereits über eine Aufnahme des Titels in den Aktienindex DAX sprach – immerhin war dort ja gerade durch die in der Vorwoche bekannt gegebene Fusion von Deutscher Bank und Dresdner Bank ein Platz frei geworden.

Rückblickend überrascht die Börseneuphorie, denn Schumacher warnte schon beim Start davor, dass die Geschäfte schwieriger werden könnten, und prognostizierte einen Marktabschwung. Doch diese Botschaft verhallte offenbar – bis zum Absturz. Bis heute erzählt Stephan Schubert den Gründern, mit denen er zusammenarbeitet, von dieser Zeit: »Ich bin am 28. Februar 2000 an die Börse gegangen, da war unser Unternehmen anderthalb Jahre nach Gründung 500 Millionen Euro wert – und weitere anderthalb Jahre später waren es nach dem 11. September noch 38 Millionen Euro.« Man habe mehr als 90 Prozent des Firmenwerts verloren, obwohl man im Vorjahr schwarze Zahlen geschrieben und sogar noch die 40 Millionen Euro auf dem Konto hatte, die durch den Börsengang eingenommen worden waren.

Doch inzwischen hatten Anleger begonnen, bei vielen Unternehmen genauer hinzuschauen. Der Hype war Panik gewichen, durch die selbst gesunde Firmen in den Abwärtsstrudel gerissen wurden. Onvista war damals ein solides Unternehmen, im Jahr 2000 lagen die Umsätze bei rund 8,2 Millionen Euro, der Jahresüberschuss bei 310.000 Euro. Doch was nützte das in diesem Moment? Die allgemeine wirtschaftliche Lage trübte sich ein, die Leute zogen sich verschreckt von der Börse zurück, weshalb wiederum die Zugriffszahlen bei Finanzportalen wie onvista sanken: Wer nicht mit Aktien handeln will, informiert sich auch seltener.

»Wir mussten Leute entlassen und haben geguckt, dass wir irgendwie über Wasser bleiben«, sagt Schubert – bis es irgendwann wieder aufwärtsging. Den Großteil der 40 Millionen Euro Einnahmen aus dem Börsengang habe man irgendwann als Sonderdividende wieder ausgeschüttet und trotzdem nebenbei noch genug Kapital gehabt, um ein eigenes Rechenzentrum zu bauen. »Damals gab es noch keine Cloud-Anbieter wie AWS. Wir mussten die erste Firewall sogar noch selbst einrichten.«

Es sind diese Erfahrungen, die bis heute auch sein Vorgehen als Investor bestimmen. Denn Schubert blickt deutlich kritischer auf viele Entwicklungen in der Start-up-Szene als manch anderer. Ihm missfällt die Mentalität vieler Gründer, Unternehmen immer unter Inkaufnahme jahrelanger Millionenverluste aufbauen zu wollen. Er glaubt, dass heute viele junge Leute nicht mehr aus Leidenschaft gründen würden, sondern weil es angesagt sei. Das Bewusstsein für Geld ist dabei aus seiner Sicht in vielen Fällen abhandengekommen. Schubert erzählt von Gründern, deren Unternehmen hohe Verluste machten, was sie jedoch nicht davon abhielte, auf Firmenkosten eine Wohnung in Berlin anzumieten. Einer habe sogar noch für mehrere Tausend Euro das Wohnzimmer einrichten lassen – und mit der Firmenkreditkarte bezahlt: »Die hatten auf einer Party in Berlin gehört, dass das normal sei und GmbHs ihren Geschäftsführern immer eine Wohnung stellen. Da fehlen manchmal die Grundprinzipien des Wirtschaftens.«

Der Kölner ist da anders. In der Branche empfinden einige seine Konditionen als hart. Außerdem soll Schubert jemand sein, der häufig detailversessen nachhake, was einige als ziemlich anstrengend empfinden. Schon seine Diplomarbeit an der WHU schrieb er über *Controlling in der akademischen Lehre an Hochschulen.* Doch dafür hat Stephan Schubert auch viele Jahre lang ausschließlich sein eigenes Geld investiert. Er sei eben Unternehmer geblieben. So interpretiert er daher auch seine Rolle als Investor.

Sein erstes Investment als Business Angel tätigte er 1999 bei Just-books und konzentrierte sich anschließend bis zum Verkauf wieder auf seinen Job bei onvista. Im Jahr 2007 kündigte das Unternehmen Bour-sorama, eine Tochter der Großbank Société Générale, die Übernahme des Kölner Finanzportals an. 20,60 Euro boten die Franzosen pro Aktie, was damals einem Aufschlag von rund 40 Prozent auf den Börsenkurs entsprach. Onvista, an dem die Gründer immer noch rund drei Viertel der Anteile hielten, wurde so mit 138 Millionen Euro bewertet.[198] »Wenn ein Gebot kommt, das sowohl die bisherige Entwicklung als auch die künftigen Erwartungen entsprechend reflektiert, und zudem noch eine satte Prämie beinhaltet, kann man das nicht ausschlagen«, sagte damals Michael Schwetje, der seinerzeit alleine die Geschäfte führ-te, dem *Manager Magazin*.[199] Schubert war zum damaligen Zeitpunkt in den Aufsichtsrat gewechselt.

Die Nachricht sprach sich natürlich auch an der ehemaligen Hoch-schule der beiden Gründer herum – wo es mit Oliver Samwer ja bereits einen Absolventen gab, der nach dem erfolgreichen Verkauf eines Start-ups angefangen hatte, in andere Gründungen zu investieren. Und auch Schubert hatte mit dem Angel-Investment in Florian Heinemanns Just-books-Projekt bewiesen, dass er generell Interesse daran hatte, als Inves-tor tätig zu sein. Daher folgten schon bald die ersten Gespräche.

Die Gründer von Netmoms, unter ihnen eine ehemalige WHU-Stundentin und McKinsey-Beraterin, meldeten sich bei Schubert, den man für ein Investment in das Kölner Start-up gewinnen wollte. Er in-vestierte in das Portal, das Antworten auf die wesentlichen Fragen von Müttern liefern wollte – wie Oliver Samwer, der ebenfalls Geld gab. Danach verselbstständigte sich das Ganze. Immer wieder bekam Schu-bert Anfragen von WHU-Absolventen, ob er nicht auch in ihre Idee Geld investieren würde: »Ich bin da quasi reingestolpert.« Nachdem er jahrelang sein eigenes Geld investiert und von den Renditen gelebt hatte, haben ihm inzwischen auch andere vermögende Privatpersonen oder Unternehmer ihr Geld anvertraut.

Im Jahr 2018 legte Schubert seinen ersten eigenen Fonds auf, den er aber nicht als solchen verstanden wissen will. Gemeinsam mit anderen

Business Angels habe er überlegt, dass es sinnvoller sei, die Kräfte zu bündeln – alleine schon aufgrund der Summen, die inzwischen im Markt flossen. Es ergebe mehr Sinn, als Gruppe auch mal drei oder vier Millionen Euro statt als Einzelperson ein paar Hunderttausend bieten zu können. So könne man auch mit den Risikokapitalgebern mithalten: »Wir sind aber eigentlich eher ein Investment-Club.« Der Fonds sei letztlich nur entstanden, weil die Finanzaufsicht BaFin diesen aus regulatorischen Gründen gefordert habe.

Seine Prinzipien sind jedoch die gleichen geblieben: »Ich bin kein Investor, ich will eher Co-Unternehmer sein.« Schubert versucht daher, bereits in einer frühen Phase der Gründung möglichst zehn Prozent an einer Firma zu bekommen und anschließend mit den Start-ups in engem Austausch zu stehen. Mit manchen Gründern würde er zeitweise sogar täglich sprechen, mit anderen einmal pro Woche, wenn es die Situation gerade erfordere. Schubert sagt, er wolle das Unternehmen genauso gut verstehen wie die Gründer. Dafür fährt der Investor teilweise sogar mit zu Kundenterminen oder unterstützt bei wichtigen Verhandlungen – ein Vorgehen, dass viele Gründer schätzen, andere aber als übergriffig empfinden würden. »Ich weiß, dass es durchaus Gründer gibt, die sagen, ich gehe denen auf den Wecker«, räumt Schubert ein. »Aber wer sich auf uns einlässt, profitiert eben auch extrem von uns.« So gäbe es mehrere Unternehmen, die man inzwischen auch komplett alleine finanziere. Vor einem Investment stelle er Gründern daher immer eine entscheidende Frage: Wenn ihr euch auf mich und meine Arbeitsweise einlasst, helfe ich euch ein erfolgreiches Unternehmen aufzubauen – wollt ihr das?

Sobald Start-ups allerdings eine gewisse Größe überschreiten, stößt Schuberts Modell auch an Grenzen. Inzwischen sei er viel vorsichtiger, wenn es um Investitionen in Unternehmen gehe, bei denen absehbar sei, dass sie viel Geld und viele Investoren brauchen würde: »In dem Moment, wo zu viele Eigentümer mit am Tisch sitzen, gibt es zu viele unterschiedliche Interessen – und das wird oft zu einem Problem für das Unternehmen und die Gründer.«

Tim Schumacher –
VC des Jahres und Feindbild der Verleger

Wenn der nordrhein-westfälische Wirtschaftsminister Andreas Pinkwart auf Veranstaltungen kommt, dann bilden sich schnell Menschen-
trauben. So war es zumindest in der Vor-Corona-Zeit. Der FDP-Politiker ist Profi in solchen Situationen, er lächelt, schüttelt Hände, findet
hier und dort ein freundliches Wort oder fragt nach, wenn irgendje-
mand von einer Idee oder einem Projekt erzählt. Manche wollen ein
Foto machen, andere haben ein Anliegen – vom Gründer bis zum Verbandsvertreter. Der Minister ist ein Mann, mit dem die Menschen sprechen wollen.

Insofern war ungewöhnlich, was sich an einem Freitagabend im Juli
2019 in Köln abspielte: Im Stadtgarten, einem Restaurant samt Biergar-
ten, fand zum zweiten Mal die Cologne-Startup-Summer-Night statt.
Neben Pinkwart zählten auch die Oberbürgermeisterin Henriette Reker,
der damalige Chef des Bundesverbands Deutsche Start-ups, Florian
Nöll, ein früherer Sänger der Boyband Touché sowie der Movinga-Chef
Finn Age Hänsel zu den Gästen.

Doch Pinkwart interessierte sich vor allem für einen unauffälligen
blonden Mann in Jeans und T-Shirt, der kurz nach seinem Auftritt auf
der Bühne wieder in der Menge verschwand. Während der Minister
Hände schüttelte und sich von Gründern ihre Idee erzählen ließ, blick-
te er sich zunächst suchend um, nur um dann kurz mit einem seiner
Mitarbeiter zu sprechen und ihm einen Auftrag zu geben: Finde diesen
Tim Schumacher.

Der Kölner ist niemand, der die große Bühne sucht – ganz egal, ob
sie in Köln aufgebaut wird oder in einem Tipi in Berlin. Doch manchmal kommt er eben nicht drum herum. In Köln teilte er sich das Podi-
um noch mit zwei Gründerinnen, in Berlin steht er alleine im Mittelpunkt. Im März 2019 wurde er dort vom Bundesverband Deutsche

Start-ups zum »Investor des Jahres« gekürt.[200] Wobei das Wort Investor im Grunde nur bedingt passt, denn Schumacher ist eigentlich mehr als das. Er ist Business Angel und Unternehmer in einem. In Start-ups investiert er sein eigenes Geld, aber noch wichtiger: seine Zeit und seine Erfahrung. Das ist viel wert. Denn mit Anfang 40 hat Schumacher bereits ein Unternehmen an die Börse gebracht und mit einem anderen Rechtsgeschichte geschrieben. Insofern erscheint die Neugier von Andreas Pinkwart nicht ganz unberechtigt gewesen zu sein.

Die Karriere, die im Berliner Tipi eine Würdigung finden sollte, beginnt in Freiburg. Hier verbrachte Schumacher seine Jugend, bevor er zum Studium nach Köln zog, wo er nun schon mehr als sein halbes Leben lebt. Hier hat er bereits als Schüler seine ersten Schritte als Unternehmer gemacht. Mit 17 Jahren programmierte er zusammen mit Freunden einen Fußballmanager für den SC Freiburg, der anschließend in Kooperation mit der *Badischen Zeitung* auf den Markt gebracht wurde. Der Verein hatte damals unter dem Trainer Volker Finke die beste Saison der Vereinsgeschichte gespielt. Am Ende stand das Team mit Spielern wie Jens Todt, Jörg Schmadtke und Rodolfo Esteban Cardoso auf dem dritten Tabellenplatz – hinter Borussia Dortmund und Werder Bremen. Die Euphorie war riesig.

Mit ihrem Projekt verdienten Schumacher und seine Kumpels ihr erstes Geld. Das Spiel erregte auch die Aufmerksamkeit von einem Unternehmen aus Norddeutschland, das gerne weitere Versionen mit anderen Vereinen gemeinsam mit den Gründern vertreiben wollte: Borussia Dortmund, FC Bayern München, Hamburger SV, sogar Fortuna Düsseldorf bekam damals eine eigene Version, während der 1. FC Köln abwinkte: kein Interesse.

In der Fachwelt war die Reaktion hingegen verhalten. Das Magazin *PC Player* verteilte 1997 einen von fünf möglichen Sternen an das Spiel, das noch auf Disketten ausgeliefert wurde. Der Tester ätzte, man habe sich eine ganze fiktive Saison lang durch das Spiel bis zur Meisterschaft gequält, bis das Programm abgestürzt und niemand aus der Redaktion zu einem Neustart bereit gewesen sei.[201] Der Test war gnadenlos, speziell wenn man bedenkt, wie jung das Team war, das diesen Fußballmanager neben der Schule und (im Fall von Schumacher) dem Zivildienst auf den Markt gebracht hatte. Da war es fast schon eine Ironie des Schicksals, dass auch die Geschichte von *PC Player* bald darauf vorbei sein sollte, während Tim Schumachers Aufstieg gerade erst begann. Denn durch ihre Arbeit am Managerspiel öffneten sich auch andere Türen. Das Team bastelte damals auch viele Internetseiten, bei denen man jedoch immer wieder das Problem hatte, dass die gewünschten Internetdomains zwar nicht in Gebrauch, aber bereits reserviert waren. Und irgendwann fragte man sich: Warum gibt es eigentlich keine Seite, auf der man eine Internetadresse ganz leicht kaufen oder auch verkaufen kann?

Im Jahr 1999 entstand daher die Idee zu Sedo, einer Handelsplattform für Internetadressen, die Schumacher und zwei Freunde im Januar 2000 in Köln gründeten. Nachdem er eigentlich Informatik hatte studieren wollen, hatte Schumacher hier inzwischen ein BWL-Studium begonnen und wollte Sedo neben der Uni aufbauen. Doch genau wie bei so vielen Gründern aus der Anfangsphase der Internetökonomie, kommt auch den Sedo-Gründern der Zusammenbruch des Neuen Markts in die Quere.

»Wir haben kein Geld gefunden«, erzählt Tim Schumacher. Eigentlich waren die Gründer von ihrer Idee überzeugt, doch irgendwann kamen immer mehr Zweifel: Wäre es nicht sinnvoller, einfach einen klassischen Job anzunehmen, wenn kein Investor das Konzept gut findet? Die Gründer überlegten schon, ob sie aufgeben sollten, doch dann hatten sie doch noch Glück und trafen auf Andreas Gauger. Der damalige Chef des Internet-Dienstleisters 1&1 hatte genau wie Schumacher schon als Schüler an Software gearbeitet und später Unternehmen aufgebaut. Er glaubte an die Idee, ließ sich dieses Vertrauen aber auch anständig bezahlen. »Wir haben damals für 400.000 Euro insgesamt 40 Prozent der Firmenanteile abgegeben«, so Schumacher. »Das war natürlich aus heutiger Sicht ein lächerlich günstiger Betrag, aber für damalige Verhältnisse war es sogar ok, weil der Markt am Boden lag.« Das Sedo-Team willigte ein – und findet mit United Internet, zu dem

1&1 gehört, einen Partner, mit dem man viele Jahre lang gut zusammenarbeitet.

Inzwischen verkauft das Unternehmen jeden Monat rund 3.500 Domains, mehrere Millionen sind online bei Sedo erhältlich – darunter auch einige sehr lukrative. Im Jahr 2010 kam es zum Beispiel zu einem Rekordverkauf. Insgesamt 13 Millionen US-Dollar wurden für die Internetadresse Sex.com bezahlt. Zwei Jahre später stieg Tim Schumacher aus. Er hatte das Unternehmen an die Börse gebracht, einige Jahre als Manager in den USA gelebt und Verantwortung für mehr als 350 Mitarbeiter. Doch Schumacher wollte wieder Gründer sein.

Rückblickend ist der Kölner froh, dass er das Unternehmen Eyeo erst aufgebaut hatte, nachdem er bereits mit Sedo viele Erfahrungen sammeln konnte: »Als Erstgründer hätte ich wahrscheinlich ziemlich schnell die Hosen voll gehabt.« Denn Eyeo legte sich nicht nur mit dem in Deutschland wohl einflussreichsten Medienhaus Axel Springer an, sondern im Prinzip mit der ganzen Medienbranche. Das Unternehmen steckt hinter der Browser-Erweiterung Adblock Plus, mit der Nutzer störende Werbeanzeigen auf Internetseiten ausblenden können.

Tim Schumacher entdeckte die Adblocking-Technologie durch Zufall 2009. Damals verkaufte man bei Sedo nicht nur Internetdomains, sondern vermarktete auch Werbung. Doch immer wieder fiel Sedo-Mitarbeitern auf, dass ein gewisser Prozentsatz der Anzeigen fehlte. »Es war, als ob sie nie erschienen wären«, sagt Schumacher. Er ging der Sache nach und stieß dabei auf die Adblocking-Technologie. Ein Anbieter stach dabei besonders hervor und Schumacher bemühte sich, ihn ausfindig zu machen. Dass aus der Recherche eine Unternehmensbeteiligung werden würde, war blanker Zufall. »Hätte der Betreiber in Wladiwostok gesessen, wäre da vermutlich nie was draus geworden«, sagt Schumacher. Doch Wladimir Palant saß nicht in Russland, sondern genau wie Schumacher in Köln. Er studierte damals Informatik an der Universität in Bonn, das Adblocking-Projekt betrieb er seit 2006 nebenbei als Hobby.

Als die beiden sich kennenlernten, war für Schumacher klar, dass man aus der Idee auch ein Geschäftsmodell machen könnte, immerhin handelte es sich im Browser Firefox von Mozilla um eine der beliebtesten und weltweit millionenfach installierten Erweiterungen. Gemeinsam gründeten sie die Eyeo GmbH und holten dazu auch noch Till Faltin mit ins Boot, der sich künftig um das Geschäft kümmern sollte. Dieser hatte sich bereits in seiner Bachelor-Arbeit mit der Frage beschäftigt, wie viel Geld Internetseiten verloren ginge, wenn Nutzer beim Surfen Adblocker einsetzten.[202] Denn Nachrichtenangebote waren damals fast ausnahmslos kostenlos erhältlich, egal ob sie von *Bild*, *Süddeutsche Zeitung* oder *Spiegel* zur Verfügung gestellt wurden. Ihr Geld verdienten die Verlage im Internet mit Werbung, die den Nutzern der Portale angezeigt wurde. Wurden die Anzeigen durch einen Adblocker entfernt, fehlten diese Einnahmen.

Doch das war natürlich nicht Eyeos Problem. Das Unternehmen musste vielmehr ein Geschäftsmodell entwickeln, um selbst Geld zu verdienen. So entstand die Idee, bestimmte Anzeigen doch nicht zu blocken (»Acceptable Ads«). Große Unternehmen sollten dann bezahlen, um auf diese »Whitelist« zu kommen. In einem Forum sollten Nutzer von Adblock-Plus darüber diskutieren, welche Werbung akzeptabel sei – und welche eben nicht. Das Geschäftsmodell ist äußerst lukrativ, speziell wenn man weltweit eine Größe wie Adblock Plus erreicht hat, das nach eigenen Angaben mehr als 100 Millionen aktive Nutzer vorweisen kann. Denn Eyeo schiebt sich mit seiner Technologie zwischen Webseitenbetreiber und Kunden, was speziell in der Verlagswelt für Empörung sorgte. Die frühere Geschäftsführerin von *Spiegel Online*, Katharina Borchert, sprach 2013 von »moderner Wegelagerei«.[203] Der Blogger Sascha Pallenberg nannte Adblock Plus im selben Jahr ein »mafiöses Werbenetzwerk« und kritisierte, dass speziell Angebote von Firmen, an denen Tim Schumacher beteiligt sei, bereits unter der Rubrik »Acceptable Ads« liefen.[204]

In einem Blogeintrag wehrte sich Eyeo damals gegen die Kritik,[205] doch das alleine sollte schon bald nicht mehr reichen. Speziell Medienunternehmen gingen zunehmend auch juristisch gegen das Angebot vor. Die Fernsehsender ProSiebenSat.1 und RTL zogen ebenso gegen Eyeo vor Gericht wie Axel Springer und später auch die *Süddeutsche*

Zeitung. Gleichzeitig starteten Portale wie *Bild.de* Kampagnen gegen den Werbeblocker. Nutzer mit einem aktiven Filter wurden aufgefordert, diesen abzuschalten – andernfalls waren überhaupt keine Inhalte auf den Seiten mehr zu sehen. Sogar das weltgrößte soziale Netzwerk sah sich 2016 gezwungen, auf die Technologie der kleinen Kölner Firma zu reagieren. Facebook, das sich ebenso aus Werbung finanzierte wie viele Nachrichtenportale, passte seinen Quellcode an, damit Anzeigen selbst dann ausgespielt würden, wenn Nutzer einen Werbeblocker installiert hätten.[206]

Ein Problem für Eyeo? Bedingt. Der Umsatz stieg 2016 jedenfalls weiter auf 36 Millionen Euro an. Die Zahl klingt niedrig angesichts der öffentlichen Diskussionen, die Eyeo ausgelöst hatte. Gemessen an den Umsätzen, die Schumacher bei seiner Ex-Firma Sedo erzielt hatte, ist sie es auch. »Aber die Metriken sind bei Eyeo viel größer«, sagt der Investor, der bis heute zusammen mit Entwickler Wladimir Palant die meisten Anteile hält. Was Schumacher meint: Von jedem Euro Umsatz bleiben in der Regel rund 50 Prozent als Gewinn bei Eyeo hängen. Im Jahr 2018 waren es laut Bundesanzeiger sogar rund 35 Millionen Euro – bei knapp 36 Millionen Euro Umsatz. Das Geschäftsmodell ist eine Gelddruckmaschine, doch die Situation ist auch belastend. So wurden 2017 sogar Wohnungen und Geschäftsräume von Eyeo durchsucht. Polizei und Staatsanwaltschaft suchten nach Beweisen für gewerbsmäßige Urheberrechtsverletzungen.[207] Letztlich wurden die Verfahren eingestellt.[208]

Im Jahr 2018 entschied dann der Bundesgerichtshof, dass Werbeblocker zulässig seien. Die Richter begründeten dies unter anderem damit, dass die Erweiterung im Browser ja nicht von Eyeo, sondern den Nutzern installiert würde. Im Grunde stimmten sie damit der These von Schumacher & Co. zu, in deren Augen nicht der Werbeblocker das Problem sei, sondern vielmehr die von Nutzern als nervig empfundene Werbung. Eyeos Erfolg ist in dieser Denkweise die logische Konsequenz.[209] Ein Ende der juristischen Auseinandersetzungen war das aber noch nicht. Springer ging weiter gegen Werbeblocker vor – und berief sich auf das Urheberrecht.[210] Tim Schumacher kann die ganze Aufregung sowieso nicht verstehen: »Wenn man uns auf dem deutschen

Markt verbietet, gibt es 100 andere Adblocker, die gar keine Werbung durchlassen«, sagt der Gründer.

Allerdings gibt es für Eyeo auch abseits der Gerichtssäle Herausforderungen. Das Kölner Unternehmen muss beim technischen Wandel weiter Schritt halten. Einerseits hat der Browser Firefox, bei dem Adblock Plus in der Anfangszeit besonders stark war, weltweit massiv an Bedeutung verloren, andererseits spielen Mobilgeräte heute gegenüber Desktoprechnern eine deutlich größere Rolle, weshalb Eyeo stärker auf Partnerschaften setzen muss. Das Web sei ursprünglich ein offenes System gewesen, doch leider würden Firmen wie Google nun geschlossene Systeme bauen, hatte Schumacher das Problem 2018 beschrieben: »Es ist schwierig.« Nicht zuletzt haben auch viele führende Verlage inzwischen neue Modelle entwickelt – und setzen stärker auf Abo statt rein werbefinanzierte Modelle.

Wie auch immer das Kapitel Eyeo ausgeht: Die Kölner und andere Adblocker haben den Markt verändert. Denn inzwischen haben praktisch alle Browserbetreiber reagiert und eigene Vorkehrungen getroffen, um bei Werbung einen gewissen Mindeststandard zu erreichen.

Mit Eyeo ist Tim Schumacher ins Rampenlicht gerückt. Doch wie am Abend mit Andreas Pinkwart verweilt er dort nicht länger als nötig. Als Business Angel hat er in viele Start-ups investiert – auch in Berlin. Dort ist er unter anderem an der grünen Suchmaschine Ecosia und an Hitfox (heute Ioniq-Group) beteiligt, zwischenzeitlich gehörten ihm sogar Anteile an dem Fitness-Flatrate-Start-up Urban Sports Club. Trotzdem sagt er über Berlin: »Dort bin ich ein kleines Licht.«

An Angeboten für Investments mangelt es ihm dennoch nicht. Im Gegenteil. Schumacher muss oft absagen – schon aus Zeitgründen: »Im Jahr kann ich maximal drei bis vier Sachen machen.« Interesse erregen bei ihm vor allem solche Fälle, in denen Gründer ein praktisches Problem lösen. Wenn ihm solche Fälle als Konsument auffallen, spricht er Unternehmen deshalb auch mal aktiv an. Um sich breiter aufzustellen, hat er sich 2020 daher erstmals mit Stephan Jacquemot einen Partner und echten Kölner an die Seite geholt.

Die beiden Unternehmer kennen sich schon seit dem BWL-Studium an der Uni Köln. Beide interessierten sich damals für Themen wie Start-ups und Gründertum, doch während Tim Schumacher danach mit Sedo ein Unternehmen aufbaute, schlug Stephan Jacquemot einen anderen Weg ein: Er arbeitete unter anderem als Investment Manager beim Deutschen Luft- und Raumfahrtzentrum und kümmerte sich später bei Microsoft von München aus um Start-ups. »Mein Job bei Microsoft war unter anderem, dafür zu sorgen, dass die Start-ups unsere Produkte wie Microsoft Azure oder Office365 nutzen«, sagt er. Das habe seinen Blick für gute Gründer immer weiter geschult: »Technologieentscheidungen werden bei Start-ups sehr früh getroffen, daher musste ich die guten Unternehmen auch immer früh erkennen, damit wir dann bereits an Bord waren, wenn sie groß geworden sind.«

Als Berater unterstützte er Tim Schumacher bereits seit Jahren bei der Auswahl von Start-ups. Nach einer Zwischenstation bei Stephan Schuberts STS Ventures investiert er nun mit Schumacher gemeinsam. Eines ist den beiden wichtig im Umgang mit Gründern: Augenhöhe. Es mache einfach Spaß, gemeinsam mit Start-ups an Ideen zu arbeiten, so Jacquemot. Ob dabei am Ende eine Firmenbewertung von ein paar Millionen oder ein paar Hundert Millionen rauskommt, sei dabei zweitrangig: »Unternehmertum bedeutet aus unserer Sicht, Firmen aufzubauen, die einen Gewinn erwirtschaften – und nicht nur maximal viel Wachstum.«

Ständige Vertretung –
in der Digitalpolitik hört die Bundesregierung seit Jahren auf Einflüsterer aus dem Rheinland

Es begann so vielversprechend: »Seit 2:15 Uhr sagen wir Horst und Guido zueinander«, teilte der damalige FDP-Parteivorsitzende Guido Westerwelle 2009 der Presse mit.[211] Unmittelbar zuvor hatte er sich mit seinen damaligen Pendants von CSU und CDU, Horst Seehofer und Angela Merkel, auf einen Koalitionsvertrag verständigt. Mut zur Zukunft, lautete das Versprechen an die Bürger. Die Welt durchlebte gerade eine massive Finanzkrise, ausgelöst durch das Platzen einer Blase am US-Immobilienmarkt. Doch nun sollte es wieder aufwärtsgehen.

Knapp dreieinhalb Jahre später ist von der Harmonie nicht mehr viel übrig. Das Vorgehen der CSU, so empfand man das bei den Liberalen wenig später, ähnele dem einer Wildsau, während der damalige CSU-Generalsekretär Alexander Dobrindt den Koalitionspartner wiederum als »Gurkentruppe« bezeichnet hatte.[212] Die Regierung, und da speziell die FDP, stolperte von Panne zu Panne. Es begann mit der sogenannten Mövenpick-Steuer. Kaum in der Regierung, hatten sich die Liberalen gemeinsam mit der CSU für eine Senkung der Mehrwertsteuer für Hoteliers stark gemacht, nachdem die FDP zuvor vom Eigentümer der Hotelkette mehr als eine Million Euro an Spenden erhalten hatte.[213] Wenig später war es Westerwelle, der mit Blick auf Hartz-IV-Empfänger von »spätrömischer Dekadenz« sprach und damit das Bild der sozial kalten Klientelpartei verfestigte. Dass der Gastbeitrag, in dem dieser Ausdruck auftauchte, deutlich differenzierter war, ging im öffentlichen Getöse unter.[214] Und dann war da natürlich noch der Entwicklungsminister Dirk Niebel, der ein Amt inne hatte, dass er vor der Regierungsübernahme abschaffen wollte und sich als Minister einen privat in Afghanistan erworbenen Teppich vom Chef des Bundesnachrichtendiensts im Dienstjet nach Deutschland liefern ließ.[215]

Kurzum: Es lief nicht in der Koalition, daran änderte auch wenig, dass Philipp Rösler 2011 von Westerwelle den Parteivorsitz sowie den Posten des Vizekanzlers übernahm und vom Gesundheits- ins Wirtschaftsministerium wechselte. Im Gegenteil: Es wurde noch schlimmer. Denn im Mai 2012 hatte die CDU in Nordrhein-Westfalen eine herbe Niederlage hinnehmen müssen. Die Minderheitsregierung von Hannelore Kraft (SPD) und Sylvia Löhrmann (Grüne) konnte fortan mit absoluter Mehrheit regieren. CDU-Spitzenkandidat Norbert Röttgen verlor jedoch nicht nur die Wahl, sondern auch sein Amt als Bundesumweltminister. Die Kanzlerin entließ ihn.

Gleichzeitig war die Piratenpartei mit fast acht Prozent der Stimmen nach Berlin, dem Saarland und Schleswig-Holstein zum vierten Mal in ein Landesparlament eingezogen. In Umfragen, wen die Deutschen bei der nächsten Bundestagswahl wählen würden, kam die Partei zu dieser Zeit auf zweistellige Werte – mehr als FDP oder Grüne. Themen wie Digitalisierung, Datenschutz und Netzpolitik wurden plötzlich zu Wahlkampfschlagern. Noch dazu zeigten die Piraten, wie man die inzwischen immer wichtiger gewordenen sozialen Medien wie Twitter oder Facebook als politisches Kommunikationsmittel nutzen kann.

Die Stimmung in der Berliner Koalition war dementsprechend schlecht. Am 4. Juni 2012 traf sich Merkel daher mit Seehofer und Rösler, um über die Zukunft der Koalition zu beratschlagen. Am selben Tag fand jedoch noch ein anderes Treffen statt, das anders als das nächste Kapitel des Koalitionskrampfes eine Zeitenwende markierte: Angela Merkel hatte zu einem inoffiziellen »Internetgipfel« geladen. Im Koalitionsvertrag von CDU/CSU und FDP hatte die Digitalökonomie noch keine große Rolle gespielt – trotz des gemeinsamen Bekenntnisses zum Mut zur Zukunft. Es gibt zwar ein kurzes Kapitel zum Thema »Gründerland Deutschland«, doch da geht es auch um Nachfolgeregelungen bei Betriebsübernahmen und bessere Finanzbedingungen für den Mittelstand. Der Abschnitt, in dem es um Risikokapital und Business Angels geht, ist wiederum nicht viel länger als das Bekenntnis der Koalition, sich bei der Bewerbung um die Austragung der Olympischen Winterspiele 2018 für München einzusetzen. Obwohl also Rocket Internet damals schon in unmittelbarer Nähe von Kanzleramt und Reichstag das Land veränderte, kam das Wort Start-up 2009 in dem Dokument gar nicht vor.[216]

Drei Jahre später hatte sich die Situation für Merkel geändert – und das nicht nur, aber wohl auch wegen des Erstarkens der Piratenpartei. Auslöser für den Internetgipfel soll ein Vortrag von Lars Hinrichs, dem Gründer des Karrierenetzwerks Xing, auf einer Klausur ihrer Partei im Frühjahr gewesen sein, bei dem dieser ein düsteres Bild der Lage in Europa gezeichnet hatte. Angesichts der rasanten Entwicklung von Tech-Giganten wie Apple, Google oder Facebook hatte Hinrichs konstatiert, dass Europa im Internet keine entscheidende Rolle mehr spiele. Das soll Merkel beschäftigt haben.[217]

Der Xing-Gründer war an diesem Montag im Jahr 2012 jedoch nicht alleine zum Gespräch gekommen, sondern hatte ein paar Köpfe aus der deutschen Gründerszene mitgebracht. Da war Marco Börries, dem es gelungen war, mit seiner Bürosoftware OpenOffice dem großen Konkurrenten Microsoft und dessen Office-Paket Paroli zu bieten. Da war Christophe Maire, der Chef des deutschen E-Book-Pioniers Txtr, und natürlich Joachim Schoss, der Gründer der Scout24-Gruppe.

Doch ein Foto der Veranstaltung zeigt auch zwei Rheinländer, die an diesem Montag zu Gast im Kanzleramt waren: Frank Thelen und Klaus Hommels waren auf Vorschlag von Lars Hinrichs zum Treffen eingeladen worden. Der Hamburger Gründer kannte die beiden durch gemeinsame Geschäfte. Klaus Hommels war einer der frühen Investoren bei seinem Unternehmen Xing, Frank Thelen hatte damals gerade sein

Start-up Doo gegründet und dafür Hinrichs als Investor gewonnen. Aber noch ein dritter Rheinländer ist an diesem Tag dabei – auf Bitte des Kanzleramts: Tobias Kollmann. Der gebürtige Bonner ist seit 2005 Professor für E-Entrepreneurship an der Universität Duisburg-Essen, investierte aber nebenbei auch als Business Angel in Start-ups. Diese Mischung aus Wissenschaft und Praxis machte ihn für das Kanzleramt zu einem idealen Gesprächspartner. Daher bat man ihn, bei der Vorbereitung des Termins mit den Unternehmern zu helfen, die – wie Hinrichs im Vorfeld dem *Handelsblatt* zu Protokoll gab – immerhin 88 Unternehmen gegründet oder mitgegründet hatten und für mehr als fünf Milliarden Euro Umsatz standen.[218]

»Ich werde nie vergessen, wie alle Jungs damals auf dicke Hose gemacht haben. Sie haben erzählt, was sie schon alles erreicht und aufgebaut haben und wie viel Geld sie verwalten«, erzählt Tobias Kollmann. »Und Angela Merkel hat dann einfach ganz trocken und mit ihrem süffisanten Lächeln gesagt: ›Wissen Sie, meine Herren, das größte Unternehmen in diesem Raum leite immer noch ich.‹ Danach waren alle eingenordet.«

Frank Thelen kann sich zwar nicht an den Satz erinnern, an die Vorstellungsrunde hingegen schon: »Ich weiß noch, wie sie fragte: ›Und, von welchem Verband seid ihr?‹ Wir haben dann erstmal erklärt, dass wir gar keinem Verband angehören. Wir waren da ja nur Start-up-Kumpels ohne Agenda.« An den Austausch mit der Kanzlerin erinnert sich Thelen als ein sehr offenes Gespräch. Die Kanzlerin sei überaus interessiert gewesen, und – wie Klaus Hommels betont – spektakulär gut vorbereitet. Es war ein gutes Treffen – eines mit Signalwirkung. Aber einige der Themen, die man damals angesprochen habe, seien bis heute nicht umgesetzt, so Thelen. Auch Hommels sieht das Ganze eher als neugierigen Reflex der Kanzlerin.

Hilfe aus dem Hörsaal –
Tobias Kollmann wird zum ministerialen Sparringspartner

Im Jahr 2012 geriet etwas in Bewegung. Nachdem Gründerszene und Politik sich jahrelang aus dem Weg gegangen waren, nahm man endlich miteinander Kontakt auf – die drei Rheinländer Klaus Hommels, Frank Thelen und Tobias Kollmann sollten daraufhin in den kommenden Jahren zu wichtigen und gefragten Ansprechpartnern im politischen Berlin werden. Speziell Kollmann lieferte nicht nur politischen Input, sondern auch Zahlen, Daten und Fakten. Denn seit 2016 erstellt er zusammen mit seinem Lehrstuhl-Team den *Deutschen Startup-Monitor*, der als wichtigster und detailliertester Blick in die Seele der Szene gilt – inklusive parteipolitischem Stimmungsbarometer. So rückte der Professor von der Uni Duisburg-Essen in den vergangenen Jahren deutlich näher an das Zentrum der Macht heran, wobei ihn sein Weg dabei sogar von Bonn bis in den Pariser Élysée-Palast führte.

Schon Tobias Kollmanns Vater hatte diese Nähe zu Politik und Prominenz gesucht, wobei er die meisten der handelnden Personen vor allem durch sein Kameraobjektiv kennenlernte. Bernd Kollmann war Fotojournalist und jahrelang eine bekannte Größe in Köln, wo er unter anderem für die Boulevard-Zeitung *Express* als Fotograf unterwegs war. Mit 16 Jahren hatte er 1963 Konrad Adenauer und John F. Kennedy in Bad Godesberg fotografiert, nur wenige Monate vor der Ermordung des US-Präsidenten. Der Kontrast zwischen dem 87-jährigen Kanzler und dem so jugendlich wirkenden Kennedy hätte beim Besuch in Bonn kaum größer sein können. Später schoss er unter anderem ein Foto von Michael Jackson, wie er im Freizeitpark Phantasialand in Brühl mit zwei Jungen in der Wasserbahn fuhr. Einen der beiden soll der Popstar sexuell missbraucht haben. 30.000 Mark bekam Bernd Kollmann nach eigenen Angaben für das Bild vom *Stern* – das Zehnfache dessen, was das Magazin anfangs geboten haben soll. Geschäftstüchtigkeit bewies der

Mann auch an anderer Stelle – wieder sollte das Phantasialand eine zentrale Rolle spielen. Jahrelang fotografierte er im Vergnügungspark die Besucher auf der Wasserbahn oder schoss von ihnen Bilder in Westernverkleidung. Das war vielleicht weniger spektakulär als der Pressejob, aber offenbar deutlich lukrativer.[219]

Auch Kollmanns Stiefvater ist Unternehmer, doch den jungen Tobias zog es nach dem Studium in die Wissenschaft. Es sei immer sein Traum gewesen, Professor zu werden. Gleichzeitig sei es reizvoll gewesen, in einem Forschungsbereich zu arbeiten, zu dem es bislang kaum Literatur gegeben habe. So habe man viel in diesem Bereich aufbauen können. Dass Kollmann die digitale Wirtschaft nicht nur als Beobachter kennenlernte, sondern selbst Gründer wurde, war eigentlich nicht geplant und lag letztlich an einem Mann, der ebenfalls beim Treffen mit Merkel dabei war: Joachim Schoss.

Dieser hatte 1997 aus seiner Unternehmensberatung heraus das Start-up Immobilienscout24 gegründet, das wenig später einen Forschungsauftrag an den Lehrstuhl für Marketing an der Universität Trier vergab, wo Kollmann damals promovierte. Es ging um eine empirische Erhebung der Nutzerzufriedenheit – und als der junge Wissenschaftler die Ergebnisse dem Unternehmen präsentierte, fragte ihn Schoss, ob er nicht direkt bei ihm als Berater anfangen wolle. Denn sein Plan war es, das Plattformgeschäft für die Metro als Auftraggeber der Scout-Marktplätze deutlich auszubauen und auf andere Bereiche neben Immobilien zu übertragen. Kollmann wollte: »Ich hatte zu diesem Zeitpunkt zwar den Karriereweg zum Professor vor Augen, aber mein Doktorvater war der Meinung, dass auch angehende Professoren mal die Praxis gesehen haben sollten.« Der Zeitpunkt war also günstig.

Auf einer späteren gemeinsamen Autofahrt fragte ihn Joachim Schoss, ob er nicht als Gesellschafter und Geschäftsführer mit in das Start-up einsteigen wolle. Kollmann hatte damals gerade das Geschäftskonzept und den Businessplan für Autoscout24 geschrieben und erfolgreich Hans-Dieter Cleven, dem damaligen Finanzchef des Handelskonzerns Metro, präsentiert. So erzählt es Kollmann Jahre später. Cleven investierte damals das Geld von Metro-Gründer Otto Beisheim auch in

junge Digitalfirmen – wie die Scout-Portale. Rund 24 Millionen Mark
hätten sie damals für Autoscout24 als Investmentzusage bekommen,
erinnert sich Kollmann: »Und danach fragte mich Joachim Schoss auf
der Autobahn, ob ich nicht auch dabei sein will.« Kollmann lehnte zunächst überrascht ab, weil er eigentlich immer noch seine Hochschul-
karriere im Blick hatte: »Aber drei Kurven später habe ich dann doch
zugesagt und die geerbte Haushälfte meiner Großeltern eingesetzt.« Er
sollte es nicht bereuen.

Denn die Scout-Gruppe wurde eine der größten Erfolgsgeschichten
der deutschen Start-up-Geschichte – was rückblickend speziell in Köln
für einigen Frust gesorgt haben dürfte. Laut Kollmann habe man wegen
Autoscout24 auch mal mit dem DuMont-Verlag gesprochen, doch dort
winkte man ab. Kein Interesse. Stattdessen griff irgendwann die Telekom zu – der Beginn einer ganzen Reihe von Eigentümerwechseln:
Zeitweise gehörten die Portale zur Telekom, dann stieg der Investor
Hellman & Friedman ein, der die Gruppe 2015 an die Börse brachte
und Anteile verkaufte. Im Februar 2020 folgte die nächste Wendung.
Da wurde bekannt, dass Autoscout und einige andere Teile des Unter-
nehmens an einen Investor verkauft würden – für knapp drei Milliarden
Euro.[220]

Tobias Kollmann, immerhin Gründungsgeschäftsführer und Gesellschafter von Autoscout24, war da schon lange ausgestiegen. Er verkaufte seine Anteile bereits Anfang des Jahrtausends – drei Monate vor dem
Zusammenbruch des Neuen Markts. Der Zeitpunkt? Pures Glück laut
Kollmann, der mit dem Geld aus dem Verkauf aber die Möglichkeit
bekam, als Business Angel weiter in Start-ups zu investieren. Auch operativ hatte er sich früh zurückgezogen. Nach einem Zusammenschluss
mit dem Konkurrenten Mastercar aus München wurde eine neue Geschäftsführung gebildet – und Kollmann nutzte den Zeitpunkt, um zurück an die Hochschule zu gehen und seine Habilitation abzuschließen.

Im Jahr 2014 lobte der damalige NRW-Wirtschaftsminister Garrelt
Duin genau diese Vielseitigkeit, als er den Kölner zu seinem Beauftrag-
ten für die digitale Wirtschaft im Bundesland ernannte. »Wir brauchen
Dolmetscher«, sagte der SPD-Politiker über die Aufgabe, eine Brücke

zwischen Gründern, Wissenschaft, Industrie und Kreditwirtschaft zu schlagen. Duin war nicht der Einzige, der auf Kollmanns Expertise setzte. Bereits 2013 übernahm er auch den Vorsitz im neu geschaffenen Beirat Junge Digitale Wirtschaft von Wirtschaftsminister Philipp Rösler.

Mit dem »Internetgipfel« im Juni 2012 hatte Kanzlerin Merkel Kontakte in die Gründer- und Risikokapitalszene geknüpft und damit bewiesen, dass man dem Thema auf höchster Ebene Aufmerksamkeit beimaß. Doch die nachhaltigeren Impulse wurden letztlich im Wirtschaftsministerium gesetzt, wo mit Philipp Rösler jemand ins Amt gekommen war, der sich sehr für die Start-up-Szene interessierte. Der FDP-Politiker hatte sich schon Monate vor Merkels Internetgipfel mit Gründern und Investoren ausgetauscht – nur ohne das öffentliche Getöse. Mit dem Beirat etablierte er nun ein Gremium, das für hausinterne Impulse sorgen sollte.

Warum ausgerechnet Kollmann diesem Gremium vorstand? »Er wollte es werden«, sagt Alex von Frankenberg, der seit Beginn Beiratsmitglied ist. Es habe auch noch andere Interessenten gegeben, doch Kollmann sei der Posten am wichtigsten gewesen. Der Chef des Hightech-Gründerfonds meint das nicht negativ. Im Gegenteil. Er lobt die viele Arbeit, die Kollmann in das Ehrenamt gesteckt habe: »Er hat den Beirat richtig nach vorne gezogen und Großartiges geleistet. Es braucht ja immer so die ein bis zwei Leute, die in solchen Gremien richtig arbeiten.«

Andere sehen die Person Tobias Kollmann weniger positiv. Mangelnden Arbeitseifer sagt ihm niemand nach, doch es gibt einige, die ihn für einen Ehrgeizling halten, dem es bei den Posten auch um das eigene Ego gehe. Speziell im NRW-Wirtschaftsministerium stieß der damalige Digitalbeauftragte viele Mitarbeiter mit seiner teilweise ruppigen Art vor den Kopf. Alex von Frankenberg sagt hingegen: »Ich finde es völlig legitim, wenn man eine eigene Agenda hat, solange die nicht auf Kosten anderer ist.«

Doch inzwischen ist Schluss. Nach sieben Jahren gab Tobias Kollmann den Vorsitz im Juni 2020 ab. Nach seinem 50. Geburtstag sei es an der Zeit, die Verantwortung an die nächste Generation weiterzuge-

ben, so hatte er den Schritt mal begründet – immerhin hieße der Beirat
ja auch *Junge* digitale Wirtschaft.[221]

In seiner Zeit an der Spitze erlebte Kollmann mit Philipp Rösler,
Sigmar Gabriel, Brigitte Zypries und Peter Altmaier drei Minister und
eine Ministerin. Kontinuität ist etwas, das dem Amt des Wirtschaftsministers in den vergangenen Jahren fehlte. Von 1949 bis zum Jahr 2000
gab es elf Männer an der Spitze, seit der Jahrtausendwende wechselte der
Amtsinhaber bereits neun Mal. Was in seiner Zeit im Beirat der Höhepunkt gewesen sei? Kollmann muss nicht lange überlegen: »Das war
definitiv die Chance, im geschichtsträchtigen Élysée-Palast in Paris auf
der deutsch-französischen Digitalkonferenz gemeinsam mit unserem
ehemaligen Wirtschaftsminister Sigmar Gabriel und seinem damaligen
französischen Amtskollegen und heutigen Präsidenten Emmanuel Ma-
cron auf der Bühne zu sitzen und unsere Vorstellungen zu einem digitalen Europa zu präsentieren.«

Go West –
die Rösler-Reise ins Silicon Valley

Es war ein kleiner Expeditionstrupp, den Philipp Rösler zusammenge-
stellt hatte. Häufig reisen Minister mit großen Delegationen, aber der
Bundeswirtschaftsminister hatte nur vier Gäste an Bord der Regierungsmaschine – und einen straffen Zeitplan. 24 Stunden waren für den Aufenthalt im Silicon Valley angesetzt. Es war der erste Besuch eines deutschen Wirtschaftsministers im Tech-Mekka überhaupt. Die Kundschaf-
ter sollten sich nur einen ersten Eindruck verschaffen, um zu überprüfen,
ob die Organisation einer größeren Mission lohnte.

Einen Rheinländer wie Heinz-Paul Bonn stellte der Kurztrip jedoch
vor ein Dilemma: Rösler oder Rosenmontag? Der IT-Unternehmer bereut nicht, dass er sich letztlich für die Reise an diesem Karnevalswo-

chenende 2013 entschied. Denn wenn er an die Reise zurückdenkt, sind die Bilder sofort wieder da: Der Flug im Regierungsflieger, die Landung in San Francisco, wo die Gruppe mit militärischem Gruß begrüßt und dann mit dem Fahrzeug abgeholt wurde, der Stopp für ein Foto an der Golden-Gate-Bridge – und dann natürlich das Abendessen mit Peter Thiel, jener deutschstämmigen Silicon-Valley-Legende, die den Bezahldienst PayPal aufgebaut und als erster Risikokapitalgeber in das soziale Netzwerk Facebook investiert hatte.

»Philipp hat sich geärgert, dass alle in Deutschland immer ganz neidisch auf das Silicon Valley geblickt haben«, sagt Heinz-Paul Bonn. »Also war seine Idee, sich dort einmal umzuschauen und zu lernen.« Bonn und Rösler kannten und schätzten sich zu diesem Zeitpunkt schon seit ein paar Jahren. Im Jahr 2009 hatte der Rheinländer Rösler an seinem Stand bei der Technikmesse Cebit in Hannover begrüßt. Der FDP-Politiker war damals gerade erst zum niedersächsischen Wirtschaftsminister ernannt worden und hatte laut Protokoll eigentlich nur 15 Minuten Zeit, um den Stand des mittelständischen Software-Anbieters Gus-Group zu besuchen. Am Ende wurden daraus mehr als 50 – und eine Freundschaft. »Davor wusste ich nichts über IT, hinterher alles«, fasste Rösler den Besuch zusammen.[222]

Rösler blieb zudem an dem Thema dran. Als Bundeswirtschaftsminister suchte er Zugang zur deutschen Gründerszene und ließ Konzepte erarbeiten, wie man diese stärken könnte. Auf dem IT-Gipfel der Bundesregierung im November 2012 hatte man sich zum Ziel gesetzt, die Gründungs- und Wachstumsbedingungen in Deutschland zu verbessern.[223] Philipp Rösler hatte dazu in Essen ein Programm vorgestellt, mit dem neue Strukturen geschaffen werden sollten. Die Gründung des Beirats Junge Digitale Wirtschaft war eins der Elemente. Ein anderes, das Modellprojekt »German Silicon Valley Accelerator«, bei dem Startups einen mehrmonatigen Aufenthalt in der Bay-Area gewinnen konnten, hatte Rösler bereits 2011 ins Leben gerufen. Dieser sollte dabei helfen, deutsche IT-Expertise im Ausland bekannter zu machen.[224] Erste Erfolge gab es bereits – und einer dessen saß mit Rösler 2013 in der Maschine nach San Francisco.

Jörg Bienert, wie Heinz-Paul Bonn ein Rheinländer, hatte 2012 als einer der ersten Gründer mit seinem Start-up Parstream an dem Accelerator-Programm teilgenommen – und dabei direkt mal mit dem Klischee aufgeräumt, dass Gründer immer jung seien und frisch von der Uni kämen. Bienerts Vita ist der Gegenbeweis. Sein erstes Start-up gründete der frühere Unternehmensberater mit 41 Jahren gemeinsam mit seinem Partner Michael Hummel 2007 in Köln: empulse, einen Dienstleister für Onlineportale.[225] Irgendwann bekam das Unternehmen den Auftrag, eine Suchmaschine für Pauschalreisen zu bauen. »Wir dachten, es würde reichen, eine Datenbank mit den Daten zu füllen und dann ein ansehnliches Frontend zu entwickeln«, sagt Bienert. Er irrte sich. Denn die Standardlösungen reichten nicht aus, um das komplexe Themenfeld Pauschaltourismus abzubilden: Flugdaten, Abflughäfen, Bettenanzahl, Halb- oder Vollpension – die Zahl der möglichen Kombinationen in diesem Bereich ist gigantisch. »Man hat am Ende mehrere Milliarden Datensätze, die man durchsuchen muss«, erklärt Bienert. Standarddatenbanken schieden damit aus. Stattdessen tüftelte das Team an einem eigenen Algorithmus, der letztlich zu einem neuen Geschäftsmodell führen sollte: »Wir hatten nicht nur das Problem geknackt, sondern in diesem Bereich plötzlich auch die schnellste Datenbank der Welt.« Heute würde man ihre Technologie unter dem Modewort »Big Data« ansiedeln. Das war die Basis für Bienerts und Hummels zweites Projekt: Parstream.

Im Jahr 2011 änderte man den Namen von empulse in Parstream, und damit auch das Geschäftsmodell, für das man sich auch auf die Suche nach Investoren begab. »Wir haben auch mit deutschen Risikokapitalgebern gesprochen, die waren aber sehr langsam«, erzählt Bienert. »Im Silicon Valley ging alles viel schneller. Da hatten wir innerhalb kurzer Zeit bereits ein Angebot.«

Sheila Gulati war durch einen Wettbewerb auf das deutsche Start-up aufmerksam geworden.[226] Die frühere Microsoft-Managerin schrieb die beiden Gründer an – und investierte wenig später mit ihrem Risikokapitalgeber Tola Capital in Parstream. Doch was für die im Silicon Valley bis dato nahezu unbekannten Deutschen noch viel wichtiger war:

Sheila Gulati öffnete man die Türen an der berühmt, berüchtigten Sand Hill Road.

Die Straße im einst so beschaulichen Städtchen Menlo Park ist die wohl weltweit wichtigste Meile für Start-ups. Praktisch alles, was Rang und Namen hat in der amerikanischen Risikokapitalgeberszene, hat hier seinen Sitz: Benchmark Capital, Andreessen Horowitz, Sequoia Capital – und natürlich auch Khosla Ventures, die Firma des Sun-Microsystems-Mitgründers Vinod Khosla, den die Deutschen genauso von einem Investment überzeugen konnten wie dessen früheren Sun-Mitgründer Andreas von Bechtolsheim. Innerhalb kürzester Zeit hatten sich Bienert und Hummel bis zum Herz des Silicon Valleys vorgearbeitet. Denn dass diese Region südlich von San Francisco zum Tech-Mekka werden konnte, hatte ganz viel mit der Entwicklung von Firmen wie dem Erfinder der Programmiersprache Java, Sun Microsystems, zu tun. Das Unternehmen und dessen Gründer halfen beim Aufbau des Ökosystems, indem sie Talente anzogen und in Ideen investierten. Parstream gehörte nun auch dazu. Alleine in der Series A flossen 5,6 Millionen Dollar in das Kölner Start-up.[227]

»Ironischerweise verdanken wir eigentlich Philipp Rösler den Kontakt zu Andy von Bechtolsheim«, sagt Jörg Bienert. Denn es war nicht Vinod Khosla, der den Deutschen den Deutschen vorstellte. Vielmehr war ein Treffen mit der Gründerlegende, die Ende der 1990er-Jahre als Erste an den Erfolg einer Suchmaschine namens Google glaubte und den beiden jungen Gründern für die Weiterentwicklung einen Scheck ausstellte, Teil einer Reise, die nur wenige Wochen nach dem 24-Stunden-Trip ins Valley stattfinden sollte – für Philipp Rösler aber ein verheerendes Presseecho zur Folge hatte.

Nachdem der Minister bei seinem Kurztrip die Pionierarbeit geleistet hatte, machte er sich im Mai 2013 erneut auf den Weg nach Kalifornien. Neben den »Silicon-Valley-Stammgästen« Bienert und Bonn reisten laut Teilnehmerliste des Wirtschaftsministeriums mehr als 50 Unternehmer mit Rösler in die USA – darunter HTGF-Chef Alexander von Frankenberg, der Kölner Hochschulprofessor Klemens Skibicki sowie die beiden Aachener Unternehmer Andera Gadeib und Oliver

Grün. Die Delegation war so groß, dass ein Teil der Gruppe nicht mehr in die Regierungsmaschine passte und gesondert anreisen musste.

Das Programm war hochkarätig. Es standen Termine bei Apple, Twitter und Facebook auf dem Programm, wo sich Rösler mit der Top-Managerin Sheryl Sandberg traf. Bei Google konnten die Deutschen einen Blick auf die damals noch nicht für Verbraucher erhältliche Datenbrille Google Glass werfen. War das jetzt das nächste große Ding? Heute weiß man: Die Brille war ein Flop, spätestens ab dem Moment, als die Träger als »Glassholes« beschimpft wurden.[228] Um das Namedropping der weltbekannten Valley-Marken noch perfekt zu machen: Natürlich besuchte die Delegation auch die Produktion des damals zehn Jahre alten Elektroauto-Start-ups Tesla, das damals mit seinem Model S versuchte, im Markt Fuß zu fassen. Doch auch die Start-ups bekamen Präsentationsmöglichkeiten. Jörg Bienert sprach bei einem Termin Andy von Bechtolsheim an und gewann ihn als Investor für Parstream – obwohl der Sun-Microsystems-Gründer eigentlich keine Investments in Deutschland machte, weil ihm der bürokratische Aufwand zu hoch war.

Von Bechtolsheim erzählte mal bei einem Treffen, dass er ein- bis zweimal im Jahr nach Deutschland kommt, um seine Familie zu besuchen. Dabei stelle er immer wieder fest, wie wenig sich ändere. Während im Silicon Valley an der Zukunft gearbeitet würde, müsse er wegen Investments in deutsche Firmen nach San Francisco, um beim dortigen Generalkonsulat seine Unterschrift beglaubigen zu lassen. »Es ist kaum zu glauben, dass es in der heutigen Zeit nicht einfacher geht«, sagte von Bechtolsheim damals, fünf Jahre nach Röslers Besuch.[229]

Es sind spannende Themen, die viel darüber aussagen, was in Deutschland zu diesem Zeitpunkt falsch läuft. Wenige Monate nach Röslers Besuch wird Angela Merkel davon sprechen, dass das Internet für uns alle noch Neuland sei. Im Netz und in der Presse wird man darüber spotten, dabei hatte sie vollkommen recht. Das Potenzial der Digitalisierung wurde nicht ansatzweise ausgeschöpft – und speziell in Deutschland bewegte sich damals vieles zu langsam.

Die deutschen Leser erfahren von all diesen Eindrücken, von den Erlebnissen der Teilnehmer, ja selbst von den Erkenntnissen des Wirtschaftsministers nur wenig. Sehr, sehr wenig. Das lag aber nicht am Programm. »Mit den Start-ups konnten viele Presseleute nicht viel anfangen«, sagt Heinz-Paul Bonn. Stattdessen schlägt eine scheinbare Nebensächlichkeit in der Heimat große Welle: Bei einem Termin traf Rösler auf *Bild*-Chefredakteur Kai Diekmann, der damals eine Art Silicon-Valley-Sabbatical machte, um für den Axel-Springer-Konzern neue Trends aufzuspüren. Die beiden hatten sich schon bei Röslers erster Reise im Februar getroffen, nun sah man sich wieder – und umarmte sich zur Begrüßung. »Eine Umarmung und viele, viele Fragen«, schrieb die *Süddeutsche Zeitung*.[230] »Rösler und Diekmann auf Kuschelkurs«, hieß es beim *Berliner Tagesspiegel*, der die Frage aufwarf, wie nah sich Journalisten und Politiker kommen dürfen. Viele andere Medien berichteten ähnlich. Im Internet entstand sogar ein Blog, auf dem Fotomontagen zu sehen waren, auf denen Philipp Rösler wahlweise den nordkoreanischen Diktator Kim Jong Un, den Menschenfresser Hannibal Lecter aus *Das Schweigen der Lämmer* oder andere historisch fragwürdige Persönlichkeiten umarmt.[231] Der eigentliche Anlass der Reise war hingegen kaum noch Thema – was speziell vielen Mitreisenden übel aufstieß. Es soll ordentlich gekracht haben zwischen den mitreisenden Unternehmern und Gründern auf der einen und den Medienvertretern auf der anderen Seite – so berichten es mehrere Teilnehmer noch heute.

Dabei waren Röslers Reisen ins Valley für die Entwicklung der Szene extrem wichtig. In vielen regte sich das Gefühl, dass man als Branche endlich wahrgenommen würde. Gleichzeitig ermöglichte der Ausbruch aus dem heimischen Alltag viele Gelegenheiten zum Netzwerken. Die Verbindungen, die hier geknüpft wurden, tragen bis heute. »Wenn man sich sieht, heißt es immer noch ›Weißt du noch damals‹«, so Jörg Bienert, der sein Start-up Parstream inzwischen an den US-Riesen Cisco verkauft hat. Die später vom Bundesverband Deutsche Startups veranstalteten Reisen nach Kalifornien wurden fast schon Tradition in der deutschen Gründerszene – zumal sich auch nach Rösler mit der damaligen Staatssekretärin Brigitte Zypries eine weitere spätere Amtsinhaberin der Gruppe anschloss. Das Reiseprogramm sei naturgemäß schöner als beim Bundesverband der Braunkohle, scherzte sie bei einer Feier zu Ehren des Startup-Verbands.[232]

Aus zwei mach eins –
der Bundesverband Deutsche Startups entsteht

Die zwei Reisen ins Silicon Valley im Frühjahr 2013 auf Einladung von Wirtschaftsminister Philipp Rösler waren für den Bundesverband Deutsche Startups eine Art Ritterschlag, bedeuteten sie doch, dass man den frisch gegründeten Verband als Ansprechpartner für die Belange der Gründerszene ernst nahm. Was auch notwendig war, immerhin gab es in Deutschland trotz sogenannter »Internetgipfel« mit der Kanzlerin und hübschen Fotos auf Delegationsreisen noch viel zu tun. Denn in vielen Belangen war die Digital- und Gründerpolitik der Bundesregierung ausbaufähig bis nicht vorhanden. Das war ein Grund, warum sich wenige Monate vor den Rösler-Reisen der Bundesverband gegründet hatte.

Für Ärger sorgten insbesondere das von den Verlagen forcierte Leistungsschutzrecht, mit dem diese Internetdienste zwingen wollten, eine Lizenz von ihnen zu erwerben, wenn Inhalte (etwa von Nachrichtenseiten) in den Suchergebnissen von Google & Co. dargestellt werden sollten. Der Vorstoß sollte für eine fairere Verteilung der Gewinne speziell großer Tech-Riesen wie Google sorgen, in der Gründerszene fürchteten jedoch einige, dass speziell Innovationen von kleineren Unternehmen gebremst würden. Ebenso heftig diskutiert wurden schon 2012 Pläne, die Versteuerung von Beträgen aus der Veräußerung von Streubesitzanteilen zu reformieren. Was technisch klingt, wurde schnell als »Anti-

Angel-Gesetz« bekannt. Im Kern fürchtete die Start-up-Szene, dass Business Angels nach einem Verkauf ihrer Anteile eine höhere Besteuerung drohe als bisher – obwohl diese für eine ganze Reihe an wesentlichen Investitionen in der deutschen Gründerszene verantwortlich sind. In der Szene regte sich der Ärger. Doch viele hätten lieber nur gemeckert, anstatt etwas zu machen, beschrieb der Unternehmer Tom Bachem die damalige Stimmungslage.[233] Bachem wollte das ändern, wollte mehr machen, als sich nur zu ärgern. Er lebte zwar schon nahezu sein ganzes Leben lang in Köln, doch auf die rheinische Weisheit »Et hätt noch immer jot jejange« wollte er lieber nicht vertrauen. Warum auch? Obwohl er erst Ende 20 war, hatte er damals bereits mehrere Start-ups gegründet. Im Jahr 2005 baute er im ersten Semester an der Cologne Business School nebenbei sein Start-up Sevenload auf, eine Videoplattform, die er später an Hubert Burda Media verkaufte. Es folgte unter anderem noch ein Start-up, das ein Onlinespiel entwickelte (Fliplife) und 2012 arbeitete er gerade an einem Lebenslaufeditor (Lebenslauf. de), den er einige Jahre später an das Karriereportal Xing verkaufen sollte. Kurzum, Bachem ist Unternehmer, also unternahm er etwas – und dachte dabei direkt groß: »Mir war von Anfang an klar, dass wir eine bundesweite Bewegung sein mussten.«[234]

Da traf es sich gut, dass in Berlin jemand ganz ähnliche Pläne verfolgte: Florian Nöll war zum Studium aus Bottrop nach Berlin gezogen. Doch dann begann er ebenfalls mit dem Gründen von Unternehmen, unter anderem dem Start-up Spendino, mit dem Non-Profit-Organisationen oder Stiftungen leichter um Spenden werben können sollten. Einige Jahre zuvor hatte Nöll zudem damit angefangen, Veranstaltungen für Gründungsinteressierte zu organisieren – anfangs in Hörsälen von Hochschulen, später dann auch als eigenständige Konferenzen. Die Samwers bauten in Berlin Rocket Internet auf und immer mehr junge Gründungsinteressierte strömten in die Hauptstadt. Es war etwas in Bewegung und Nöll hatte das richtige Angebot. Immer wieder habe er auch versucht, Politiker zu diesen Terminen einzuladen: »2011 entstand dann der Gedanke, einen Verein für Gründungspolitik auf die Beine zu stellen – so hieß das Kind am Anfang«, berichtet Florian Nöll. »Ich war der Meinung, dass man die Interessen der Szene politisch vertreten muss.«

Durch Zufall erfuhr der »Berliner aus Bottrop« von Bachems Plänen und schrieb dem Kölner eine Mail. Ob sie sich nicht mal austauschen sollten? Gesagt, getan. Bald darauf fanden in Berlin die ersten Runden mit weiteren Interessierten statt, per Mail und in Gesprächen hatte man in den eigenen Netzwerken auf den Plan aufmerksam gemacht – und so am Ende einen harten Kern von circa 15 Interessierten beisammen, die sich einige Male zum Abendessen trafen und Ideen diskutierten: Unternehmer, Berater, sogar ein Landespolitiker der FDP sei privat zu den Treffen gekommen, erzählt Nöll. Dann war man bereit, den nächsten Schritt zu gehen. Am 16. Januar 2013 wird der Bundesverband Deutsche Startups in das Vereinsregister in Berlin-Charlottenburg eingetragen. Gegründet wurde er jedoch bereits im Vorjahr – im »Kölschen Konsulat« in Berlin, wie sich das Gaffel Haus Berlin in der Dorotheenstraße mit rheinischem Selbstbewusstsein bezeichnet.

Das Gaffel Haus Berlin ist der Treffpunkt für einige fernab der Heimat lebende Rheinländer. Der Ladenzeile-Gründer Robert Maier, inzwischen Partner beim Risikokapitalgeber Holtzbrinck Ventures, hat hier einen Kölsch-Stammtisch ins Leben gerufen, offen für Rheinländer und solche, die sich für Maiers Heimat haben begeistern lassen. 15 bis 20 Leute gehören der heiteren Runde an – von Unternehmern über Business Angels bis hin zu deutschlandweit bekannten Risikokapitalgebern. Maier war lange Beisitzer im Vorstand des Start-up-Verbands, doch an diesem Abend am 11. September 2012 ist er noch nicht dabei. Dafür hatte sich ein anderer Rheinländer auf den Weg nach Berlin gemacht. Denn Tobias Kollmann und Florian Nöll hatten sich bei einer Podiumsdiskussion kennengelernt. Der Professor hatte sich auf der Bühne dafür stark gemacht, dass Gründerthemen mehr politisches Gewicht bekommen sollten und erfuhr wenig später von Nölls Plan.

32 Personen finden laut Gaffel Haus Berlin im Ludwig-Erhard-Zimmer Platz.[235] Knapp 2.000 habe man im Vorfeld angeschrieben, erzählt Nöll. Am Ende kamen rund 25 Interessierte, vom Gründer bis zum Berater, zur Gründungsversammlung in das Hinterzimmer der Gastro-

nomie, von denen knapp 20 zu Gründungsmitgliedern wurden. Es gibt
ein Foto von dem Abend, das Männer mit hochgekrempelten Oberhemden oder im Sakko zeigt. Besteckhalter, Gläser und Wasserflaschen
sind zusammengeschoben, damit auf einem der Tische der Laptop von
Florian Nöll Platz findet. Neben ihm sitzt Tom Bachem. Nun war es
also soweit: Aus vielen Ideen sollte ein Verein werden, der schon bald zur
wichtigsten Lobbyorganisation der Szene aufsteigen sollte, der Bundesverband Deutsche Startups.

Der Name war ziemlich gewagt für ein Projekt, das zu diesem Zeitpunkt weder finanzkräftige Unterstützer noch eine Vielzahl von Mitgliedern hatte – und zudem auf Berlin fokussiert war. Das wussten auch
die Organisatoren, die ihn daher eigentlich auch nur ›Deutscher Startup-Verband‹ taufen wollten. Doch dann meldete sich bei der Gründungsversammlung Tobias Kollmann zu Wort: »Ich habe dann gesagt:
Passt mal auf, wenn ihr wirklich politisches Gewicht haben und die
Stimme für alle Start-ups in Deutschland sein wollt, dann müsst ihr ihn
›Bundesverband‹ nennen.« Also wurde die Satzung erneut geändert. Es
war eben nicht nur Tom Bachem, der in diesen Zeiten groß dachte.
Nach einem Dreivierteljahr der Planung hatte die Szene endlich ihr
Sprachrohr,[236] auch wenn es zunächst keinen Vorsitzenden, sondern mit
Bachem, Nöll, Tirendo-Gründer Erik Heinelt und David Hanf, dem
späteren Finanzchef von Thermondo, nur vier gleichberechtigte Vor-
stände gab. Erst Anfang 2013 wurde Nöll bei einer Vorstandssitzung
gewählt. »Lobbyismus für Anfänger«, titelte das *Wall Street Journal* wenige Tage nach der Gründung leicht verächtlich.[237]

Doch der Verband behauptet sich erstaunlich schnell – was auch an
der geschickten Aufgabenverteilung von Bachem und Nöll lag. Denn
der Kölner nutzte sein Netzwerk in der Gründerszene, um möglichst
viele davon zu überzeugen, sich in dem neuen Verband zu organisieren
– das brachte zwar kein Geld angesichts der knappen Kassen bei Gründern, aber Relevanz. Der politisch versiertere Nöll hingegen begann
damit, sich um die Finanzen des Verbands zu kümmern und Fördermit-
glieder zu werben, um mit den Geldern Strukturen aufbauen zu können. Unterstützung bekam der Verband dabei unter anderem aus Düs-

seldorf, wo Nöll mit dem damaligen Mobilfunker E-Plus und dem Job-Portal Stepstone gleich zwei Unternehmen als Gründungspartner gewinnen konnte.

Stepstone-Geschäftsführer Sebastian Dettmers hatte Nöll im Dezember 2012 auf einer Veranstaltung zur Zukunft der Arbeit in Berlin getroffen. Als Nöll ihm von der Idee berichtete, sagte Dettmers per Handschlag spontan die Unterstützung des Düsseldorfer Unternehmens zu. Es war ein Impuls, weil er es gut fand, dass jemand der Start-up-Branche eine stärkere Stimme geben wollte. Hinzu kamen dann auch noch die Wirtschaftsprüfung KPMG sowie die beiden US-Tech-Konzerne Google und Facebook. Unterstützung von etablierten deutschen Unternehmen, egal ob Mittelstand oder DAX-Konzern? Am Anfang Fehlanzeige. Dem Lobbyverband fehlt schlicht die Lobby.

Doch dann kam die Reise mit Philipp Rösler ins Silicon Valley – und Florian Nöll saß auf dem Flug einem Mann gegenüber, der zu einem wichtigen Ratgeber und Freund werden sollte, zumindest nachdem die ersten Missverständnisse an Bord ausgeräumt waren – Schuld am schlechten Start war Nölls Kleiderwahl. Der junge Verbandschef trug einen schwarzen Pullover mit Rundhalsausschnitt, darunter ein weißes Oberhemd. Man unterhielt sich, lernte sich kennen. Und irgendwann sagte sein Gegenüber Heinz-Paul Bonn im Scherz, dass Nöll aussehe wie ein katholischer Jugendkaplan. »Da war er sauer, weil er dachte, ich würde ihn als Kinderverführer darstellen«, erinnert sich Bonn lachend. Als Friedensangebot habe er ihm abends seinen Sitz angeboten, damit Nöll beim Schlafen seine Beine ausstrecken konnte – und er selbst habe auf dem Boden des Regierungsfliegers genächtigt.

Für Florian Nöll war diese Begegnung ein Glücksfall. Denn mit Bonn lernte der junge Unternehmer einen begnadeten und verbandserprobten Netzwerker kennen. Ende der 1990er-Jahre hatte der IT-Unternehmer den Branchenverband Bitkom aus einer Vielzahl kleinerer und dadurch weniger schlagkräftiger Verbände mitgegründet und war dort als Mittelstandssprecher jahrelang Vizepräsident. Doch je mehr der Unternehmer mit Start-ups in Kontakt kam, umso mehr beunruhigte ihn die damalige eher abwartende Haltung des eigenen Verbands: »Der Bitkom war damals aus berechtigten Gründen der Meinung, Start-ups wären in der Betreuung erstmal nur teuer, weil sie ja noch keine Mitgliedsbeiträge bezahlen«, sagt Bonn. Für ihn seien Start-ups immer künftiger Mittelstand gewesen – wenn man mal von möglichen Unicorns absieht.

Nach seinem Ausscheiden half Bonn stattdessen dem Startup-Verband bei der Gewinnung von Fördermitgliedern, indem er Kontakte zu seinem Netzwerk herstellte, zu dem einst sogar Ex-Microsoft-Chef Steve Ballmer zählte – was man im Bitkom nicht nur freudestrahlend zur Kenntnis genommen haben soll. Doch der Verband, der bereits zur Gründungsversammlung des Startup-Verbands zwei Beobachter geschickt hatte, reagierte: Im Jahr 2013 wurde mit der in Krefeld aufgewachsenen Catharina van Delden erstmals eine Gründerin (Inosabi) in das Präsidium gewählt.[238] Inzwischen hat sich das Verhältnis entspannt, denn als der Bundesverband am 23. November 2017 seinen fünften Geburtstag feierte, kam neben der Bundeswirtschaftsministerin Brigitte Zypries und FDP-Chef Christian Lindner auch Achim Berg vorbei.[239] Der Bitkom-Präsident ist ein weiterer Rheinländer im Kreis der deutschen Digitalverbände.

Klüngelköpp –
wie die Rheinländer die deutschen Digitalvereine und -verbände prägen

Heinz-Paul Bonn ist ehrlich: Nein, eine naturwissenschaftliche Erklärung habe er für all das nicht. Aber dennoch lässt es sich nicht wegdiskutieren, dass in einer Vielzahl der deutschen Digitalverbände das Rheinland eine große Rolle spielt. Der Bitkom? Mitgegründet von ihm und nun geführt vom Rheinländer Achim Berg, dem früheren Telekom-Manager und Microsoft-Deutschland-Chef. Der Bundesverband Deut-

sche Startups? Mitgegründet vom Rheinländer Tom Bachem. Der KI-
Verband? Gegründet und geführt vom Kölner Parstream-Gründer Jörg
Bienert. Der Verband der Internetwirtschaft Eco? Sitz in Köln. Der
Bundesverband IT-Mittelstand? Sitz in Aachen, wie auch zwei Drittel
des Vorstands. Der Bundesverband Digitale Wirtschaft (BVDW)? Bis
2018 Hauptsitz in Düsseldorf.

Alles nur Zufall? Nein, sagt Heinz-Paul Bonn und beginnt in rheini-
scher Mundart die kölsche Band Bläck Fööss zu zitieren: »Drink doch
eine met, stell dich nit esu aan! Du steis he de janze Zick eröm. Häs de
och kei Jeld, dat es janz ejal. Drink doch met un kümmer dich nit
dröm.« Das Lied ist zwar aus dem Jahr 1971, doch die Botschaft hat aus
Bonns Sicht bis heute nichts an ihrer Gültigkeit im Rheinland verloren:
»Das Rheinland ist von seiner Natur her kommunikativ.« Wenn man
mit Rheinländern über Rheinländer spricht, dann fallen Begriffe wie
Humor, Geselligkeit, Netzwerker. Der Rheinländer, heißt es dann, sei
mit seiner Art einfach sehr geeignet für solche Ämter.

Der frühere Leiter des Amts für rheinische Landeskunde, Fritz Lan-
gensiepen, versuchte im Laufe seiner Karriere, das Geheimnis der rheinischen Mentalität zu entschlüsseln – und fand dabei gemeinsam mit
seinen Mitarbeitern viele empirische Belege für Eigenschaften, die dem
Rheinländer zugeschrieben werden. Es habe sich gezeigt, so Langensie-
pen vor einigen Jahren in einem Interview, dass die Klischees, die man
so vom Rheinland habe, in den allermeisten Fällen tatsächlich stimmten: »Die meisten Rheinländer sind offen, tolerant, mögen die Ge-
meinschaft, gehen auf andere zu und reden sehr gerne und sehr viel.«[240]
Ideale Voraussetzungen also für einen Verbandsvertreter – oder einen
Politiker.

Wenn Thomas Jarzombek noch einen Beweis gebraucht hätte, dass
seine Entscheidung für den Wechsel in die Politik richtig war, dann
hatte er ihn jetzt: Im Jahr 2009 schimpfte Bayerns Innenminister Joachim Herrmann, die sogenannten Killerspiele stünden in ihren schänd-
lichen Auswirkungen auf einer Stufe mit Drogen und Kinderpornogra-
fie.[241] Darauf musste man erst einmal kommen. Es waren solche Denk-
muster, die Jarzombek als Jugendlichen in die Politik gezogen hatten. Er

habe früher stundenlang am Computer gespielt, erzählt Jarzombek.
»Und irgendwann habe ich mitbekommen, was einige ältere Politiker zu
dem Thema gesagt haben, die gar keinen Bezug zu der Sache hatten.«
Das war sein Erweckungserlebnis.

Der Düsseldorfer ist inzwischen ins Zentrum der Macht vorgerückt.
Im Bundeswirtschaftsministerium ist er für Start-ups zuständig – anderes Gebiet, selbe Situation. Auch heute gibt es für den Bereich digitale
Wirtschaft wenige wirkliche Experten in der Politik, aber viele mit einer
Meinung. Eine Tatsache, die Jarzombek immer noch ärgert. Er ist überzeugt, dass die Politik sich mit zu vielen Meinungen bei gleichzeitig zu
geringem Faktenwissen keinen Gefallen tut – erst recht nicht bei denen,
die sich in den jeweiligen Bereichen auskennen: »Wenn die merken, dass
man zu den Dingen, von denen sie Ahnung haben, unscharfe Dinge
sagt, dann vermuten sie natürlich auch, dass man zu den Dingen, die sie
nicht verstehen, ebenfalls unscharfe Dinge sagt.«

Es gibt nur wenige, die das über Jarzombek behaupten würden. In
der Gründerszene genießt der Düsseldorfer großes Ansehen. Gesprächspartner merken, dass er sich seit Jahren um das Thema kümmert – und
nicht erst, seit es populärer geworden ist. Denn 2005 wurde Jarzombek
das erste Mal in den nordrhein-westfälischen Landtag gewählt und zum
Sprecher für Neue Medien ernannt: »Das war damals total unpopulär
und damit der perfekte Trostpreis für einen Jungpolitiker wie mich.«
Auch im Düsseldorfer Stadtrat hatte man ihn schon zum Vorsitzenden
der IT-Kommission gemacht. Der heute 47-jährige CDU-Politiker
kümmerte sich um Themen wie die Konsolidierung der kommunalen
Rechenzentren – enorm wichtig, aber nichts, wofür sich ältere Kollegen
abends beim Stammtisch von Wählern auf die Schulter klopfen lassen
konnten.

Aber Jarzombek interessierten solche Sachen. Er hatte sich schon
nach dem Vordiplom an der Heinrich-Heine-Universität in Düsseldorf
selbstständig gemacht und als Systemadministrator gearbeitet. Das daraus entstandene Unternehmen Releon, ein IT-Dienstleister, gibt es bis
heute. Kurz nach dem Platzen der Dotcom-Blase versuchte er sein
Glück sogar mit einem Start-up – Instant Air –, das per SMS-Nachricht

Serviceleistungen anbieten sollte. Der Dienst sollte Fragen beantworten können, nur dass es damals noch keine künstliche Intelligenz gab, die sich darum im Hintergrund kümmern konnte. Und auch bei der Besetzung des Teams lief nicht alles nach Plan, weil der eingeplante »IT-Chef« plötzlich die Perspektive bei einer Versicherung glanzvoller fand als bei einem jungen Unternehmen, das kein Wagniskapital fand. »Um es kurz zu machen: Das ging alles ziemlich in die Hose, aber lehrreich war es trotzdem.«

Diese Erfahrungen halfen Jarzombek, im neuen Job als Politiker mit Gründern in Kontakt zu kommen, die Computerspiele entwickelten. Hinzu kam: Er stand auf ihrer Seite. Während speziell in Bayern versucht wurde, gewalttätige Computerspiele zu verbieten, um Kinder und Jugendliche zu schützen, setzte Jarzombek auf mehr Aufklärung und Vernunft. Gewaltbereitschaft bei Kindern und Jugendlichen werde da geschürt, wo Kinder sich selbst am Computer überlassen würden und niemand da sei, der die im Spiel entstandenen Emotionen auffange, sagte Jarzombek 2005 und verlangte von Eltern, sich mehr mit dem zu beschäftigen, was ihre Kinder so trieben.[242] Unterstützung bekam der Düsseldorfer damals vom NRW-Familienminister, dem heutigen Ministerpräsidenten Armin Laschet.

Jung, konservativ, digitalaffin – ein Profil, dass in der Bundesrepublik damals eher selten war, auch auf Bundesebene. Um die Wirtschaftspolitik kümmerte sich 2005 der CSU-Politiker Michael Glos, über den langjährige Mitarbeiter des Ministeriums sagen, er sei mit Abstand der schlechteste Amtsinhaber gewesen. Auch auf Ebene der Staatssekretäre war das Interesse an Themen wie Start-ups oder Digitalisierung angeblich eher gering, auch wenn ausgerechnet die damalige parlamentarische Staatssekretärin Dagmar Wöhrl später noch Karriere in der Gründershow *Die Höhle der Löwen* machen sollte.

Doch Jarzombek war nicht alleine. Es gab auch in anderen Bundesländern junge Unionspolitiker, die sich für Digitalthemen interessierten und ähnliche Erfahrungen wie er machten – der spätere CDU-Generalsekretär Peter Tauber zum Beispiel oder die heute als Staatsministerin im Bundeskanzleramt für Digitalisierung zuständige CSU-Politikerin Dorothee Bär. Damals war offensichtlich, dass der Stellenwert der Digitalisierung immer weiter zunehmen würde. Die großen Tech-Konzerne Amazon, Google oder Apple wurden mächtiger, setzten gleichzeitig mit ihren Technologien Maßstäbe und neue Plattformen wie das soziale Netzwerk Facebook kamen vermehrt dazu. Und Deutschland? Die Bundesrepublik hatte zwar den Hightech-Gründerfonds geschaffen, war aber noch weit von einer ganzheitlichen Digitalpolitik entfernt.

Die Frustration wuchs bei einigen Abgeordneten der etablierten Parteien, die sich für das Thema begeistern konnten, in den starren Parteihierarchien aber kaum Gehör fanden oder übergangen wurden. Nachdem 2010 bereits der netzpolitische Verein Digitale Gesellschaft gegründet wurde, den viele im Umfeld der Grünen verorten, entstanden mit D64 und Cnetz auch im Umfeld von SPD und CDU Digitalvereine – die auf Unterstützung von Rheinländern bauen konnten. D64 wurde von Valentina Kerst mitgegründet, die damals in Köln eine Digitalberatung leitete und inzwischen Staatssekretärin im Thüringer Wirtschaftsministerium ist. Das CDU-nahe Pendant Cnetz gründete wiederum Thomas Jarzombek gemeinsam mit Peter Tauber.

Cnetz sollte ein Sprachrohr sein – nach außen, aber vor allem in die Partei. Denn 2010 wurde im Bundestag zwar die Einrichtung der Enquete-Kommission »Internet und digitale Gesellschaft« beschlossen, doch nicht nur in der CDU gab es Zweifel daran, ob dort tatsächlich die bei diesem Thema fähigsten Leute vorne mit dabei waren. Vor allem der Kommissionsvorsitzende, Axel E. Fischer, erntete viel Häme. So hatte der baden-württembergische CDU-Abgeordnete sich im November 2010 in einem Interview für ein »Vermummungsverbot im Internet« stark gemacht und dies damit begründet, es könne nicht sein, dass sich Bürger hinter selbst gemachten Pseudonymen versteckten.[243] Für den demokratischen Entscheidungsprozess sei es wesentlich, »dass man mit offenem Visier kämpft, also seinen Klarnamen nennt«, hatte der Politiker gesagt und den geplanten neuen Personalausweis als ideale Möglichkeit ins Spiel gebracht, sich im Internet zu identifizieren.

Es war eine Steilvorlage für alle, die der CDU mangelndes Digitalverständnis unterstellten. Daher dauerte es nicht lange, bis der Politiker im Internet mit Spott überhäuft wurde, indem man ihm andere Forderungen in den Mund legte, wie die »Wärmeschutzverglasung für Windows«, eine »Winterreifenpflicht für Datenautobahnen« oder »Feuerlöscher gegen Firewalls«.[244] Da machte es kaum noch einen Unterschied, dass Fischer wenig später seine Aussage relativierte. Das Bild einer analogen Partei war perfekt.

»Das war der Moment, indem wir gemerkt haben, dass wir eine andere Struktur brauchen, wenn wir in der Union ein Sprachrohr für das Thema Digitalisierung sein wollen«, erinnert sich Jarzombek. »Denn andernfalls wäre es einfach weiter so gewesen, dass man für solche Aufgaben die Älteren genommen hätte, bei denen man meint, dass sie jetzt einfach mal irgendwie dran sind.« So war die Gründung des Cnetz im April 2012 eine kleine Kampfansage an das Establishment – die Jarzombek und Tauber sogar eine Einladung bei der Bundeskanzlerin einbrachte. »Das war für einen jungen Abgeordneten wie mich natürlich etwas Besonderes«, erzählt Jarzombek. »Daher hatte ich überlegt, dass ich irgendeinen Vorschlag machen sollte, wie es anschließend weitergehen kann.« Also habe er Angela Merkel gefragt, ob sie sich nicht vorstellen könne, eine Veranstaltung mit der Start-up-Szene zu machen. Die Kanzlerin sagte zu, verwies Jarzombek aber auch an Lars Hinrichs, um nach einer gemeinsamen Lösung zu suchen. Denn der Xing-Gründer war damals – Stichwort »Internetgipfel« – ebenfalls im Gespräch mit Merkel.

Im März 2013 kommt es, knapp neun Monate nach dem Treffen von Hinrichs, Klaus Hommels, Frank Thelen & Co. mit Merkel im Kanzleramt, zu einem erneuten Aufeinandertreffen der Gründerszene und der deutschen Regierungschefin. Der Xing-Gründer Hinrichs und der CDU-Abgeordnete Jarzombek hatten den Abend in der Berliner Kulturbrauerei gemeinsam organisiert, knapp 200 Gäste aus der Gründerszene kamen und das US-Portal Techcrunch berichtete per Livestream.

Die Kanzlerin war gut drauf. Am Nachmittag hatte sie Berliner Start-ups besucht und nun scherzte sie schon bei der Begrüßung der vielen Gründer in der Kulturbrauerei, dass sie erstmal bei »Damen und

Herren« statt »Freunde« bleibe – man müsse sich ja vorsichtig annähern. Nachdem Hinrichs zuvor noch einmal darauf hingewiesen hatte, dass an diesem Abend 175 Geschäftsführer von Start-ups und Internetunternehmen versammelt seien, die zusammen für 21 Milliarden Euro Umsatz und 127.000 Beschäftigte stünden,[245] versicherte Merkel in ihrer Ansprache noch einmal, dass man sich als Regierung durchaus bewusst sei, dass die Informations- und Kommunikationstechnologiebranche nicht nur aus Siemens & Co. bestehe, sondern dass junge Unternehmen die Hefe seien, mit der sich die gesamte Szene entwickele.[246]

Ein Bild von dem Abend zeigt Merkel zwischen Lars Hinrichs und Frank Thelen in der Menge, auf einem Gruppenbild sind Thelen und Hinrichs unter anderem mit Wirtschaftsminister Philipp Rösler und Klaus Hommels zu sehen.[247] Man habe lange auf solch ein Zeichen gewartet, sagte ein Gast dem Portal *Techcrunch*: »Wir sind sehr optimistisch, dass dies auch zu einer deutlichen Unterstützung der Start-up-Industrie führen wird.«[248]

Der Abend war ein voller Erfolg – nicht nur für die Gründer, sondern auch für den jungen Abgeordneten Thomas Jarzombek. Er war namentlich von der Kanzlerin genannt worden, jeder im Saal wusste nun, dass dieser CDU-Politiker sich für die Belange der Gründerszene einsetzte. Wenige Wochen später würde er mit Wirtschaftsminister Philipp Rösler sowie dessen riesiger Delegation ins Silicon Valley fliegen und sein Netzwerk ausbauen können. Der Düsseldorfer konnte zufrieden sein. Nur blöd, dass die Sache einen Haken hatte: die Rechnung. »Lars Hinrichs hatte im Vorfeld gesagt: Pass mal auf, wir machen einen Kreis von Leuten und teilen die Kosten am Ende einfach auf«, erinnert sich Jarzombek. Heute kann er darüber lachen. Doch damals rechnete er nach: Miete für die Location, Essen und Security. Für einen Millionär wie Hinrichs und seine wohlhabenden Freunde kein Problem. Aber für einen jungen Bundestagsabgeordneten? »Das war mir natürlich zu blöd zu sagen, dass ich da nicht mitmachen kann«, sagt Jarzombek. »Der Abend hat mir dann auch ein kleines Loch in mein Privatbudget gerissen.«

Doch am Ende hat sich das Investment für ihn ausgezahlt – wie auch für Frank Thelen. Der Bonner ist seitdem immer wieder Sparringspartner der Politik, aber nicht nur für CDU-Politiker, sondern auch für liberale Köpfe wie Christian Lindner. Die beiden tauschen sich häufiger aus, als Lindner 2018 einen eigenen Podcast startete, war Thelen sein erster Gast.[249] Mit Dorothee Bär, der Staatsministerin für Digitales, rief er wiederum einen Beirat ins Leben, den Innovation Council, in dem sich neben Szeneköpfen wie Zalando-Chef Rubin Ritter oder HTGF-Chef Alex von Frankenberg auch zwei Gründer von Start-ups aus Thelens Freigeist-Portfolio finden: Daniel Wiegand von Lilium Aviation und Zoe Adamovicz von Neufund. Thelen begründete dies mal damit, dass die Szene überaus klein sei und er Themen wie Blockchain und Flugtaxis vertreten wissen wollte. Er wäre auch offen gewesen, andere aufzunehmen, kenne aber keinen, der technologisch so weit sei.[250] Lilium Aviation hat sich seitdem tatsächlich aus Sicht des Investors Thelen positiv weiterentwickelt, während Neufund hingegen floppte.

Das Berliner Start-up wollte eine Art Börse auf Blockchainbasis bauen. Die Idee: Speziell im Start-up-Bereich gibt es nur professionelle Anleger, die Risikokapitalgeber. Was wäre, wenn man die Unternehmensanteile von Start-ups über eine Plattform handelbar machen könnte? So könnten sich auch Privatanleger an Wagniskapitalfinanzierungen beteiligen. Doch die Finanzaufsicht BaFin verschärfte die Auflagen bei der sogenannten Prospektpflicht, was speziell Kleinanleger schützen sollte. Wer Geld einsammeln wollte, musste nun im Vorfeld deutlich mehr Aufwand betreiben, transparent über das Geschäftsmodell und mögliche Risiken informieren – aufwendig und teuer. Neufund stellte das Projekt kurz darauf ein.[251] An Thelens Rolle änderte das freilich nichts, denn er war inzwischen so bekannt in der Öffentlichkeit, dass auch Politiker sich gerne mit ihm zeigten.

Klaus Hommels, noch ein Teilnehmer dieses Internetgipfels, hielt sich öffentlich lieber bedeckter. Dennoch ist er inzwischen zu einem der wichtigsten Ansprechpartner der Politik geworden. Denn Hommels denkt in großen Zusammenhängen, auch über das eigene Geschäft hinaus – und half deshalb unter anderem beim Aufbau der Internet Economy Foundation mit. Der Berliner Thinktank wurde 2016 ins Leben gerufen, um Impulse im Bereich der digitalen Wirtschaft und des Internetzeitalters zu geben.[252] Initiator war der Gründer des Telekommunikationskonzerns United Internet, Ralph Dommermuth. Doch der Stiftungsrat ist ein Sammelbecken für Rheinländer: Neben Ex-Telekom-Chef René Obermann (einem gebürtigen Düsseldorfer) sitzen auch Hommels, Zalando-Gründer Robert Gentz und Rocket-Internet-Gründer Oliver Samwer in dem Gremium. Der Vorsitzende der Stiftung ist der ehemalige CDU-Politiker Friedbert Pflüger: »Durch ihn habe ich viel mehr verstanden, welchen Schlüssel die Politik für die Zukunft von Europa bereithalten kann«, meint Hommels. Speziell wenn man merke, wie unfair die großen US-Tech-Konzerne ihre Marktmacht missbrauchen würden, gebe es praktisch keine Chance, um dagegen vorzugehen, außer durch Regulierung – für die letztlich die Politik sorgen müsse.

»Klaus Hommels ist ein Treiber«, sagt Thomas Jarzombek über den Investor. Es gebe nicht viele in der Gründerszene, die politisch interessiert seien. Deshalb müsse man genau zu diesen Leuten den Kontakt suchen: »Es hilft jetzt nichts, wenn Sie nur mit denen reden, die versuchen, ihr eigenes Business zu optimieren. Das Ziel muss ja sein, das Land besser zu machen.« Deswegen habe er auch Parstream-Gründer Jörg Bienert, den er auf Röslers Silicon-Valley-Reise kennengelernt hatte, bei einem späteren Treffen in seinem Düsseldorfer Wahlkampfbüro geraten, einen Verband zu gründen, um das Thema künstliche Intelligenz politisch nach vorne zu treiben. Im Jahr 2018 wurde der KI-Verband gegründet, in dem inzwischen rund 250 Unternehmen aktiv sind, die sich mit dem Zukunftsthema der künstlichen Intelligenz beschäftigen. »Wenn ich einzelnen Unternehmen helfen würde, bekäme ich ein Glaubwürdigkeitsproblem«, gesteht Jarzombek ein. »Aber letztlich brauchen wir solche Leute als Sparringspartner.«

Daher war Klaus Hommels auch während der Coronakrise im Frühjahr 2020 neben dem Bundesverband Deutsche Startups und dessen Präsidenten Christian Miele, der 2019 Florian Nöll beerbt hatte, einer der zentralen Akteure, die hinter den Kulissen mit Jarzombek und dem Staatssekretär im Bundesfinanzministerium Jörg Kukies über ein Rettungspaket für Start-ups diskutierten. Dass Wirtschaftsminister Peter Altmaier (CDU) und Finanzminister Olaf Scholz (SPD) am Ende Hilfen im Umfang von zwei Milliarden Euro auf den Weg brachten, war ein Meilenstein in der Geschichte der Gründerszene, den sich auch Jarzombek und Hommels mit auf die Fahne schreiben können. Denn anders als in der Finanzkrise 2009 würdigte die Bundesregierung mit diesem Vorstoß die große Bedeutung, die Start-ups inzwischen als Wirtschaftsfaktor in Deutschland haben.

Dass Jarzombek selbst in dieser Krise eine große Rolle spielen würde, war dabei auch eine Art Fügung des Schicksals. Denn nach der letzten Bundestagswahl sah es zunächst so aus, als sollte der Düsseldorfer eines der Opfer des politischen Proporzes werden, jenes Geschacher und Gefeilsche um Pöstchen und Ämter, das so viele in der Gründerszene die Nase rümpfen lässt. Denn nachdem in der großen Koalition mit Jens Spahn (Gesundheit) und Anja Karliczek (Forschung) gleich zwei nordrhein-westfälische CDU-Politiker ein Ministeramt bekommen sollten, war klar, dass der Landesverband bei der Verteilung der parlamentarischen Staatssekretärsposten Abstriche machen musste. Für Thomas Jarzombek, der schon als Digital-Staatssekretär im Bundeswirtschaftsministerium gehandelt wurde, sei plötzlich kein Platz mehr gewesen, hieß es. Stattdessen bekam er als Trostpflaster das Amt des Luft- und Raumfahrtkoordinators angeboten.

Doch dann gab es im März 2019 einen Medienbericht, dass mehrere Mitglieder von Altmaiers Beirat Junge Digitale Wirtschaft mit Rücktritt drohten. Der Unmut in dem Gremium war zu diesem Zeitpunkt groß. Der CDU-Politiker, so hieß es, vernachlässige die Digitalwirtschaft. Ein Brief an Altmaier wurde an die Medien durchgestochen, in dem die Kritik artikuliert wurde. Ausgerechnet in dem Gremium, das unter Philipp Rösler Pionierarbeit für die Interessen der deutschen Gründerszene geleistet hatte, machte sich bei manchen Mitgliedern Resignation breit.[253] Die Botschaft kam an. Vier Monate später wurde Thomas Jarzombek von Altmaier zum Beauftragten für die Digitale Wirtschaft und Start-ups ernannt. Es ist ein Ehrenamt. Doch dabei soll es nicht bleiben. Im Hintergrund drängen die mächtigen Lobbyisten längst auf weitere Schritte: Nach der nächsten Bundestagswahl müsse es ein eigenes Digitalministerium geben, einen Ort, an dem all die wichtigen Fragen zur Zukunft des Standorts gebündelt würden – einen Ort, wie es ihn beispielsweise in Nordrhein-Westfalen längst gibt.

Oh shit, Herr Schmidt –
ein Düsseldorfer macht mit Podcasts Politik

Sven Schmidt hat kein politisches Amt, sitzt in keinem digitalen Beirat, ist in keinem parteinahen Netzwerk organisiert oder gar Lobbyist für einen Verband. Doch als die Bundesregierung auf dem Höhepunkt der Coronakrise im Frühjahr über ein milliardenschweres Rettungspaket für die Start-up-Branche nachdachte, suchte der für das Bundeswirtschaftsministerium zuständige Thomas Jarzombek trotzdem das Gespräch.

Der Düsseldorfer Schmidt ist als Gast in verschiedenen Podcasts in den vergangenen Jahren zu so etwas wie einem Gründerszene-Influencer aufgestiegen, einer Art Marcel Reich-Ranicki des Wirtschaftspodcasts. Der hauptberufliche Unternehmer analysiert und interpretiert Firmenbilanzen und Geschäftsmodelle wie der verstorbene Literaturkritiker Romane und Lyrik: oft genial, häufig gnadenlos. Der Europa-Chef des Internetkonzerns Google? »Wird intern nur Management-Roboter genannt.« Der Onlinemöbelhändler Home24? »Firmen, die nicht wachsen und Geld verlieren, gehören nicht an die Börse, sondern liquidiert.« Der Chef von Amazon-Deutschland? »Sollte in Beugehaft genommen werden.« Der Medienkonzern ProSiebenSat.1? »Das Kerngeschäft ist verloren.«[254]

Auch zu dem damals geplanten Hilfspaket, das der CDU-Politiker Jarzombek und sein Kollege aus dem Bundesfinanzministerium, Staatssekretär Jörg Kukies, auf Drängen des Bundesverbands Deutsche Start-ups anlässlich der Pandemie im Frühjahr 2020 entwickelten, hatte

Schmidt eine Meinung: »Eigentlich ist kein Start-up systemkritisch und die 38. Yoga-App erst recht nicht.« Aus seiner Sicht sollten stattdessen die Risikokapitalgeber, die nun teilweise über den Bundesverband Deutsche Startups ein solches Rettungspaket gefordert hatten, im Zweifel die Start-ups mit ihrem Geld retten. Es entbehre nicht einer gewissen Ironie, dass ausgerechnet Millionäre nach Staatshilfe rufen würden, so Schmidt.[255] Das Hilfspaket sei nicht weniger als der »Versuch eines legalen Bankraubs«.[256]

Rumms.

Mit seinen provokanten Formulierungen und seinen kritischen Analysen hat es der Düsseldorfer innerhalb der Szene zu einiger Berühmtheit gebracht: »Sven hat sich inzwischen eine eigene Fangemeinde aufgebaut. Es gibt gestandene Manager, die mich fragen, ob ich einen Kontakt zu ihm herstellen könnte«, sagte Philipp Westermeyer über seinen Freund.[257] Westermeyer moderiert den OMR-Podcast der Hamburger Medien- und Marketing-Plattform *Online Marketing Rockstars*, in dem er Köpfe aus der Digitalszene und auch Prominente wie Günther Jauch oder Dieter Bohlen interviewt. 50.000 Hörer hat der Podcast im Schnitt pro Folge, in dem Sven Schmidt regelmäßig als »Stammgast« auftritt. Der Unterhaltungswert der beiden ist so groß, dass Westermeyer und Schmidt sogar für Konferenzen als Bühnenprogramm angefragt werden.

Im Juli 2018 startete das Portal *Deutsche Startups* auch einen Insiderpodcast, in dem Chefredakteur Alexander Hüsing regelmäßig mit Sven Schmidt exklusive Nachrichten und Einblicke aus der deutschen Start-up-Szene veröffentlicht. Der Podcast ist für viele Risikokapitalgeber, Gründer und Manager inzwischen Pflichtprogramm. Der Einfluss ist so groß, dass Schmidt vor einiger Zeit sogar zu einem Gespräch mit NRW-Wirtschaftsminister Andreas Pinkwart eingeladen wurde, nachdem zuvor Beamte im Ministerium die Sendungen mit ihm gehört hatten.

Erstaunlich ist das alles vor allem deswegen, weil der Düsseldorfer all diese Projekte quasi als Hobby betreibt. Sein Geld verdient er eigentlich als Unternehmer und Investor. Schmidt ist seit einiger Zeit Geschäftsführer beim Essener Start-up Maschinensucher.de, einem Marktplatz für Gebrauchtmaschinen, den er gemeinsam mit dem Gründer durch

Marketing und strategische Übernahmen zum international dominierenden Spieler in diesem Segment ausbauen will. Die Podcasts sind daher für ihn auch ein Stück weit Mittel zum Zweck: »Ich mache fast keine Geschäftsreisen. Wenn man in Düsseldorf lebt, nicht mehr für eine bekannte Marke arbeitet und nicht reist, läuft man schnell Gefahr, sein Netzwerk zu verlieren.« Die Podcasts würden ihm helfen, im Gespräch zu bleiben, und Anlass für Telefonate mit alten Bekannten und Weggefährten geben.

Es ist eine Freiheit, die Schmidt erst heute, als finanziell unabhängiger Unternehmer hat. Denn jahrelang gehörten Flüge und Reisen zu seinem Alltag. Nach dem Studium an der Gründer-Hochschule HHL in Leipzig fing er bei McKinsey als Unternehmensberater an, bevor er anschließend sechseinhalb Jahre bei Risikokapitalgebern wie Earlybird und Accel Partners in London arbeitete, für die er unter anderem in die Start-ups Mitfahrgelegenheit.de, Prezi und Vinted (Kleiderkreisel) investierte. Dabei sammelte Schmidt nicht nur Bonusmeilen, Erfahrungen und viele wichtige Kontakte, sondern gewann auch eine wichtige Erkenntnis: »Das eigene Bett ist immer noch angenehmer als jeder Sitz im Flugzeug.«[258]

In der nordrhein-westfälischen Landeshauptstadt wurde Schmidt geboren und ist dort auch aufgewachsen. Hier besuchte er zunächst das Humboldt-Gymnasium und studierte anschließend bis zum Vordiplom an der Heinrich-Heine-Universität Betriebswirtschaft. Die Eltern seines Vaters waren Fabrikarbeiter, Vater Schmidt der erste Studierte in der Familie. Seinem Sohn Sven abonnierte er *USA Today*, damit dieser eine englischsprachige Zeitung lesen konnte. Aufstieg durch Bildung – eine Maxime, die Schmidt auch heute noch als eine der zentralen Aufgaben des Staates ansieht.

Vom Penner zum Schlossbesitzer – wie das geht, hat Schmidt auch schon selbst erlebt. Nicht persönlich natürlich. Aber als Investor von Farbflut Entertainment, dem Unternehmen hinter dem Onlinespiel Pennergame. Im Jahr 2008 sorgte das Spiel für einen deutschlandweiten Hype und Millionen Menschen versuchten damals, einem Obdachlosen virtuell zu Reichtum zu verhelfen, indem sie im Spiel Flaschen sammelten oder Currywurstbuden überfielen. Beim Diakonischen Werk sah man in dem Spiel damals »ein Indiz für soziale Verrohung«,[259] ein Sprecher des französischen Roten Kreuzes nannte das Spiel »eine Schande«.[260] Doch für die Macher war es ein riesiger Erfolg. Zwischenzeitlich zählte Pennergame mehr als eine Milliarde Seitenaufrufe pro Monat.[261]

Der heutige Capnamic-Investor Jörg Binnenbrücker suchte damals noch bei DuMont Ventures nach Start-ups und war dabei laut Schmidt auf das Onlinespiel gestoßen. Er machte ihm und seinem Geschäftspartner ein Angebot: Wenn ihr Pennergame bei ICS inkubiert, dürft ihr im Gegenzug investieren.[262] ICS Internet Consumer Services war das Unternehmen, mit dem Schmidt und sein Geschäftspartner Start-ups aufbauten und entwickelten. Möglich wurde das durch einen Erfolg im Fahrwasser des Neuen Markts.

Genau wie die späteren Gründer der Hotelsuchmaschine Trivago hatte auch Schmidt in Leipzig studiert und währenddessen ein Netzwerk aufgebaut. Er war dabei, als rund um die Jahrtausendwende das Gründerfieber ausbrach – und der Verkauf von Alando an eBay die Samwer-Brüder zu heimlichen Stars an den Hochschulen machte. Schmidt kannte Oliver Samwer von einigen Begegnungen an der WHU bzw. in Leipzig. Ende 1999 hatten die Brüder dann ehemalige Kommilitonen und Kontakte von der HHL zu einer Art Businessplan-Wettbewerb in das Alando-Büro nach Berlin eingeladen und Schmidt fuhr hin. War das der Impuls zum Gründen? Nein, sagt Schmidt, denn damals »musste niemand mehr ermutigt werden, das war ja wie beim Goldrausch.« Am Neuen Markt seien Firmen über Nacht mit Millionen bewertet worden, das Alter der Gründer hingegen spielte bei Internetgeschäftsmodellen keine Rolle mehr. Der junge Hochschulabsolvent konnte in kürzester Zeit erfolgreicher sein als der erfahrene Unternehmer. »Da dachte jeder, jetzt gründe ich was.«

Schmidt fing damals zunächst als Unternehmensberater bei McKinsey an, beschloss dann aber, mit Freunden und Kollegen lieber einen eigenen Onlinetickethandel aufzubauen: GetGo. Das Team konnte unter anderem den Risikokapitalgeber ECONA von einem Investment überzeugen, führte das Portal anschließend innerhalb von zwei Jahren von Hamburg aus in die schwarzen Zahlen und zur Marktführerschaft – und verkaufte es dann 2002 mit Gewinn an den Offline-Marktführer CTS Eventim, der damit im Onlinemarkt an Profil gewann.[263]

Nach dem Verkauf 2005 gründete er gemeinsam mit einem Partner dann ICS Internet Consumer Services, mit dem er wiederum andere Firmen aufbaute wie das Gelbe-Seiten-Portal Dialo, den Onlinestammbaumanbieter Verwandt.de, die Schnäppchenseite Dealjaeger – oder eben das Unternehmen hinter Pennergame. Dessen Erfolg war so immens, dass das Pennergame-Team praktisch rund um die Uhr damit beschäftigt war, das Wachstum zu organisieren, Serverkapazitäten bereitzustellen und Werbeflächen zu vermarkten. Es fehlte die Zeit, das Modell auszubauen, weitere Einnahmemöglichkeiten zu generieren, etwa durch die Einführung eines Freemiummodells, bei dem die Basisversion kostenlos wäre, Erweiterungen aber Geld kosteten. Freemiummodelle werden heute zum Beispiel von vielen Medienhäusern genutzt, die einen Teil ihrer Artikel kostenpflichtig hinter einer Bezahlschranke anbieten. Im Jahr 2012 wurde die Firma von ICS verkauft. »Es ist schade, dass wir da das Optimum nicht rausgeholt haben«, sagte Schmidt rückblickend. Er schaut daher auf diese Zeit mit einem lachenden und einem weinenden Auge zurück.

Doch insgesamt hat sich die Zeit als Investor gelohnt. Dialo und speziell Verwandt.de wurden mit Gewinn verkauft und glichen damit den Verlust, den Schmidt beim gescheiterten Portal Dealjaeger machte, mehr als aus. »Unternehmertum ist wie Lose ziehen, man kann nicht immer gewinnen«, sagte der Investor einst.[264] Schmidt gewann bislang häufiger, als er verlor. Alleine sein Investment in die IT-Beratung Senacor Technologies sei äußerst erfolgreich, hört man in der Branche. Als das Unternehmen vor Jahren einen Management-Buy-out unter Führung eines Kommilitonen machte, soll Schmidt eingestiegen sein und bis heute einen zweistelligen Prozentsatz an dem profitablen Unternehmen halten.

Vermutlich müsste Schmidt nicht mehr arbeiten, vermutlich könnte er sich ganz auf das Hobby der Podcasts konzentrieren. Aber will man das mit Mitte 40? Schmidt zumindest nicht. Daher suchte er vor einigen

Jahren nach dem Ausscheiden aus dem VC-Geschäft nach einem neuen Projekt – und erinnerte sich dabei an einen Onlinemarktplatz, auf den er während seiner Tätigkeit für Accel aufmerksam geworden war: Maschinensucher.de.

Thorsten Muschler hatte die Plattform für gebrauchte Maschinen wie Spritzguss-, Fräs- oder Hobelmaschinen bereits 1999 während des Studiums in seiner Heimatstadt Essen gegründet. Als Hauptquartier diente ihm zunächst das ehemalige eigene Kinderzimmer. Drei Jahre später begann er damit, für Inserate auch Geld zu nehmen. Mit den Einnahmen finanzierte er zunächst das Studium und ab 2008 auch den ersten Mitarbeiter, den er einstellte, nachdem er einen Schottlandurlaub wegen eines Serverausfalls hatte abbrechen müssen.[265]

Im Jahr 2017 stieg Sven Schmidt als Mitgesellschafter bei dem Start-up ein, seitdem erhöht sich die Schlagzahl kontinuierlich. Wer eine gebrauchte Maschine sucht, soll irgendwann nicht mehr über den Umweg Google zu Maschinensucher kommen, sondern sich direkt an das Portal erinnern. Dafür warb das Essener Unternehmen im Umfeld der Darts-WM, buchte großflächig Bandenwerbefläche bei mehreren Vereinen in der 2. Fußball-Bundesliga und versuchte zuletzt sogar, die Namensrechte am Stadion des MSV Duisburg zu erwerben. Natürlich helfen Schmidts Podcastauftritte, das Unternehmen in die Medien zu bringen – auch wenn nicht jeder über seine Aktivität erfreut ist. Denn der Düsseldorfer polarisiert so sehr, dass es immer wieder zu Beschwerden kommt. Mal war es der Fußball-Club Borussia Mönchengladbach, der sich nach einem Liveauftritt zu hart kritisiert fühlte, ein anderes Mal nahm *OMR* eine Folge des Podcasts sogar kurzfristig aus dem Netz, weil sich der Kölner Plakatvermarkter Ströer über Schmidts Analysen beschwert hatte. Der Bonner Investor Frank Thelen schaltete einmal sogar nach einer Folge des Insiderpodcasts von Deutsche Startups einen Anwalt ein.

Auf rheinländische Solidarität sollte man bei Schmidt jedenfalls nicht hoffen, wie diese und andere Beispiele zeigen. Speziell Thelen ist immer wieder Thema. Genüsslich zitiert Schmidt im Startup-Insider-Podcast, dass dieser in Investorenkreisen »der Realschüler« genannt würde. Den Kölner Gameduell-Gründer Boris Wasmuth nennt er regelmäßig »den kleinen Gauselmann« in Anlehnung an den umstrittenen Spielhallenkönig – und wenn die Sprache auf den Risikokapitalgeber Project A kommt, spricht Schmidt lieber von »Heinemann & Associates«, als würde Florian Heinemann in der Hierarchie über seinen Partnern stehen.

Schmidt und Heinemann waren eigentlich eng befreundet und hatten sich kurz nach der Jahrtausendwende während Heinemanns Zeit bei Justbooks in Düsseldorf kennengelernt. Später baute Schmidt dann auch zu anderen Partnern von Project A ein enges Verhältnis auf. Doch es kam zum Bruch, als man sich über ein geplantes, aber dann nicht zustande gekommenes gemeinsames Geschäft zerstritt. Seitdem haben die beiden kein Wort mehr miteinander gewechselt. »Sven Schmidt ist unheimlich schlau, aber wenn er irgendwo emotional involviert ist, verliert sein Verstand an Schärfe und er wird unfair«, heißt es in Branchenkreisen im Hinblick auf seine verbalen Spitzen bei bestimmten Personen.

Trivago-Gründer Rolf Schrömgens und der Maschinensucher-Geschäftsführer kennen sich aus gemeinsamen Zeiten an der HHL in Leipzig. Schrömgens schätzt Schmidt, sagt aber auch, dass dieser schon zu Studienzeiten die Menschen stark daran gemessen habe, ob sie ihm intellektuell gewachsen seien: »Der hatte früher ein schwieriges Interface. Aber spannend zu sehen, wie er sich in den Jahren positiv entwickelt hat.«

Mit seiner Kritik am Rettungspaket für Start-ups war er hingegen nicht alleine. Auch einige andere Risikokapitalgeber äußerten sich hinter vorgehaltener Hand skeptisch über den Plan, mit staatlichem Geld Finanzierungsrunden von Risikokapitalgebern aufzustocken. Verhindert wurde er dennoch nicht. Ein Fehler? Das wird man erst in einigen Jahren wissen. Denn Schmidt ist zwar analytisch brillant, immer richtig liegt er deswegen aber trotzdem nicht. Insofern dürfte man auch in der nordrhein-westfälischen Landesregierung darauf hoffen, dass sich Schmidts Prognose zu den Zukunftschancen des Start-up-Standorts Rheinland als falsch herausstellt: »Berlin und München haben internationale Strahlkraft. Düsseldorf und Köln sind hingegen über die Landesgrenzen hinaus nicht bekannt.« Doch gerade so eine Anziehungskraft brauche es, um internationale Talente zu gewinnen und langfristig zu halten: »Ich lebe sehr gerne in Düsseldorf, muss aber auch ganz ehrlich sagen: Wenn man als Nicht-Düsseldorfer nach Düsseldorf kommt, gibt es im Grunde nichts, was einen hier hält.«

Superjeile Zick –
wieso das Rheinland große Chancen hat, in Zukunft wieder ganz vorne mitzuspielen

Andreas Pinkwart ist gerade in der Ukraine, als sein Handy klingelt. Christian Lindner ist am Telefon und hat ein Angebot. Es ist Mittwoch, der 17. Mai 2017. Drei Tage zuvor hatte die Bevölkerung in Deutschlands größtem Bundesland ein neues Parlament gewählt und die FDP hatte mit 12,6 Prozent der Stimmen nach CDU und SPD das drittbeste Ergebnis geholt.

Nach dem Ausscheiden aus dem Bundestag 2013 hatte der Parteivorsitzende Lindner vier Jahre im Düsseldorfer Landtag in der Opposition gekämpft, um hier den Grundstein für das Bundestagscomeback zu legen. Den Wahlkampf hatten die Liberalen komplett auf ihr prominentestes Gesicht zugeschnitten: Lindner-Plakate in Graustufen, dazu Sprüche wie »Nichtstun ist Machtmissbrauch« oder »Das Digitalste in der Schule dürfen nicht die Pausen sein«. Während der CDU-Kandidat Armin Laschet sich als der nette Onkel von nebenan präsentierte und Amtsinhaberin Hannelore Kraft auf inhaltsleere Hashtag-Botschaften wie »#NRWirEntdecker« setzte, verbreiteten die FDP-Plakate Aufbruchstimmung, Tatendrang, Energie – und klare Ziele. Mehr Digitalisierung, bessere Bildung: Das waren die Versprechen, mit denen die FDP unter Lindner bei der Wahl antrat.

Es gab nur einen Haken: Derjenige, der da auf den Plakaten so energisch wirkte, hatte gar nicht vor, die Botschaften umzusetzen. Denn NRW war nur die Zwischenstation für Christian Lindner, sein Ziel war der Bundestag – und so entwickelte sich der Wahlabend im Grunde etwas anders als geplant. Denn natürlich hatte die FDP auf ein gutes Ergebnis gehofft, dass sie aber so stark würde, kam für viele dann doch überraschend. Denn das Wahlvolk hatte nicht nur die rot-grüne Landesregierung von Hannelore Kraft und Sylvia Löhrmann abgestraft, auch Armin Laschet hatte als Spitzenkandidat das zweitschlechteste Ergebnis in der CDU-Geschichte geholt. Dass auf den Schautafeln am Ende ein Plus von 6,6 Prozent bei den Stimmen stand, lag überwiegend daran, dass sein Vorgänger Norbert Röttgen bei der Wahl 2012 noch schlechter abgeschnitten hatte. Dennoch reichte es für Schwarz-Gelb dank einer knappen Mehrheit von einer Stimme. Die Liberalen waren der Königsmacher der Koalition und brauchten nun viel Personal.

Andreas Pinkwart war von 2005 bis 2010 Forschungs- und Innovationsminister in NRW, Landesvorsitzender und stellvertretender Bundesvorsitzender der FDP. An seiner Eignung für ein Ministeramt gab es daher wenig Zweifel. Doch eigentlich hatte sich Pinkwart aus der aktiven Politik zurückgezogen. Seine Familie lebte zwar immer noch im heimischen Rheinland, doch er selbst hatte inzwischen die Leitung der HHL Leipzig Graduate School of Management übernommen, wo er erst kurz zuvor für weitere fünf Jahre zum Rektor gewählt worden war.

»Ich hatte die Partei im Wahlkampf bei der einen oder anderen Veranstaltung unterstützt«, sagt Pinkwart. »Meine Hauptmotivation war damals aber eigentlich, dass die FDP in den Bundestag zurückkehrt. Ich selbst hatte eigentlich gar nicht die Absicht, in die Politik zurückzukehren.« Doch dann rief Christian Lindner an. Rund 2.000 Kilometer trennten die beiden damals, als der Parteichef Pinkwart grob seinen Plan von einem Wirtschafts- und Digitalministerium mit dem in Gründungsthemen so bewanderten Professor an der Spitze skizzierte und ihn dann fragte, ob er nicht auch den Koalitionsvertrag mitverhandeln wolle. Und Pinkwart wollte. Es war die Chance, die sein Vorgänger Garrelt Duin auch gebraucht hätte.

Köpfe, Kapital und Kooperationen –
wie Rheinländer maßgeblich den Aufbau eines Start-up-Ökosystems in NRW prägen

Hinter dem Schreibtisch von Garrelt Duin hängt eine historische Karte von Ostfriesland. Es sollen bloß keine Missverständnisse aufkommen: Acht Jahre lebt Duin inzwischen in Nordrhein-Westfalen, doch die friesischen Wurzeln sind hartnäckig. Er ist inzwischen Hauptgeschäftsführer der Handwerkskammer zu Köln. Doch es ist noch gar nicht so lange her, dass sein Schreibtisch im ehemaligen Mannesmann-Hochhaus am Düsseldorfer Rheinufer stand. 22 Stockwerke hat das Gebäude, verteilt auf 88,5 Meter Höhe. Das Ministerium für Wirtschaft, Energie, Industrie, Mittelstand und Handwerk überragte damit jedes andere Ministerium der damaligen Landesregierung – es war sogar höher als das futuristische Stadttor, in dem die Staatskanzlei von Ministerpräsidentin Hannelore Kraft untergebracht war.

Doch der Eindruck täuschte über die wahren Machtverhältnisse hinweg. Denn im Kabinett schien Kraft dem Koalitionspartner oft näher als dem eigenen Minister. Wirtschaft genoss in der rot-grünen Landesregierung keine Priorität. Schon in der Präambel des Koalitionsvertrags hieß es, für Rot-Grün stehe nicht der Markt, sondern der Mensch im Mittelpunkt. Das Wort »Start-ups« tauchte 2012, immerhin das Jahr des Facebook-Börsengangs, nur an einer Stelle auf: Man wolle prüfen, inwieweit man Hochschulen bei Ausgründungen und Start-ups strategisch begleiten könne.[266]

Garrelt Duin hatte diesen Koalitionsvertrag nicht mit verhandelt, was er später bedauerte.[267] Als er ins Amt kam, blieb ihm nicht viel anderes übrig, als die politischen Konzepte anderer umzusetzen – oder sich alternativ eigene Projekte zu suchen. »Es gab nicht den einen Moment, in dem ich aufgewacht bin und gedacht habe: Das muss ich machen«, sagt Garrelt Duin in seinem Büro bei der Handwerkskammer. Stattdessen habe es immer wieder Gespräche mit Leuten aus der Digitalszene gegeben – Business Angels, Verbandsvertretern oder Gründern. Je länger der damalige Minister den Leuten zuhörte, umso mehr beschlich ihn ein ungutes Gefühl: Da draußen passierte etwas, über das man im Ministerium noch viel zu wenig wisse. Doch wie ließ sich dieses Problem lösen?

Im November 2013 besuchte Duin in Paderborn den »4. Tag der Informations- und Kommunikationswirtschaft Nordrhein-Westfalen«, bei dem auch Tobias Kollmann zu Gast war. Er habe sich mit Blick auf den digitalen Zustand in NRW ein wenig in Rage geredet, sagt der Professor von der Universität Duisburg-Essen rückblickend. Ein Reporter der örtlichen Regionalzeitung notierte am Veranstaltungstag, Kollmann habe bemängelt, dass Risikokapital im Land fehle, an den Universitäten zu wenig unternehmerische Kompetenz vermittelt würde und es in Duins Ministerium einen Landesbeauftragten für die Informations- und Kommunikationswirtschaft als Ansprechpartner bräuchte.[268]

Kollmann sagt, nach seinem Vortrag sei Stille im Raum gewesen, niemand habe genau gewusst, wie er reagieren sollte, denn die Veranstaltung sei eigentlich als positive Leistungsschau geplant gewesen. Doch Duin sei ostfriesisch cool geblieben: »Er meinte dann nur: ›Herr Kollmann, wir müssen uns mal treffen und reden‹«, erinnert sich der Autoscout24-Gründer. Sie redeten – und vier Monate später wurde der Professor nebenberuflich zum Beauftragten für die digitale Wirtschaft in Nordrhein-Westfalen ernannt. Mit einer Stabsstelle sollte er das Thema abseits der Strukturen im Ministerium vorantreiben. Das Ziel: Gemeinsam mit einem neu geschaffenen Beirat sollte Kollmann ein Konzept entwickeln, mit dem NRW gründerfreundlicher würde; mit dem das Land den Rückstand auf Berlin und andere Regionen verkürzen könnte.

Die aktuelle Situation bot ausreichend Anlass zur Sorge. Denn Berlin hatte sich nicht nur in den vergangenen Jahren zur deutschen Start-up-Hauptstadt entwickelt und viele Gründer aus Nordrhein-Westfalen angelockt, die nun dort Erfolge feierten wie die Samwer-Brüder, Florian Heinemann, Robert Gentz oder Thomas Griesel. Was noch bitterer war:

Zalando bzw. HelloFresh wurden auch noch über Tengelmann Ventures (damals Mülheim, heute als TEV mit Sitz in Essen) bzw. Vorwerk Direct Selling Ventures (Wuppertal) mit Geld aus NRW finanziert.

Bei der Gründerquote, also dem Anteil an Menschen zwischen 18 und 65 Jahren, die ein Unternehmen gründen, lag NRW laut einer Studie der staatlichen KfW-Bank nur im Mittelfeld. Auf 100 Einwohner kam nicht mal einer, der sich hauptberuflich als Gründer versuchte.[269] Während in Berlin 2013 ungefähr 600 Start-ups gegründet wurden, waren es in NRW laut einer Berechnung von Kollmann 30. Mehr noch: Im bevölkerungsreichsten Bundesland lag selbst die Summe aller existierenden Start-ups unter der Zahl, die in der Hauptstadt in einem Jahr entstanden.[270] Wenig überraschend, dass in NRW in diesem Jahr nur 35,1 Millionen Euro Risikokapital investiert wurden, während Berlin auf 169,3 Millionen Euro kam.[271] Angesichts des Potenzials des Landes mit seiner vielfältigen Hochschullandschaft, der zentralen Lage in Europa und der vielfältigen Wirtschaftsstruktur war das natürlich viel zu wenig.

NRW hatte ein Problem, daher wollten Duin und Kollmann es lösen. Gemeinsam mit dem Beirat entwickelten sie eine Strategie, die auf mehreren Säulen basierte, die am Ende unter den drei Schlagworten »Köpfe, Kapital und Kooperationen« subsumiert wurden. Nicht nur Kollmann, auch Duin arbeitete sich in das Thema ein, suchte gezielt den Kontakt zu Gründern und seinem Beirat: »Als Minister hat man viele Veranstaltungen, auf denen erwartet wird, dass man eine Rede hält, dann vielleicht noch ein bisschen diskutiert und am Ende eine Förderzusage macht.« Das sei eben der Alltag: »Die Sitzungen des Beirats liefen anders, da bin ich am Ende immer schlauer raus- als reingegangen.« Im Nachhinein, sagt Duin, hätte er schon viel früher auf seinen ehemaligen Mitarbeiter im Bundestag hören sollen. Der habe ihm schon frühzeitig von den Digitalthemen vorgeschwärmt. »Damals wollte ich davon noch nichts hören«, sieht Duin ein. Doch dieser Lars Klingbeil sollte recht behalten – und als einer der wichtigsten digitalpolitischen Köpfe der Partei im Dezember 2017 zum Generalsekretär der SPD aufsteigen.

Im Juni 2015, also quasi zur Halbzeit der Legislaturperiode, stellten Duin und Kollmann ihr Programm vor, das unter anderem die Einrichtung sogenannter digitaler Hubs, Gemeinschaftsflächen für Start-ups auf Messeveranstaltungen, einen Tag der digitalen Wirtschaft (DWNRW-Summit) und die Bereitstellung von Risikokapital in der sehr frühen Seed-Phase über die landeseigenen Förderbank NRW.Bank vorsah.

42 Millionen Euro wollte die Landesregierung dafür bis 2020 bereitstellen, wovon 25 Millionen aus dem Haushalt und der Rest von der NRW.Bank kommen sollten – umgerechnet fünf Millionen Euro pro Jahr.[272] Der Minister musste mit wenig Geld viel erreichen, während andere deutlich mehr Möglichkeiten hatten. Drei Monate, bevor Duin und Kollmann ihre Strategie präsentierten, hatte Bayern bekannt gegeben, 100 Millionen Euro für einen Wachstumsfonds bereitzustellen.[273]

Auch wenn Duin damals bei der Vorstellung des Konzepts in einem Interview betonte, dass sich das gesamte Kabinett die Strategie zu eigen gemacht hatte,[274] war klar, dass hier ein Minister mit seinem Digitalbeauftragten auf ziemlich verlorenem Posten kämpfte – wie sich knapp anderthalb Jahre später bei einer Entscheidung zeigen sollte, die Duin rückblickend als seine »schmerzhafteste politische Niederlage« bezeichnet.

Auf seinen Reisen durch das Land hatte der Minister irgendwann einen jungen Gründer kennengelernt. Tom Bachem hatte kurz zuvor den Bundesverband Deutsche Startups aus der Taufe gehoben, doch gleichzeitig plante der Seriengründer bereits sein nächstes, ungleich schwierigeres Projekt: eine Hochschule. Der Kölner, der an einer Business-Hochschule BWL studiert hatte, weil ihm das Informatikstudium zu theoretisch gewesen war, träumte von einer Institution, an der Studierende so lernen könnten, wie er es sich gewünscht hätte. Die Code-University sollte praxisnah sein und Fachkräfte für Digitalunternehmen ausbilden. Mit Trivago-Gründer Rolf Schrömgens oder Project-A-Gründer Florian Heinemann hatte er sogar schon mehrere Rheinländer als Unterstützer gewonnen. Duin war fasziniert. Immer wieder traf er sich mit Bachem zum Gespräch, das Konzept des damals knapp 30-Jährigen wurde sogar im digitalen Beirat vorgestellt und diskutiert. Mit der »Code«, das war allen klar, würde NRW ein Signal an ganz Deutschland senden: Wer Talente für die Unternehmen von morgen braucht, muss nicht nach Berlin, sondern kann sie einfach im Rheinland selbst ausbilden.

Mit seinem Beirat und dem Digitalbeauftragten versuchte der Minister ein Momentum zu kreieren, an Rhein und Ruhr Aufbruchstimmung zu erzeugen. Doch immer wieder wurde man zurückgeworfen. Speziell vonseiten der Konzerne hatte Duin bislang wenig Unterstützung erfahren, viele Großunternehmen aus NRW starteten ihre Inkubatoren und Acceleratoren lieber in Berlin als vor der eigenen Haustür und konterkarierten damit die Werbung des Ministers für den Standort.

Momente wie im April 2016 waren selten, in dem der Minister in Essen auf Zeche Zollverein die neuen Büroräume von »Schacht One« eröffnete, wie die traditionsreiche Haniel-Gruppe ihre Digitaltochter getauft hatte. »Ich bin froh, dass sich Haniel für diesen Standort entschieden hat und so dazu beiträgt, NRW nach vorne zu bringen«, sagte Duin damals. »In gar nicht allzu ferner Zeit werden wir auf diesen Tag zurückblicken und sagen: Das ist der Tag, an dem sich in NRW etwas verändert hat.«[275]

Dann entschied Tom Bachem, seine Code-University in Berlin statt in Köln zu eröffnen. Anfang 2016 hatte er mit seinen Mitgründern mit der intensiven Planung begonnen, Ende 2016 fiel die Entscheidung für Berlin. In der Zwischenzeit hatte Duin immer wieder mit ihm gesprochen, hatte die NRW.Bank mit ins Boot geholt, um die Finanzierung zu sichern. Anders als bei der Gründung einer Universität waren die Kosten überschaubar, da bei Hochschulen die Lehre im Vordergrund steht, somit also kein teurer Forschungsapparat bezahlt werden musste. Bachem bezifferte die Summe bei vergleichbaren Projekten mal auf einen einstelligen Millionenbetrag.[276] Das wäre selbst für das klamme NRW machbar gewesen. Ein paar Millionen Euro hatte Duin noch im eigenen Etat frei, weiteres Kapital sollte von der Förderbank kommen. »Wir haben sehr viele Brücken gebaut«, sagt Peter Güllmann, der sich damals um den Bereich Unternehmens- und Infrastrukturfinanzierung kümmerte. »Viel mehr hätte man nicht tun können, außer ihm das

Geld zu schenken – aber das kann man natürlich weder als Bank noch als Wirtschaftsminister tun.« Doch eins konnten die beiden nicht erledigen: Bachems Hochschule eine Zulassung erteilen. »In Berlin hat man ihm direkt die Zusage gegeben, die er für einen schnellen Start brauchte«, sagt Duin. »Und bei uns hat man sich im Wissenschaftsministerium zurückgelehnt und gesagt: Dann wollen wir das mal ganz genau prüfen.«

Auch Tom Bachem hat die Entscheidung für Berlin in einem Interview im November 2016 damit begründet, dass der dortige Wissenschaftsrat ihm die Möglichkeit geboten habe, innerhalb eines Jahres die staatliche Anerkennung der Hochschule zu bekommen. So könnte man schon im Wintersemester 2017/2018 starten, sagte Bachem damals. Die Programmakkreditierung könne im laufenden Betrieb erfolgen: »Im NRW-Hochschulgesetz steht leider drin, dass beides vor dem Start erfolgen muss. Ich glaube, dass den Leuten aus dem Bereich bewusst ist, dass das nicht unbedingt sinnvoll ist«"[277]

Der alleinige Grund für seine Entscheidung war dies jedoch nicht. Berlin habe viel Momentum, das sei etwas von Deutschen oft sehr Unterschätztes, aber sehr Relevantes, hat Bachem damals gesagt. Speziell für internationale Talente hat die Stadt aus seiner Sicht mehr Strahlkraft: »Ich will, dass wir international mitspielen, und das ist etwas, wo Köln momentan nicht mithalten kann.« Dennoch sei ihm die Entscheidung – auch aufgrund der großen Unterstützung der Landesregierung – nicht leicht gefallen. »Wenn es nach mir, dem Privatmann, gegangen wäre, wäre ich hier geblieben.«

Oliver Samwer ist nach Berlin gegangen, weil er dort für die Alando-Gründung offenbar die besseren Bedingungen sah. Homeday-Gründer Steffen Wicker hat sich nach dem Simfy-Ende bei seiner zweiten Gründung ähnlich entschieden und auch Tom Bachem entschied am Ende aufgrund rationaler Kriterien anstatt persönlicher Präferenzen. Es ist eine Eigenschaft, die man besonders häufig bei erfolgreichen Gründern sieht. Sie sind bereit, für den Erfolg große Opfer zu bringen. Onvista-Gründer Stephan Schubert spricht in diesem Zusammenhang von der

»Mentalität« eines Gründers. Bachem hat sie, auch wenn das für seine Heimatregion schmerzhaft ist.

»Wir hätten ihm die Entscheidung noch schwerer machen können, wenn wir ihm die Bescheinigung für die Anerkennung als Hochschule direkt mitgegeben hätten«, sagt Duin. »So ist es einfach echt super ärgerlich.« Das Geld vom Ministerium, was zur Finanzierung der Code-University bereitgestanden hätte, bekam stattdessen der Streetscooter-Erfinder Günther Schuh, um damit sein damaliges Elektroautoprojekt e.Go in Aachen voranzutreiben.

Die Code-University wäre ein Impuls für NRW gewesen, aber so wurde sie zum Symbol dafür, dass es bei den Themen Digitalisierung und Gründungen in der Landesregierung abseits des Wirtschaftsministeriums an Interesse mangelte – denn es war nicht so, dass es in Berlin keine Probleme gab. Doch dort war es am Ende der Chef der Berliner Senatskanzlei persönlich, der sich des Themas annahm, wie Bachem erzählte.[278] Daran änderte auch nichts, dass Ministerpräsidentin Hannelore Kraft zu Jahresbeginn per Regierungserklärung im Landtag eine Digitalisierungsoffensive unter dem Motto »MegaBits. MegaHerz. MegaStark.« ausrief – denn diese völlig verunglückte Überschrift sorgte vor allem für Hohn und Spott statt für Aufbruchstimmung.

Hannelore Kraft hatte die Rolle der Landesmutter in den Vorjahren ideal ausgefüllt. Mit ihrem ruhrdeutschen »Hömma« sprach sie die Sprache des Volkes, ihre Sozialpolitik adressierte große Probleme im Land und nach dem tödlichen Unglück bei der Loveparade in Duisburg 2010 fand sie nicht nur die richtigen Worte, sondern zeigte auch genau die Empathie, die andere in dieser Situation vermissen ließen. Doch dann war etwas aus den Fugen geraten. Die Haushaltsbilanz samt hoher Schulden sorgte erst für Kritik und dann für Häme, als die Landesregierung begann, Gäste aufgrund einer Haushaltssperre nicht mehr mit Kaffee und Keksen, sondern nur noch mit Leitungswasser zu bewirten.[279] Die Ministerpräsidentin tat sich immer schwerer mit der öffentlichen Kritik, in Berlin hatte man an Einfluss eingebüßt, nachdem Kraft einem Wechsel in die Hauptstadt mit den Worten, sie wolle »nie, nie als Kanzlerkandidatin antreten« eine Absage erteilt hatte.[280]

Die Regierungserklärung von 2015 sollte den Fokus mal wieder in Richtung Zukunft lenken und Optimismus verbreiten. Die Ministerpräsidentin sprach von smarter Wirtschaft, von Wettbewerben namens »App in die Mitte«, und davon, dass NRW »the place to be« werden müsse.[281] Das Beispiel Code-University zeigte, dass man davon weit entfernt war. Es war eine Rede, der man die mangelnde Kenntnis der Materie von vorne bis hinten anmerkte – und die in den folgenden Monaten immer wieder herangezogen wurde, wenn die Opposition die Digitalpolitik der Landesregierung kritisieren wollte.

»Manches ist gar nicht falsch gewesen, vielleicht sogar der Zeit ein bisschen voraus«, sagt Krafts Ex-Minister Garrelt Duin. Anderes sei von der Öffentlichkeit einfach nicht verstanden worden. So sei der Satz, dass NRW »the place to be« werden müsse, eine Anspielung auf eine Kampagne von Berlin gewesen, die genau mit diesem Motto für den Standort geworben hätte: »Das war eigentlich ein ganz guter intellektueller Gag, aber den Leuten fehlte der Kontext, um die Verbindung herzustellen.«

Als wäre all das noch nicht genug, rief bei Christian Lindner Replik auf Krafts Rede auch noch ein SPD-Hinterbänkler dazwischen und machte sich über die gescheiterte Gründung des FDP-Chefs lustig.[282] Gerade eben noch hatte die Ministerpräsidentin für mehr Gründergeist im Land geworben und nun machte ausgerechnet ein Parteikollege das Scheitern zum Stigma. Für Lindner war das die Steilvorlage, er setzte nahtlos zu einer Wutrede an: »Wenn man Erfolg hat, gerät man in das Visier der sozialdemokratischen Umverteiler, und wenn man scheitert, ist man sich Spott und Häme sicher.«[283] Das Video wurde ein viraler Hit – und die FDP schärfte ihr Profil als Gründerpartei.

Eine neue Gründerzeit
für Nordrhein-Westfalen

Mit Andreas Pinkwart kehrte 2017 ein Mann nach NRW zurück, der als Forschungsminister Erfahrungen mit der Leitung einer Behörde gesammelt und in den Jahren danach in Leipzig an einer der führenden Gründerhochschulen Deutschlands gewirkt hatte. Vor Duins Amtsantritt war das bisherige Wirtschafts- und Verkehrsministerium in den Koalitionsverhandlungen noch geteilt worden: Der Ostfriese musste jahrelang das Haus mit dem kleinsten Etat der Landesregierung führen. Pinkwart und die FDP hingegen sorgten in den Koalitionsverhandlungen dafür, dass aus dem Mannesmann-Gebäude am Rheinufer wieder ein Machtzentrum wurde – wofür unter anderem auch Aufgaben und Personal aus anderen Häusern wie dem Innen- oder dem Verkehrsministerium abgezogen wurden.

Dann verschwanden auch noch die Begriffe »Industrie«, »Mittelstand« und »Handwerk« aus den Signaturen des Hauses, stattdessen: Wirtschaft. Innovation. Digitalisierung. Der Fokus war klar, der Anspruch auch: Hier wird unabhängig von Branchen und Unternehmensgrößen an der Zukunft gearbeitet. Pinkwarts Rolle war so stark, dass die CDU beim Thema Digitalpolitik in NRW seit der Wahl praktisch kaum noch zur Geltung kam.

Schnell war für den neuen Minister auch klar, dass er bei seiner Gründerpolitik auf andere Strukturen würde setzen müssen. Denn die von Duin eingerichtete Stabsstelle mit dem Digitalbeauftragten Kollmann arbeitete außerhalb der Organisationsstruktur des Ministeriums – ganz bewusst, immerhin wollte der SPD-Politiker damals schnelle Ergebnisse erzielen, die eine interne Neuorganisation der Zuständigkeiten nicht garantiert hätte. Deshalb die Stabsstelle und die Lösung mit Kollmann, denn der war zwar als Hochschullehrer Landesbeamter, für dieses Projekt aber mit einer halben Stelle ans Ministerium ausgeliehen worden und agierte so fernab aller Hierarchien und Zuständigkeiten.

Wie bei einem Stapel Holz, den man unter Zuhilfenahme von Brandbeschleuniger entzündet, entstand eine deutlich sichtbare Stichflamme – doch es war klar, dass dieses Feuer schnell wieder erlöschen würde, wenn man Duins DWNRW-Initiative nicht nachhaltiger in die Ministeriumsstrukturen integriert. Andreas Pinkwart musste es daher gelingen, das Holz so zu schichten, dass die Glut nach und nach im Inneren entstehen würde. Denn wenn die digitale Transformation eines 18-Millionen-Einwohner-Landes gelingen sollte, reichte es nicht, eine Art freischaffenden Künstler zu ernennen, dann brauchte es Architekten und Planer auf allen ministerialen Ebenen.

»Es musste gelingen, dass sich jeder verantwortlich fühlt und Spaß daran hat«, sagt Andreas Pinkwart rückblickend. »Wenn man eine fachlich oder regional eingrenzbare Problemstellung hat oder noch zum Ende einer Legislaturperiode schnelle Erfolge braucht, dann ist die Stabsstelle ein nachvollziehbarer Ansatz. Aber für mich war klar, dass wir es umfassender aufsetzen müssen, um nachhaltig sein.« Das bedeutete auch, dass Pinkwart, anders als bei Regierungswechseln üblich, einerseits einen großen Teil des Teams seines Vorgängers übernahm – vom persönlichen Referenten bis zum Pressesprecher. Andererseits übernahm er speziell im Bereich der Gründungen auch einige von Duin, Kollmann und dem Beirat auf den Weg gebrachte Konzepte, etwa das der Digital Hubs.

»Um so eine Struktur aufzubauen, braucht es mindestens zwei Jahre: Es müssen Mittel bereitgestellt werden, dann macht man einen Wettbewerb, fällt die Entscheidung und die Förderbescheide werden überreicht. Dann wird das Personal gesucht und es beginnt die eigentliche Umsetzung«, erklärt Pinkwart. Um die Früchte der eigenen Arbeit noch innerhalb der Legislaturperiode zu ernten, seien die ersten zwei Jahre entscheidend: »Wenn man später mit Initiativen startet, können sich die Nachfolger daran erfreuen, wenn diese so klug sind, die guten Dinge nicht einzustellen, nur weil sie von der Vorgängerregierung sind.« Aus seiner Sicht sei das jedoch vernünftig, weil man keine Zeit verlieren dürfe, um als Bundesland weiter aufzuholen: »Deswegen müssen wir an guten Strukturen festhalten und sie dann gezielt weiterentwickeln.«

Die schwarz-gelbe Landesregierung hatte die Förderung der von Duin auf den Weg gebrachten Digital-Hubs verlängert, obwohl die CDU diese in der Opposition noch verhindern wollte. Per Antrag hatte man die Landesregierung aufgefordert, die Anstrengungen auf eine Region zu fokussieren, statt mehrere Standorte zu fördern.[284] Garrelt Duin jedoch hatte sein Konzept damals im Landtag mit dem Verweis auf die Unterschiede zwischen NRW und Berlin verteidigt: »Wenn ich in Berlin wäre, bräuchte ich natürlich nicht fünf Hubs an verschiedenen Orten, sondern dann kann ich das in der Stadt machen.« In NRW sei es hingegen wichtiger, in die Regionen hineinzugehen.[285]

Damals fanden sich für beide Ansätze Befürworter und Gegner in Politik und Wirtschaft. Doch rückblickend sollte sich zeigen, dass Duin mit seinem Ansatz den richtigen Impuls gesetzt hatte – und Andreas Pinkwart war so klug, das zu erkennen und darauf aufzusetzen. Er entwickelte das Konzept weiter, speziell die Vernetzung untereinander sollte noch besser werden. Gleichzeitig baute er mit Millionenförderungen die Hochschulen zu Gründerzentren aus und setzte auch bei der Gründerfinanzierung neue Akzente. So hat Nordrhein-Westfalen ein Gründerstipendium eingeführt. Doch das könnte erst der Anfang sein – denn in der Gruppe V B des Ministerium haben sie große Pläne. Unter Garrelt Duin kümmerten sich die Mitarbeiter dort um die Themen Energierecht, Bergbau und Kerntechnik.[286] Die Einheit betrieb Vergangenheitsbewältigung, Johannes Velling kümmerte sich um Zukunftsfragen.

Wäre das Ministerium ein Fußballverein, so würde man bei dem leitenden Ministerialrat von einem »Königstransfer« sprechen. Für das Bundeswirtschaftsministerium hatte Johannes Velling den Hightech-Gründerfonds erdacht, das Exist-Stipendium weiterentwickelt und den German Accelerator nach einem Familienurlaub in den USA mit Abstecher ins Silicon Valley konzipiert – und nun hatte der Volkswirt Lust auf eine neue Herausforderung.

Johannes Velling und Andreas Pinkwart kannten sich seit Jahren – und so wusste der FDP-Politiker natürlich auch, dass der Beamte mit seiner Familie in Bonn lebt: »Ich dachte: Das würde ja passen.« Und so war es dann auch. Die von Johannes Velling geleitete Gruppe kümmert sich um die Themen Gründungen, digitale Impulse – und deren Finanzierungen. Doch was mindestens genauso wichtig ist: Velling sitzt auch im Verwaltungsrat der NRW.Bank. Und wenn es um das Thema Gründerfinanzierung in NRW geht, spielt die Bank eine zentrale Rolle. Seit ihrer Gründung im Jahr 2002 hat sie nach und nach Angebote für Startups entwickelt. Die Bank hat Angebote für Seed-Finanzierungen aufgelegt, bei denen sie mit Business Angels zusammenarbeitet. Sie investiert mit ihrem Venture Fonds direkt in Start-ups und beteiligt sich mit Kapital auch an den Fonds von anderen Risikokapitalgebern wie Capnamic, eCapital oder mehreren regionalen Fonds.

Sowohl Velling als auch Pinkwart kannten das Geschäft der Bank sehr gut, der Minister war bereits von 2005 bis 2010 Mitglied des Verwaltungsrats und Vorsitzender des Risikoausschusses der Bank. Später wurde das Geschäft dann sogar Teil eines Forschungsprojekts: Während seiner Zeit als Professor für Innovationsmanagement und Entrepreneurship an der HHL in Leipzig wertete ein Forscherteam an Pinkwarts Lehrstuhl sogar Unterlagen von Risikokapitalinvestitionen der Bank aus. Gemeinsam mit einem Team um den Ökonomen Michael Schefczyk von der TU Dresden untersuchte Pinkwart, wie sich Portfoliounternehmen von Risikokapitalgebern über einen längeren Zeitraum entwickelten. Dazu sichtete man unter anderem Akten von Investments des Hightech-Gründerfonds, aber auch Unterlagen der regionalen Fonds der NRW.Bank.

Das Start-up-Team der Bank leistete gute Arbeit und machte in den vergangenen Jahren viele lukrative Investments, die ein Vielfaches des ursprünglichen Einsatzes zurückspielten. Allerdings kämpft man auch mit einem grundlegenden Problem: Die Bank will im Start-up-Bereich agieren wie ein Venture-Capital-Geber, muss dabei aber das Risikomanagement einer öffentlichen Bank zugrunde legen. Was das in der Praxis bedeutete, erlebte man vor einigen Jahren: Das mit Start-up-Investments betraute Team hatte die Möglichkeit, in die Mobilitäts-App MyTaxi (heute Free Now) zu investieren – und sich für vergleichsweise kleines Geld einen signifikanten Anteil zu sichern. »Wir wollten das unbedingt, haben es in der Bank aber nicht durchgekriegt«, sagt der langjährige Leiter des Bereichs Unternehmensfinanzierung, Peter Güllmann. »Das wäre ein super Deal gewesen.«

Johannes Velling trieb daher Überlegungen voran, wie man einen nordrhein-westfälischen Risikokapital-Fonds nach Vorbild des Hightech-Gründerfonds aufsetzen könnte, der abseits der Strukturen der NRW.Bank agieren könnte. NRW sei so groß wie die Niederlande, da könne ein überregionaler Fonds funktionieren, sagt Johannes Velling: »Im Saarland ginge das nicht.« Die Unterstützung seines Ministers hat er. Es brauche mehr Autonomie, einen eher unternehmerischen Ansatz bei Investments im Bereich der digitalen Gründungen, sagt Pinkwart. »Bei Start-ups brauchen wir eine andere Dynamik.«

Alt oder Kölsch? –
warum die Rivalität im Rheinland keine Zukunft hat

Die Rivalität der beiden Rheinstädte Köln und Düsseldorf ist legendär – und oft nur noch Folklore. Kein Investor würde ein gutes Start-up nicht finanzieren, nur weil es aus der vermeintlich falschen Stadt kommt. Wenn Johannes Reck, der Gründer von GetYourGuide, davon erzählt, dass er in Düsseldorf geboren, aber in Köln aufgewachsen sei, dann ist das eine lustige Anekdote – mehr aber auch nicht.

Lagerdenken, sollte man meinen, existiert nur noch beim Fußball, wo das rheinische Herz früh vergeben wird und seinem Verein dann in guten wie in schlechten Zeiten treu bleibt. Wenn man mit Lakestar-Investor Klaus Hommels nach Niederlagen von Borussia Mönchengladbach spricht, dann dauert es etwas, bis man wieder auf das eigentliche Thema zu sprechen kommen kann. Fußball first, Business second. Zusammen mit Rolf Schrömgens und dem früheren Zalando-Kommunikator Boris Radke sitzt Hommels sogar im Digital Circle des Clubs –

wie auch Pro7-Moderator Joko Winterscheidt, der schon in das eine
oder andere Start-up sein Geld investierte. Hält ihn das ab, in das Rei-
seerlebnis-Start-up GetYourGuide zu investieren, nur weil dessen Gründer Johannes Reck Fan des 1. FC Köln ist? Natürlich nicht!

Reck, der beim SV Union Rösrath im rechten Mittelfeld spielte,
hatte früher eine Dauerkarte im RheinEnergieSTADION. Noch heute
erinnert er sich an das Spiel, in dem der praktisch gleichaltrige Lukas
Podolski eingewechselt wurde: »Den kannte jeder bei uns, weil der in
den Jugendmannschaften damals alles übersprungen hatte.« Seit er in
Berlin das Einhorn GetYourGuide aufbaut, schafft er es aber nur noch
selten in die alte Heimat.

Solche Geschichten sind ein guter Einstieg, wenn man mit anderen
Rheinländern ins Gespräch kommen möchte. Natürlich gibt es auch
WhatsApp-Gruppen in der Gründerszene, in denen die Kölner Fans
sich nach Siegen oder den eher üblichen Niederlagen austauschen – Jo-
hannes Reck ist dabei, OneFootball-Gründer Lucas von Cranach oder
auch Jörg Binnenbrücker. Den Zuschlag für das Investment in GetYour-
Guide hat der Capnamic-Chef damals trotzdem nicht bekommen.
Zeigt sich wieder: Dienst ist Dienst und Schnaps ist Schnaps.

Umso erstaunlicher ist es, wie provinziell das Denken an manch anderen Stellen noch ist. Denn beim Thema Gründungen brechen die
alten Gräben in der Region am Ende doch wieder auf. Zum Beispiel
wurden fünf digitale Hubs ausgeschrieben, auf die sich Städte und Regionen bewerben konnten. Eine Jury sollte dann auf Basis der Einrei-
chungen entscheiden, wer den Zuschlag bekommen würde – und stand
plötzlich vor einem Dilemma. Denn anders als erwartet wurden insgesamt nur sechs Bewerbungen eingereicht. Die Städte in Ostwestfalen
hatten verzichtet, die Ruhrgebietskommunen einen gemeinsamen Plan
eingereicht. Dafür kamen mit Aachen, Bonn, Düsseldorf und Köln
gleich vier aus dem Rheinland – und ausgerechnet die Bewerbung aus
der Domstadt war mit Abstand am schlechtesten. Was nun? Alle anderen Städte auszeichnen und ausgerechnet den wichtigsten Gründer-
standort nicht? Das wollte man dann doch nicht riskieren.

Am Ende bekamen daher alle sechs Konzepte die Förderung. Eine falsche Entscheidung, wie sich rückblickend zeigt. Denn der Kölner Hub funktionierte nicht besonders gut und entfaltete kaum Wirkung in der Stadt, zwischenzeitlich wurde die Führung ausgetauscht und das Konzept neu angepasst. Für die von Minister Pinkwart auf den Weg gebrachte zweite Förderphase bewarben sich die Kölner dann schon nicht mehr. Nun soll es ohne staatliche Hilfe klappen.[287]

Während mit den Hubs wenigstens ein Impuls für mehr Vernetzung gesetzt werden sollte, wird in anderen Bereichen sogar noch Konkurrenz erzeugt. Von Aachen aus operiert der Techvision Fonds, der Start-ups im Rheinland finanziert. Von Köln aus baut der Fonds Neoteq Ventures sein Geschäft gerade aus: die Finanzierung von Start-ups im Rheinland. Das Geld für beide Fonds kommt zu großen Teilen von der NRW.Bank und den jeweiligen Sparkassen der Region. Während der Aachener Fonds ein Volumen von 40 Millionen Euro für Seed-Investments hat, kommt der Kölner zum Start auf 30 Millionen Euro. Warum man nicht einfach einen größeren Fonds für das Rheinland gemacht und die Gelder konsolidiert hat? In Finanzkreisen heißt es, diese Frage müsste man der Sparkasse Aachen stellen, die kein Interesse an einem gemeinsamen Fonds gehabt hätte. Dort verteidigt man sich und sagt, anders als Neoteq Ventures engagiere sich der Techvision-Fonds ausschließlich im westrheinischen Sektor. Neoteq wiederum wolle deutschlandweit investieren und lediglich einen Schwerpunkt auf das Rheinland legen. Dadurch sehe man keine konkurrierende Situation. »Zudem merken wir an, das zwei existierende Fonds mehr Investitionsgelder generieren, als das bei einem alleine der Fall wäre«, sagte ein Sprecher. Dies käme allen Regionen zugute.

In den vergangenen Jahren sei viel passiert in NRW, sagt Peter Güllmann. So sei auch durch das Engagement der NRW.Bank, eine leistungsfähige Finanzierungsinfrastruktur für Start-ups im Land aufzubauen, entstanden. Trotzdem gibt es seiner Ansicht nach noch Raum für Verbesserungen, denn an vielen Stadtgrenzen würden immer noch virtuelle Stadtmauern stehen, so Güllmann. »Natürlich macht es keinen Sinn, zwei Seed-Fonds für das Rheinland zu haben – erst recht nicht, wenn beide von der NRW.Bank finanziert werden.« Auch im Umfeld der Landesregierung sieht man solche Konstruktionen kritisch – zumal regionale Fonds per se schon unter dem Nachteil der adversen Selektion leiden. Wer also ab einer bestimmten Größe Investorengelder sucht, geht erst einmal woanders hin und meldet sich dann, wenn er andernorts leer ausgeht. Die Fonds haben also die Herausforderung, nur in einer bestimmten Region investieren zu dürfen – und dort im Zweifel auch nicht an die besten Start-ups zu kommen.

Wie man es besser macht, zeigt das Ruhrgebiet. Dort wurde der Gründerfonds Ruhr aufgelegt, neben der NRW.Bank investierten auch viele große Unternehmen aus der Region darin. Sie sind über den Initiativkreis Ruhr miteinander verbunden, einem Bündnis aus regionalen Unternehmen – vom Energiekonzern E.ON bis hin zum Fußballverein Borussia Dortmund. Dem Rheinland fehlt ein solches Netzwerk, viele der global ausgerichteten Großunternehmen engagieren sich – wenn überhaupt – nur individuell in der Region. Es bräuchte Unternehmer, die in diesem Bereich vorangehen, denn ein Minister kann da nur appellieren.

Aber Andreas Pinkwart macht keinen Hehl daraus, dass er sich mehr Kooperation in NRW wünschen würde: »Aus meiner Sicht müssten wir die Stärke der Metropolregion Rhein-Ruhr noch viel stärker herausstellen. Wir hätten damit die kritische Masse von zehn Millionen Einwohnern überschritten – damit wären wir neben Paris, London und Moskau eine der vier Mega-Cities in Europa. Das wäre auch in China oder Indien viel einfacher zu erklären.«

Immerhin: Zwischen den Städten, Wirtschaftsförderungen oder Digital-Hubs herrscht eher ein sportlicher Wettbewerb – Kooperation statt Konfrontation. Mit der Metropolregion Rheinland gibt es sogar einen Verein, durch den die Städte näher zusammenrücken und sich stärker miteinander austauschen. Auch persönlich bestehen seit Jahren gute Kontakte. Als sich 2016 die Kölner Oberbürgermeisterin Henriette Reker und Düsseldorfs Rathauschef Thomas Geisel trafen, brachte dieser seiner Kollegin einen speziell angefertigten Anstecker mit, der zwei Fahnen mit den Stadtwappen von Köln und Düsseldorf zeigte.[288]

Die Rivalität der beiden Städte wird also längst nur noch beim Fußball gepflegt. Oder in der Werbung: »Jetzt auch in den wichtigsten Dörfern rund um Köln« oder »Schmeckt auch mit gespreiztem kleinen Finger« hieß es vor einigen Jahren auf Plakaten, die ein Früh-Kölsch zeigten – und von der Brauerei aus der Domstadt ausgerechnet in dem als Schickimicki-Metropole bekannten Düsseldorf aufgehängt wurden.

Ausgerechnet zwei Gründer aus Monheim wagten dann den großen Schulterschluss: Am 26. August 2017 brauten sie in Monheim am Rhein ein Bier für das ganze Rheinland, eine Mischung aus Alt und Kölsch: Költ. Die Rivalität im Rheinland – sie könnte bald auch an der Theke Geschichte sein.

Picnic, Boxine, Fond of, DeepL

Eigentlich dürfte er gar nicht hier sein, eigentlich widerspricht das allen Gesetzen, die in den vergangenen Jahren in Deutschland gegolten haben. »Willkommen«, sagt Frederic Knaudt, als er im Frühjahr 2018 im Düsseldorfer Stadtteil Pempelfort die Tür eines unscheinbaren Gebäudes öffnet. Die Büroräume sind größtenteils verwaist, das Klingelschild noch mit dem nichtssagenden Namen »Sprint« überklebt. Den wahren Mieter soll hier niemand erfahren. Nur eine Weltkarte an der Wand lässt erahnen, wie groß die Pläne sind, die hier gerade geschmiedet werden – und für die Knaudt in seine Heimat zurückkehrte.[289]

Frederic Knaudt wuchs in Bonn auf und schlug dann den Weg ein, den so viele andere Köpfe in der Gründerszene zuvor schon gegangen waren: Bachelor an einer deutschen Business-School (bei Knaudt war es die EBS in Oestrich-Winkel), Master im Ausland, anschließend Umzug nach Berlin samt Job bei Rocket Internet, wo er zwischen 2010 und 2011 für Start-ups wie Zalando, Glossybox oder Dafiti arbeitete. Als sich Florian Heinemann und andere Rocket-Mitarbeiter mit Project A einen eigenen Inkubator aufbauten, wechselte auch Knaudt die Seiten und gründete kurz nach dem Start von Rockets HelloFresh unter dem neuen Dach den Kochboxen-Versender Kochzauber – anfangs noch unter dem Arbeitstitel Yummy. Eine klassische Berliner Karriere, könnte man sagen. Doch dann kehrte Knaudt nach dem Scheitern des Projekts ins Rheinland zurück. Für Sprint. Oder genauer gesagt für das, was aus Sprint einmal werden sollte.

Drei Jahre zuvor, also 2015, war das Start-up Picnic in den Niederlanden gegründet worden. Die Gründer wollten die Lebensmittellieferung revolutionieren, indem sie sich der Historie bedienten: des Milchmanns. Dieser fuhr früher von Haus zu Haus und lieferte seine Ware ab. Dann verdrängten Discounter mit ihren Supermärkten auf der grünen Wiese und Billigpreisen den kleinen Einzelhändler für einige Zeit. Dank der Digitalisierung kehrte er nun wieder zurück, wenn auch in abgewandelter Form: Bestellt wird per App, anschließend liefern Fahrer in Elektrotransportern die Ware aus, wobei Picnic mehrere Bestellungen bündelt und zu Routen mit möglichst vielen Stopps zusammenfügt: mehr Effizienz, weniger Kosten.

In den Niederlanden ist dieses Konzept bereits aufgegangen, 2018 sollte Knaudt es auch in Deutschland erfolgreich machen. Bis vor einigen Jahren wäre so eine Idee vielleicht von Berlin aus aufgebaut worden – nicht weil es der ideale Standort gewesen wäre, sondern aus Prinzip. Machte man halt so. Doch die Picnic-Gründer dachten anders. Das Rheinland liegt nah an der niederländischen Grenze, kein Bundesland hat – abgesehen von den Stadtstaaten – eine so hohe Bevölkerungsdichte wie NRW, nirgendwo sonst findet man eine so gute Mischung aus Ballungszentren, ländlichen Regionen, Groß-, Mittel- und Kleinstädten.

In einem ehemaligen Tengelmann-Lager wird das erste Logistikzentrum eingerichtet, in einem ehemaligen Fitnessstudio in Neuss entsteht der erste Hub, eine Art Umschlagplatz, von dem aus die Elektrotransporter ausschwärmen. Genau wie bei Kochzauber muss Frederic Knaudt den Menschen eine neue Form der Lebensmittellieferung nahebringen – nur dass er dieses Mal ein Konzept hat, bei dem die Menschen für den zusätzlichen Komfort nicht höhere Preise in Kauf nehmen müssen.

Ein Jahr nach dem Start hat Picnic bereits mehr als 26.000 Kunden, neben Neuss und Teilen von Düsseldorf werden inzwischen auch Städte wie Krefeld und Mönchengladbach beliefert. Nach anderthalb Jahren waren es bereits 60.000 Kunden, die von den zehn Standorten, die Knaudt und sein Team inzwischen eröffnet hatten, mit den Elektrotransportern beliefert wurden.[290] Inzwischen war man auch im Ruhrgebiet unterwegs. Der Lebensmittelriese Edeka Rhein-Ruhr, mit dem Picnic seit dem Start zusammenarbeitete, war so zufrieden, dass er seine Anteile von 20 auf 35 Prozent aufstockte.[291] Die Warteliste mit Kunden, die gerne bei Picnic bestellen wollten, aber noch nicht durften, wurde immer länger – und dann kam auch noch Corona.

Genau wie der Lebensmittellieferdienst HelloFresh zählt auch Picnic zu den großen Gewinnern der Krise. Bestandskunden bestellen häufiger, das Interesse neuer Kunden steigt, das Start-up arbeitet an seinen Kapazitätsgrenzen. Ein zweites Logistikzentrum wird innerhalb weniger Wochen in Herne geplant und errichtet, inzwischen beliefert man 130.000 Kunden, quasi im Wochentakt werden neue Mitarbeiter angeheuert und eingearbeitet. Wenn das Coronavirus wirklich den langfristigen Trend zum Onlineeinkauf beschleunigt, dann ist das jetzt die große Chance für Picnic.

Der Lebensmittellieferdienst ist damit eines von mehreren Beispielen für vielversprechende Start-ups aus dem Rheinland, die Hoffnungen wecken auf eine erfolgreiche Zukunft. Jahrelang fiel als Erstes immer der Name Trivago, wenn es um Start-up-Erfolgsgeschichten aus dem Rheinland ging. Aber nach der Hotelsuchmaschine kam lange Zeit nichts. 24 Start-ups konnten 2015 in NRW laut einer Studie der Beratung EY Risikokapital bei Investoren einsammeln, 2019 waren es bereits 84. Damit liegt NRW zwar immer noch meilenweit hinter den mehr als 250 Finanzierungsrunden in Berlin.[292] Das Rheinland hinkt als Gründerregion national und international noch immer deutlich hinterher. Das zeigen auch Studien wie jene von Startup Genome, die vom NRW-Wirtschaftsministerium in Auftrag gegeben wurde, um den Status quo zu analysieren und Handlungsempfehlungen für die Zukunft zu bekommen. Gemessen an der Bevölkerungsgröße im Rheinland gibt es hier im internationalen Vergleich noch viel zu wenige Start-ups. Die Zahl wächst aber schneller als in Städten in einem vergleichbaren Stadium wie dem kanadischen Montreal oder dem dänischen Kopenhagen.[293] Es tut sich etwas.

Inzwischen gibt es eine Reihe von Start-ups in NRW, die auch deutschlandweit Aufmerksamkeit erregen – einige davon haben ihren Sitz im Rheinland, weil sie hier näher bei ihren Kunden sind. So wie Picnic oder auch Compeon, eine Finanzplattform für Firmenkredite aus Düsseldorf, deren Gründer eigentlich aus dem Münsterland kommen. Andere sind hier entstanden, weil die Gründer überzeugt waren, dass man gute Unternehmen weiterhin überall aufbauen könne und nicht nur in Berlin wie die Düsseldorfer Kreditplattform Auxmoney – oder LeanIX.

Wenn André Christ beschreiben soll, was sein Start-up LeanIX macht, versucht er es mit einer Umschreibung: »Wir stellen Unternehmen vereinfacht gesagt einen Katalog bereit, mit dem sie den Überblick über ihre Softwarelösungen behalten.« Das klingt etwas abstrakt, löst am Markt bei vielen Mittelständlern und Konzernen aber ein echtes Problem. Denn diese haben oft Hunderte oder gar Tausende Lösungen im Einsatz – zu viele jedenfalls, um da mit einer Exceltabelle den Überblick zu behalten. 300 Kunden hat LeanIX bereits gewonnen: von A wie Adidas bis Z wie Zalando.

Um das rasante Wachstum weiter zu beschleunigen, hat das Start-up im Juli 2020 eine Finanzierungsrunde über 80 Millionen Dollar abgeschlossen. Das Geld kommt unter anderem von der bekannten Investmentbank Goldman Sachs.[294] Das Start-up, das aktuell einen mittleren zweistelligen Millionenbetrag umsetzt, ist damit auf dem Papier angeblich rund 400 Millionen Euro wert – und zählt somit auch deutschlandweit zu den vielversprechendsten Start-ups.

Das alleine ist eine gute Nachricht für NRW – doch die wahre Signalwirkung erkennt man erst, wenn man sich die Geschichte des Unternehmens genauer anschaut. Erstens: Die Idee zu seinem Unternehmen kam André Christ während seiner Arbeit für den DAX-Konzern Deutsche Post DHL. Dort war er als eine Art interner Unternehmensberater tätig und erlebte im Alltag immer wieder, dass es wegen Rückfragen bei der IT zu Verzögerungen kam.

Zweitens: Gründer brauchen Vorbilder. Als André Christ LeanIX 2012 gründete, hatte er bereits als Schüler und Student erste Erfahrungen mit dem Gründertum gesammelt. Schon während der Schulzeit hatte der Wirtschaftsinformatiker unter anderem bei Start-ups des fernsehbekannten Bonner Investors Frank Thelen gearbeitet und ein Praktikum beim örtlich ansässigen Frühphaseninvestor Hightech-Gründerfonds absolviert.

Drittens: Als Christ die Deutsche Post DHL 2012 gemeinsam mit dem Ende des vergangenen Jahres wieder ausgeschiedenen Mitgründer Jörg Beyer verließ, hatten die beiden eine Idee, aber zunächst weder Investoren noch Kunden. Dann überzeugte man den Kölner Risikokapitalgeber Capnamic und dessen Chef Jörg Binnenbrücker: »Er war früher mein Tennistrainer, wir sind gemeinsam in die Oberliga aufgestiegen«, sagt der gebürtige Bonner Christ. »Trotzdem hat es drei Jahre gebraucht, bis Capnamic investiert hat. Am Ende kommt es eben doch auf den Erfolg des Geschäftsmodells an.«

Ohne den Einblick bei einem Großunternehmen hätte Christ vermutlich nie die Probleme erkannt, die es in solchen komplexen Konzernen bei der IT-Organisation gibt. Ohne Vorbilder und Kontakte zur Gründerszene hätte er vielleicht nie den Schritt in die Selbstständigkeit gewagt – und am Ende gelang es ihm sogar noch, das erste Risikokapital im Rheinland einzuwerben. Bei LeanIX hat die Region ihre Stärken perfekt ausgespielt. Inzwischen hat das Rheinland zudem sogar bewiesen, dass man es mit den großen Tech-Giganten wie Google aufnehmen kann.

Es ist eine unglaubliche Geschichte, die der Gründer und Hauptgesellschafter von DeepL erzählen könnte: Die Geschichte des Kölner Start-ups, dessen Übersetzungen um Längen besser sind als die der US-Datenkrake. Es ist eine Geschichte, die perfekt auf die Bühnen der großen Digitalkonferenzen passt, mit der man in großen Interviews für den Digitalstandort Deutschland werben kann oder die man Politikern öffentlichkeitswirksam bei Besuchen erzählt. Aber Gereon Frahling will nicht in der Öffentlichkeit stehen. Oder besser gesagt: nicht mehr. Im Grunde möchte er nicht mal, dass sein Name in Medien genannt oder sein Bild gezeigt wird. Frahling ist Mathematiker, studierte an der Universität in Köln und promovierte anschließend in Paderborn in Informatik. Schon damals beschäftigte er sich mit der Verarbeitung riesiger Datenmengen. Bevor er ab 2007 Linguee entwickelte, eine Suchmaschine für Übersetzungen und der Vorläufer von DeepL, arbeitete er in New York in der Forschungsabteilung von Google.[295] Doch Frahling nervte, dass Wörterbücher keinen Kontext erfassen konnten und dadurch furchtbar ungenau waren. Die Idee für Linguee war daher ganz einfach, aber relativ kompliziert umzusetzen: Vermutlich ist man nicht der Erste, der etwas übersetzen will. Irgendwer wird es vorher schon gemacht haben. Man muss es nur finden.

Die Überwindung von Sprachgrenzen ist ein lang gehegter Menschheitstraum. Immerhin hatte Gott die Menschen erst in fremden Zungen sprechen lassen, nachdem sie in Babel einen Turm bis in den Himmel bauen wollten, wenn man der Bibel Glauben schenken darf.[296] Eine gemeinsame Sprache wäre da sozusagen nur die Rückkehr zum Urzustand. Im 19. Jahrhundert war es die Universalsprache Esperanto, die die Menschen einen sollte, im 21. Jahrhundert setzt man bei Sprachbarrieren lieber auf die Macht künstlicher Intelligenz. Allen voran Google. Schon zu Beginn des Jahrtausends verpflichtete das US-Unternehmen mit dem früheren Wissenschaftler Franz Josef Och von der RWTH Aachen einen Deutschen, um den Übersetzungsdienst Google-Translate aufzubauen. Anfangs mit überschaubaren Ergebnissen, wie etliche Beispiele im Internet zeigen («Burgbesichtigung nur mit Führer – Entrance only with Herr Hitler»).[297] Doch mit der Zeit wurden die Ergebnisse immer besser, und das nicht nur bei Google. Denn Och war kein Einzelkämpfer, er hatte zuvor im Rheinland mit Hermann Ney zusammengearbeitet, der an der Universität die Grundlagenforschung zum Thema Spracherkennung vorantreibt. Auch Amazon bringt seiner Spracherkennung Alexa daher seit einigen Jahren in Aachen das Sprechen bei.[298]

Die rasanten Fortschritte der vergangenen Jahre wurden dabei auch durch das Internet möglich, mit dessen Hilfe und den unzähligen Textvorlagen die Algorithmen trainiert werden können. Auch bei DeepL, dem 2017 auf Basis der Linguee-Erkenntnisse gestarteten Übersetzungsdienst, durchsucht ein sogenannter Crawler bereits seit mehr als zehn Jahren das Internet nach Textpaaren, um so das System zu verbessern. Bei der Übersetzung eines Artikels aus der *New York Times* vom Englischen ins Deutsche macht DeepL nach eigenen Angaben im Schnitt maximal ein bis zwei Fehler im gesamten Text, Google hingegen acht bis zehn.[299]

Möglich machen das sogenannte neuronale Netze, bei denen die Computerprogramme – grob vereinfacht gesagt – wie ein menschliches Gehirn immer mehr dazulernen, wie ein Kind, das sich nach und nach immer mehr Fähigkeiten aneignet und diese irgendwann völlig selbstverständlich beherrscht. Aber wie das eben so ist beim Wachstum: Es verläuft nicht immer linear.

Denn sonst hätte auch DeepL den Vorsprung von Google nicht einholen können, wie Gereon Frahling 2017 offen gegenüber *Gründerszene* einräumte: »Vor fünf Jahren hätte ich mit Sicherheit noch gesagt, Volltext-Maschinenübersetzung machen wir nicht, das ist uns zu kompliziert«, erinnert sich Frahling. »Google hatte sein altes System über zehn Jahre mit sehr vielen Leuten entwickelt und sich damit anzulegen, machte einfach keinen Sinn.«[300] Doch dann merkten die Kölner irgendwann, dass sie nicht nur mithalten konnten – sondern sogar überlegen waren.

Im August 2017 ging DeepL mit einer kostenlosen Version an den Markt, die inzwischen elf Sprachen spricht – seit Anfang 2020 sogar Chinesisch und Japanisch. Auch das Geschäft wird parallel immer weiter ausgerollt, etwa durch eine kostenpflichtige Variante. Dass DeepL stark auf Wachstum ausgerichtet ist, zeigt sich auch am Gesellschafterkreis. Mit BenchmarkCapital und Btov zählen inzwischen auch international tätige Risikokapitalgeber zum Gesellschafterkreis – dem mit Jörg Rheinboldt auch ein ehemaliger Mitgründer des Samwer-Start-ups Alando angehört. Gründer Gereon Frahling, der noch immer mehr als

40 Prozent am Unternehmen hält, hat sich hingegen öffentlich zurück-gezogen. Das Unternehmen wird seit 2019 von Jaroslaw Kutylowski geführt.

Geschwindigkeit – das ist auch ein Attribut, das auf das Düsseldorfer Unternehmen Boxine zutrifft. Denn die beiden Düsseldorfer Marcus Stahl und Patric Faßbender haben mit ihrer Toniebox innerhalb kürzes-ter Zeit eine komplette Industrie disruptiert, wie es im schönsten Start-up-Deutsch heißt. Mit ihrem Lautsprecherwürfel samt den dazugehöri-gen Hörspielfiguren haben die beiden eine komplett neue Produktkate-gorie erfunden und gleichzeitig die Kinderzimmer der Republik in rasanter Geschwindigkeit nach ihrem Start erobert. Die Tonieboxen waren so gefragt, dass sogar Fußballweltmeister Lukas Podolski zwi-schenzeitlich Kontakte bemühen musste, um noch rechtzeitig vor dem Weihnachtsfest einen Würfel für seine Kinder zu bekommen.[301]

Innerhalb von vier Jahren kletterte der Umsatz von null auf mehr als 100 Millionen Euro. Mehr als eine Million Boxen wurden bislang ver-kauft und das Sortiment umfasst inzwischen mehr als 200 verschiedene Toniefiguren, die bereits millionenfach verkauft wurden – von Rolf Zu-ckowskis *Vogelhochzeit* über *Benjamin Blümchen* bis hin zum *Sams* oder der *Eiskönigin*. Dazu kommen sogenannte Kreativtonies, die sich mit eigenen Inhalten selbst bespielen lassen. Manche der Spielzeugfiguren werden heute zum Verkaufsstart in sechsstelliger Stückzahl geordert, an-fangs hatte Gründer Patric Faßbender noch Bauchschmerzen, wenn er eine Startauflage von 5.000 bestellte.

Im Internet kursieren Anleitungen, wie man die Kreativtonies ein-schmelzen kann, um den dort enthaltenen bespielbaren Chip zu entfer-nen und in andere Figuren einzusetzen. Und auf Do-it-yourself-Platt-formen bieten Bastler aufwendig gestaltete Regale für die Tonies an oder selbst genähte Beutel zum Transport der Boxen. Die Toniebox hat nicht nur Kunden, sie hat Fans. Als ein Blogger einen Beitrag mit dem Titel »Das schlechteste Produkt der Welt: Die Toniebox« schrieb, musste er anschließend die Kommentarfunktion sperren, weil Eltern ihrem Ärger über diese Spielzeugblasphemie in drastischen Worten Luft machten.[302]

Den Hype konnten die beiden Gründer nicht voraussehen, an den Erfolg ihrer Idee haben sie aber schon früh geglaubt: »Ich glaube, wir treffen ein bisschen den Nerv der Zeit: Die Leute sehnen sich bei all den Digitalangeboten auch wieder nach etwas, das man anfassen kann«, sagte Patric Faßbender im Januar 2016, kurz bevor das Produkt zum ersten Mal auf der Spielwarenmesse in Nürnberg vorgestellt wurde.[303] Er sollte recht behalten, denn viele Eltern standen offenbar vor ähnlichen Problemen wie Faßbender, als dieser die Idee zur Box hatte: Immer wieder hatte er sich geärgert, dass die CDs im Kinderzimmer seiner Tochter so schnell zerkratzten oder der Laser beim CD-Spieler nicht richtig funktionierte. Ein iPad wollte der Familienvater der damals Fünfjährigen für Hörspiele allerdings auch nicht in die Hand drücken.

Doch Faßbender war ein Kreativer, hatte lange bei Werbeagenturen gearbeitet, bis ihm der Job keinen Spaß mehr machte. Er setzte sich hin und überlegte, bis sein Blick irgendwann auf eine Figur auf seinem Schreibtisch fiel: Struppi, den Hund des Reporters Tim aus den gleichnamigen Comics. Eine Figur, auf der ein Hörspiel ist – wäre das nicht die Lösung? Über eine Elterninitiative kannte er Marcus Stahl, der lange als Manager bei Nokia gearbeitet hatte und nach einem Management-Buy-out auch schon Erfahrungen als Unternehmer gesammelt hatte. Faßbender erzählte ihm von der Idee – der Rest ist Geschichte.

Nach dem Erfolg in Deutschland nahmen die beiden längst andere Märkte ins Visier. In Großbritannien ist man schon aktiv, der Start in den USA wurde 2020 bereits vorbereitet. Die Idee ist so gut, dass Stahl und Faßbender überzeugt sind, dass sie noch schneller wachsen müssen als bisher, um ihren Vorsprung zu halten. Die beiden Gründer ließen den Markt sondieren, um einen strategischen Investor zu finden, der mit ihnen den nächsten Schritt gehen würde. Mit dem bisherigen Gesellschafterkreis, der unter anderem aus einer Patentanwaltskanzlei und dem Kinderbuchverlag Oetinger bestand, ließe sich das geplante Wachstum in dem nötigen Tempo kaum noch realisieren. Fündig wurden die beiden in München. Die Industrieholding Amira soll einen dreistelligen Millionenbetrag für ihre Anteile an Boxine bezahlt haben. Einer der Geldgeber war Zalando-Gründer Robert Gentz.

Gleichzeitig wird das Produkt weiterentwickelt – und dazu mit einem bisher ehernen Gesetz gebrochen: ein Hörspiel, eine Figur. Inzwischen sind nicht nur Kreativtonies bespielbar, sondern auch einige anderen Figuren wie Benjamin-Blümchen oder Bibi-Blocksberg. Die Folgen können einzeln gekauft und auf bestehende Tonies geladen werden. Damit wird die technologische Seite der Box immer wichtiger für das Unternehmen, das dadurch mit seiner Toniebox zu einer Art Apple des Kinderzimmers wird: Wie früher beim iPod gibt es ein geschlossenes System, wie bei Apple muss man Inhalte für einen Stückpreis erwerben. Gut möglich, dass irgendwann ein Abomodell folgt – und sich die Düsseldorfer noch weiter nach dem Vorbild der US-Tech-Konzerne entwickeln. Dann nämlich, wenn sie nicht nur lizensierte Geschichten wie den *Grüffelo* oder das *Sams* anbieten, sondern so wie Netflix viel stärker auf eigene Inhalte setzen. Entsprechende Ideen gibt es wohl bereits.

Nicht nur der Erfolg von Boxine, auch das Investment von Robert Gentz ist eine gute Nachricht für die Entwicklung des Start-up-Ökosystems in Deutschland, dessen Entwicklung maßgeblich davon abhängen wird, dass erfolgreiche Gründer mit ihrem Geld das Wachstum anderer Gründer befeuern. Auch Boxine-Gründer Marcus Stahl hat inzwischen als Business Angel ein anderes Start-up finanziert. Erfolgreiche Exits, Börsengänge oder auch nur der Verkauf eines Teils der eigenen Anteile sind dabei ein wichtiger Baustein – aber nicht der einzige.

Netzwerke sind mindestens genauso wichtig. Und insofern verbinden sich große Hoffnungen mit dem, was in Köln-Ehrenfeld entstanden ist. Dort steht inzwischen eine Art moderne Arche Noah: The Ship nennen sie hier das futuristische Gebäude, das auf acht Stockwerken all jenen eine Heimat bieten soll, die zu neuen Ufern aufbrechen wollen. Die Macher rühmen es als das modernste Bürogebäude Kölns, in dem künftig neben dem Bauherren, dem Rucksack-Hersteller Fond of, unter anderem mit xDeck auch ein Accelerator sowie Gateway, das Start-up-Programm der Universität Köln, untergebracht sind.

Möglich gemacht haben dieses Projekt Sven-Oliver Pink, Oliver-Steinki und Florian Michajlezko, die mit ihrem Unternehmen Fond of den Markt für Schulranzen erobert haben. Rucksäcke ihrer Marke Ergobag sind heute in praktisch jeder Grundschule des Landes zu finden. Innerhalb von nur zehn Jahren haben die drei Gründer ein kleines Ranzenimperium aufgebaut – und dem langjährigen Marktführer Scout damit ordentlich zugesetzt. 75 Millionen Euro Umsatz hat das Unternehmen nach eigenen Angaben zuletzt erzielt und somit die eigenen Absätze innerhalb von nur fünf Jahren mehr als verdreifacht.

Entstanden ist ihre Idee durch den Hinweis einer befreundeten Physiotherapeutin, die sich auf einer Party beklagt hatte, dass Kinder im Wachstum schwere Schulranzen schleppen müssten, während es bei Erwachsenen ausgefeilte Tragesysteme für praktisch jede Lebenslage gebe. Für die Gründer klang das nach der Art von interessanter Geschäftsidee, die sie zuvor knapp drei Jahre lang gesucht hatten: »Unser größter Erfolgsfaktor war unsere völlige Ahnungslosigkeit«, sagte Sven-Oliver-Pink.[304]

Doch mit waghalsigen Projekten hatten die Gründer da bereits Erfahrung. Während seiner Bundeswehrzeit hatte Pink bei einem Finanzdienstleister gearbeitet und anschließend kurzerhand gemeinsam mit Florian Michajlezko im Alter von Anfang 20 selbst einen Finanzdienst gegründet.[305] Später hätten sie sich gesagt, wer Versicherungen verkaufen könne, könne eigentlich alles verkaufen, so Pink. Schultaschen sollten also kein Problem sein.[306] Noch etwas hat er im Vertrieb gelernt: Man muss dort sein, wo die Kunden sind. Also zog er um, von Berlin nach Köln, von wo aus sich die vielen stationären Fachhändler deutlich leichter erreichen lassen.[307] Fast schon ein Novum in der hauptstadtverliebten Gründerszene.

Das Team entwickelte einen Rucksack, der sowohl Eltern (ergonomisches Tragesystem, Textilstoff zu 100 Prozent aus recycelten PET-Flaschen hergestellt) als auch Kindern (sieht cool aus) gefiel – und vertrieb ihn an Händler, deren Adressen es ganz dreist von der Scout-Homepage kopiert hatte. Und obwohl die *Stiftung Warentest* den Ergobag 2013 nach einem Test zunächst mit »mangelhaft« bewertete und die Rucksäcke im Laden deutlich teurer waren als die Konkurrenzprodukte, waren die ersten Exemplare schnell ausverkauft. Lang, lang ist es her. Bei der bislang letzten Untersuchung der Warentester waren die Kölner Rucksäcke Testsieger.

Den Markt für Schulranzen haben sie erobert, weitere Rucksack- und Taschenmarken entwickelt. Doch das Trio hat längst größere Ziele. Beim Start ihres Rucksackprojekts hatten sie noch ihre Wohnungen aufgegeben, um Geld zu sparen. Michajlezko schlief bei einem Freund auf der Couch, Pink machte es sich im hinteren Teil des Kölner Ladenlokals einigermaßen bequem.[308] Aber nun haben sie The Ship. Der Umzug in das Gebäude ist ein Zeichen, dass aus ihrer Sicht die Zukunft erst beginnt, nachdem man in den vergangenen Jahren noch in einer alten Fabrik des traditionellen kölschen Duftwasserherstellers 4711 gearbeitet hatte. Auch am Firmennamen kann man ablesen, dass die Schulranzengründer gerne den nächsten Schritt machen wollen: Anfangs hieß die Firma Ergobag, dann Fond of Bags, inzwischen nur noch Fond of.

Genau wie Boxine sind die Kölner mit einem Produkt für Kinder erfolgreich, doch anders als bei den Düsseldorfern steckt dahinter keine Digitaltechnologie mit NFC-Chips, Cloud oder App. Die Kölner haben auch keinen ausgeklügelten Onlinevertrieb, über den sie den Großteil ihrer Produkte verkaufen, sondern setzen immer noch analog auf den örtlichen Fachhandel. Aber von ihrer Mentalität her ticken die Kölner eben doch wie ein Digital-Start-up: Statt jahrelanger Entwicklungsarbeit und Marktforschung gehen sie schnell an den Markt, um dann aufgrund der Rückmeldungen ihr Produkt zu verbessern – siehe Stiftung Warentest. »Lean-Startup« nennt man diesen Ansatz. Mit dieser Herangehensweise wollen sie das Fond-of-Universum in Zukunft weiter vergrößern. Statt »Rucksackhersteller« nennt man sich inzwischen selbstbewusst Plattform für Entwicklung und Potenzialentfaltung. »Uns ging es nie um Schultaschen«, sagt Pink, »sondern darum, unsere Ideen in die Tat umzusetzen.«[309]

The Ship soll den Gründer-Boom im Rheinland weiter befeuern. Hier sollen Netzwerke entstehen, genauso wie in den Digital-Hubs oder den Co-Working-Spaces in der Region wie dem 2012 eröffneten Startplatz in Köln oder dessen Ableger in Düsseldorf. Mit dem »Rheinland-Pitch« hat dessen Macher Lorenz Gräf auch über die Arbeitsräume hinaus eine Veranstaltungsreihe etabliert, in der schon viele aussichtsreiche Gründerteams ihren Auftritt hatten.

Der Austausch ist der Nährboden, auf dem das Start-up-Ökosystem Rheinland langsam gedeiht. Veranstaltungen wie der Pirate-Summit in Köln haben sich dabei inzwischen auch über die Grenzen der Region einen Namen gemacht, das in der Domstadt entstandene Gründerpokern findet längst auch in anderen Städten statt und wenn Kölns Oberbürgermeisterin Henriette Reker zum Investoren-Dinner einlädt, mangelt es nicht an Zusagen. Dennoch fehlt der Region noch die große Klammer, das eine Event, mit dem man auch internationale Top-Leute ins Rheinland locken kann. Der Telekom gelingt das zwar mit ihrer Digital-X-Konferenz, aber dem Konzern fehlt die Verwurzelung in der Szene. Eine Veranstaltung wie die Noah-Konferenz in Berlin, der Websummit in Lissabon oder auch eine Bits'n'Pretzels in München ist das Format jedenfalls bislang von der Bedeutung her nicht.

Speziell die Bit's'Pretzels müsste dabei eigentlich Vorbild für das Rheinland sein. Immerhin gelingt es den Machern, eine urbayerische Tradition wie das Oktoberfest mit einer Digitalkonferenz zu verbinden, bei der Größen wie LinkedIn-Gründer Reid Hoffman, Airbnb-Gründer Nathan Blecharczyk oder Schauspielerin und The Honest Company-Gründerin Jessica Alba auftreten.

Doch bislang schaffte es das Rheinland nicht, den Karneval für ähnliche Konzepte in diesem Umfang zu nutzen. Immerhin versucht Parstream-Gründer Jörg Bienert seit einiger Zeit gemeinsam mit dem Team des Pirate-Summit die Jeck'n'Tech zu etablieren, eine Digitalkonferenz am Rande des Kölner Karnevals, bei der Kostüme ausdrücklich erwünscht seien. »Ich hatte immer gedacht, na wenn die sowas wie die Bits'n'Pretzels beim Oktoberfest machen, müssten wir sowas doch am Rande des Karnevals auch machen können«, sagt Bienert. Für die erste Auflage stellte er noch die eigenen Büroräume bereit, beim letzten Mal musste die Veranstaltung samt Auftritten von Rolf Schrömgens und Sven Schmidt aufgrund des großen Interesses bereits auf ein Schiff auf dem Rhein ausgelagert werden: »Wir wollen sie jetzt wachsen lassen und mal gucken, wie es sich entwickelt.«

An grundsätzlichem Interesse am Karneval mangelt es in der Gründerszene jedenfalls nicht. Tobias Kollmann ist Mitglied der Prinzengarde und regelmäßig in der rot-weißen Uniform beim Kölner Rosenmontagszug dabei. Auch Klaus Hommels hatte hier schon seinen großen Auftritt. United-Internet-Gründer Ralph Dommermuth hatte ihn eingeladen, auf dem Karnevalswagen der Goldenen Jungs mitzufahren, eines erst 20 Jahre alten Karnevalsvereins, dessen Name sich auch in ihren Kostümen widerspiegelt. Der Verein hat sich in den vergangenen Jahren zu einem wichtigen Unternehmernetzwerk entwickelt. Zu den Mitgliedern zählen neben Dommermuth unter anderem auch Dirk Ströer, Gründer des gleichnamigen Außenwerbunganbieters, oder Daniel Mühlbauer, der zusammen mit seinem Bruder mit dem Fotodienstleister Picanova eines der erfolgreichsten Kölner Digitalunternehmen der vergangenen Jahre aufgebaut hat.[310] Auch die Samwers sollen schon bei Veranstaltungen des Vereins dabei gewesen sein, heißt es in Köln. Denn auch wenn sie auf den ersten Blick nicht wie rheinische Frohnaturen wirken, sollen sie in der Vergangenheit beim Karneval ihrer kölschen Herkunft doch alle Ehre gemacht haben. »Die Samwers haben immer intensiv gefeiert«, sagt einer, der dabei war.

Dennoch sind viele skeptisch, ob sich der Karneval – trotz der Breitenwirkung in der Region – tatsächlich als Anlass für eine große Digitalkonferenz eignet. Das Oktoberfest habe international eine viel höhere Bekanntheit als der rheinische Karneval, heißt es. Gleichzeitig sei das ganze Konzept inzwischen extrem kommerzialisiert worden, was es leichter macht, dort auch mit Geschäftspartnern Zeit zu verbringen. »Allein die Verkleidung ist ja schon eine Kunst für sich, bei der man auch viel falsch machen kann«, sagt Investor Stephan Jacquemot. »In Bayern zieht man einfach Lederhose und Janker an und ist immer top angezogen.« Der Kölner sieht auch Schwierigkeiten in den Formaten. So werde der klassische Sitzungskarneval ja teilweise immer noch im Smoking abgehalten, während man beim Straßenkarneval in den Eckkneipen praktisch Wange an Wange säße. »Da fehlt die Distanz. Und wenn die Leute dann anfangen, mit Tränen in den Augen ›En unserem

Veedel‹ zu singen und sich alle gern haben, fragt sich der Zugereiste nur, was ein Veedel ist.«

Auch Klaus Hommels ist überzeugt, dass eine Karnevalssitzung nicht der richtige Aufhänger sei: »Der Unterhaltungsfaktor einer Karnevalssitzung muss über die Jahre sozialisiert worden sein. Auch die Lieder in Mundart erschließen sich nicht sofort für jeden«, sagt der Lakestar-Gründer. »Auf dem Oktoberfest kannst du dir eine Lederhose anziehen und dann heißt es: Humtata und Bier saufen. Das ist als Tradition leichter zu vermarkten.«

Was das bedeutet, hat Stephan Schubert 2019 gemerkt. Da hatte der Investor seine Portfoliounternehmen am Mittwoch vor Altweiber eingeladen, um einen Tag gemeinsam zu arbeiten und anschließend eine Karnevalssitzung zu besuchen. »Da ist ein Drittel gekommen und der Rest nach Hause gegangen«, sagt Schubert. »Und dieses Drittel hatte dann auch nur mittelprächtig Spaß.« Der Karneval sei nicht exportfähig, glaubt Schubert. Doch wenn der richtige Initiator etwas organisieren würde, könnte es trotzdem funktionieren.

Und jetzt?

Wenn Robert Gentz Zalando heute noch einmal gründen müsste, er würde sich vermutlich wieder nicht für Düsseldorf entscheiden. Auch Thomas Griesel würde HelloFresh wohl erneut in einer anderen Stadt aufbauen, genauso wie Johannes Reck GetYourGuide. Wenn sie alle zum zweiten Mal vor der Entscheidung stünden, würden Berlin oder München vermutlich immer noch vor Aachen, Bonn, Düsseldorf oder Köln als Standort landen. Man sollte den Tatsachen ins Auge sehen: Berlin spielt aktuell noch in einer ganz anderen Liga.

Einerseits sagt der Kölner ja nicht zu Unrecht: »Mer muss och jünne künne.« Und einer Weltstadt wie Berlin tut es auf jeden Fall gut, wenn neben der Politik auch ein wirtschaftlich starkes Umfeld entsteht. Für den Wirtschaftsstandort Deutschland zählt am Ende alleine, dass Technologieunternehmen entstehen, die in der Weltspitze mitspielen können. Ob diese letztlich in München, Stuttgart, Leipzig oder Köln ihren Sitz haben, ist dabei zunächst zweitrangig.

Andererseits ist es natürlich auch für die Zukunftsfähigkeit des Rheinlands wichtig, dass sich die Wirtschaftsstruktur immer wieder erneuert, dass hier weiterhin attraktive Arbeitgeber für junge Leute sind, dass die Region auch international relevant bleibt. Ein Blick in die Geschichte zeigt, dass Größe und Bedeutsamkeit oft nur ein temporärer Zustand sind: Aachen war unter Karl dem Großen einst Kaiserstadt, der Mittelpunkt des Reiches. Bonn war jahrzehntelang die Hauptstadt der Bundesrepublik, sogar Köln trug einst den Titel Hauptstadt, als sich von

260 bis 274 nach Christus das sogenannte Imperium Galliarum vom römischen Reich losgesagt hatte. Alles vorbei.

Selbst Düsseldorf hat ja inzwischen seinen Ruf als Schreibtisch des Ruhrgebiets ein Stück weit eingebüßt. Einst Sitz von mächtigen deutschen Industrieikonen wie ThyssenKrupp, Degussa oder Mannesmann, musste man 2015 sogar hinnehmen, dass mit E.ON der vorletzte DAX-Konzern die Stadt verließ, um künftig von Essen aus die Geschäfte zu führen. Mit Henkel zählt nur noch ein Unternehmen aus der Landeshauptstadt zu den 30 größten börsennotierten Unternehmen des Landes. Und die Hoffnungen, die man einst in Trivago gesetzt hatte, scheinen sich aufgrund der Übermacht von Google (und dessen Missbrauch von Marktmacht) auch nicht zu erfüllen.

So wird das Rheinland auch heute noch immer geprägt von vielen klassischen Branchen: Chemie, Energie, Telekommunikation, Versicherungen. Das sorgt für Wohlstand, doch der Region mangelt es dadurch gleichzeitig ein Stück weit an Dynamik. Ja, die Wiege der deutschen Gründerszene liegt im Rheinland – doch laufen gelernt haben die meisten Gründer und Investoren eben woanders.

Es hat lange gedauert, bis die Start-up-Szene am Rhein von Wirtschaft und Politik die benötigte Aufmerksamkeit bekam. In Berlin heißt es oft spöttisch, hier habe sich die Gründerszene nicht wegen, sondern trotz der Politik entwickelt. Das sollte nicht der Anspruch in Düsseldorf, Köln oder Bonn sein.

Es gibt viele erfolgreiche Start-ups in Berlin, aber man muss sich auch nicht alles zum Vorbild nehmen. Manchmal ist die Bodenständigkeit vieler Gründer im Rheinland sogar ganz wohltuend, wenn man sich den Hype in Berlin anschaut. Ein langjähriger Investor sagte zu mir bei der Recherche: »Böse gesagt: Wenn man in meiner Generation eine Frau anbaggern wollte, dann war man bei McKinsey, wenn man heute eine anbaggern will, dann ist man Gründer.« Das ist natürlich überspitzt, aber wer lang genug in der Gründerszene unterwegs ist, dürfte schnell das eine oder andere Beispiel dazu im Kopf haben.

Ich habe als Journalist viele Gründer getroffen und dabei die Erfahrung gemacht, dass man schnell merkt, ob jemand mit Herzblut dabei ist oder nur, weil er das schnelle Geld machen will. Doch es ist bereits erkennbar, dass man es damit in den nächsten Jahren immer schwerer haben wird. Die wirklich erfolgreichen Start-ups der nächsten Jahre werden im Kern eine wirklich gute Idee brauchen – und nicht nur Umsetzungskompetenz im Managementteam.

Genau da können auch die Verantwortlichen im Rheinland ansetzen, um eine eigene Geschichte zu schreiben. In der Analyse für das NRW-Wirtschaftsministerium kamen die Experten von Startup Genome zu dem Schluss, dass es dem Rheinland gelingen könnte, bis 2025 in die Top-30 der weltweiten Start-up-Ökosysteme aufzusteigen. Dafür müsse man einfach nur die vorhandenen Potenziale besser nutzen, indem man Start-ups durch Mentoren stärker dabei unterstützt, wirklich groß zu denken; indem man das Netzwerk aus dem Rheinland hinaus in die Welt noch viel stärker ausbaut und für die Start-ups nutzbar macht; indem man dafür sorgt, dass mehr Kapital für größere Finanzierungsrunden im Rheinland bereitsteht – und dazu könnte beispielsweise auch beitragen, wenn sich die Wirtschaftselite in der Region stärker engagiert. Das gilt einerseits für die großen Unternehmen und Konzerne, die beim Thema Gründerregion Rheinland kooperieren sollten. Aber in München sieht man auch, welche Potenziale man an Hochschulen heben kann, wenn man mit der Unterstützung einer Milliardärin wie der BMW-Großaktionärin Susanne Klatten ein Projekt wie UnternehmerTUM auf die Beine stellt, mit dem Gründungen im Hochschulumfeld gefördert werden. Wo ist die Susanne Klatten des Rheinlands?

Nicht zuletzt gilt es, mehr Gründungen im sogenannten Deep-Tech-Bereich an den Hochschulen zu fördern. Das Rheinland hat in diesem Bereich großes Potenzial und hervorragende Forscher, was auch die vielen Exzellenzauszeichnungen für die rheinischen Hochschulen belegen. Doch hin und wieder fehlt den dortigen Wissenschaftlern eben das Unternehmergen, das man an einer WHU eingeimpft bekommt – und manchmal fehlen vielleicht auch nur die Vorbilder. Im Rheinland besteht die Möglichkeit, beide Stärken zusammenzubringen.

Gleichzeitig muss es uns aus meiner Sicht auch gelingen, unsere Bildungssysteme so zu verbessern, dass Kinder schon frühzeitig mit den

Möglichkeiten von Technologie und Unternehmertum in Berührung kommen können. Dadurch würden vielleicht auch mehr Frauen den Mut zur Gründung finden. Dabei sollte egal sein, ob die Kinder am Gymnasium oder einer anderen weiterführenden Schule sind. Wer sich nur auf die vermeintliche Bildungselite an Gymnasien oder später Universitäten konzentriert, der verkennt das Potenzial der vielen Menschen, deren Talente unser Bildungssystem aktuell vielleicht gar nicht genug zur Entfaltung bringt.

Tobias Lütke hat die Schule nach der 10. Klasse verlassen und anschließend eine Ausbildung bei Siemens gemacht. In neun von zehn Fällen wird daraus eine klassische Angestelltenkarriere. Doch Lütke ging damals der Liebe wegen nach Kanada, gründete erst einen Snowboard-Shop und erfand dann mit Shopify eine Plattform, mit der Kunden von überall auf der Welt ihren eigenen Onlineshop aufbauen können. Shopify ist heute mehr als 100 Milliarden Euro an der Börse wert und könnte das Unternehmen sein, dass die Übermacht des Onlinehändlers Amazon bricht. Und Lütke? Der ist mit 40 Jahren auf dem Papier bereits mehrfacher Milliardär.

Ich nehme an, Sie ahnen, woher der erfolgreichste deutsche Internetunternehmer seit der Gründung von SAP kommt? Richtig. Aus dem Rheinland. Lütke wuchs in Koblenz auf, in der Nähe der Elite-Hochschule WHU. Er hat es geschafft, weil er eine gute Idee hatte und sich viele Fähigkeiten selbst beigebracht hat. Wer weiß, wie viele Tobias Lütkes hierzulande noch momentan unbemerkt herumlaufen, weil man ihre Talente nicht richtig zur Geltung bringt?

Das gilt nicht nur für das Individuum, auch für das Rheinland generell. In den vergangenen fünf Jahren hat sich wahnsinnig viel in der Region getan. Es gibt heute immer noch gute Gründe, sein Start-up nicht im Rheinland zu gründen. Aber die Entscheidung, wegzuziehen, wird einem heute bedeutend schwerer gemacht. »Nix bliev, wie et wor,« sagt man im Rheinland so schön. Und das ist doch vielleicht die wichtigste Erkenntnis.

Index

Endnoten

1   Janssen, Wilhelm: Kleine rheinische Geschichte. Düsseldorf: Patmos, 1997.

2   Braun, Fabian: »›Wir haben einen Nerv getroffen‹ – Interview mit Jörg Rheinboldt«. *Stern*. 06.04.2009. https://www.stern.de/digital/online/zehn-jahre-ebay-deutschland--wir-haben-einen-nerv-getroffen--3565152.html. Zugegriffen: 18.08.2020.

3   EY-Startup-Barometer Deutschland, Juli 2020.

4   CB Insights: *The Global Unicorn Club*. https://www.cbinsights.com/research-unicorn-companies. Zugegriffen: 18.08.2020.

5   Metropolregion Rheinland e. V.: »*SCHAUFENSTER«, Datenatlas 2020*. https://metropolregion-rheinland.de/wp-content/uploads/2020/03/Schaufenster_Datenatlas_20200304_Webversion_180hoch.pdf. Zugegriffen: 18.08.2020.

6   Gespräch mit Rolf Schrömgens am 15. April 2020.

7   Elflein, Christoph, Joachim Hirzel & Tanja Treser: »Die fabelhaften Samwer-Boys«. *Focus Online*. 09.09.2015. https://www.focus.de/finanzen/news/unternehmen/tid-27774/wirtschaft-die-fabelhaften-samwer-boys_aid_640222.html. Zugegriffen: 18.08.2020.

8   Jung, Alexander: »Reich mit Schnäppchen«. *Spiegel Online*. 28.06.1999. https://www.spiegel.de/spiegel/print/d-13880621.html. Zugegriffen: 18.05.2020.

9   Kaczmarek, Joel: Die Paten des Internets. München: FinanzBuch, 2014, S. 19.

10 Jung: »Reich mit Schnäppchen«. *Spiegel Online*.

[11] Meck, Georg & Bettina Weiguny: »Was kann der Großkonzern vom Start-up lernen?« *Frankfurter Allgemeine Zeitung*. 05.08.2016 [aktualisiert]. https://www.faz.net/aktuell/wirtschaft/interview-mit-oliver-baete-und-oliver-samwer-14364672.html. Zugegriffen: 18.08.2020.

[12] Ebd.

[13] Elflein, Hirzel & Treser: »Die fabelhaften Samwer-Boys«. *Focus Online*. 09.09.2015.

[14] Ebd.

[15] Kaczmarek: Die Paten des Internets.

[16] Joergsworld: »Graduation Speech 25.8.2018 HHL«. *Joerg*. 26.08.2018. https://rheinboldt.blog/2018/08/26/graduation-speech-25-8-2018-hhl-jr/. Zugegriffen: 18.08.2020.

[17] https://rheinboldt.blog/2018/08/26/graduation-speech-25-8-2018-hhl-jr/

[18] Stefanie Bilen »Bildung als Berufung« *Manager Magazin*:https://web.archive.org/web/20140709192444/http://www.harvardbusinessmanager.de/heft/artikel/a-865375.html. Zugegriffen: 27.08.2020.

[19] Braun: »›Wir haben einen Nerv getroffen‹ – Interview mit Jörg Rheinboldt«. *Stern*. 06.04.2009.

[20] Finger, Max & Oliver Samwer: »America's most successful Start-ups«. Gabler 1998, S. 39.

[21] Meck & Weiguny: »Was kann der Großkonzern vom Start-up lernen?« *Frankfurter Allgemeine Zeitung*. 05.08.2016 [aktualisiert].

[22] Röbke, Thomas: »Ein Internet-Märchen – Die Erfolgsstory des Online-Auktionshauses Alando«. *Zeit online*. 21.10.1999. https://www.zeit.de/1999/43/199943.c-alando_.xml/komplettansicht. Zugegriffen: 18.08.2020.

[23] Meck & Weiguny: »Was kann der Großkonzern vom Start-up lernen?« *Frankfurter Allgemeine Zeitung*. 05.08.2016 [aktualisiert].

[24] Kaczmarek: Die Paten des Internets, S. 66–67.

[25] Ebd.

[26] Brettel, Malte & Florian Heinemann: »JustBooks – der Weg zur Profitabilität«. In: Björn Schäfers, Sönke Albers & Gregor Panten (Hrsg.), Die eCommerce-Gewinner – wie Unternehmen im Web profitabel wurden. Frankfurt: F.A.Z.-Institut, 2002.

27 Ebd.

28 Rinke, Florian: »Das war Christian Lindners Start-up«. *RP online.*
    03.02.2015. https://rp-online.de/nrw/landespolitik/christian-lindner-und-
    die-wutrede-wie-war-das-mit-der-start-up-pleite_aid-21559825. Zugegriffen:
    18.08.2020.

29 Jonas, Jansen: »Schöner scheitern mit dem FDP-Chef«. *Frankfurter Allgemeine
    Zeitung.* 05.03.2016 [aktualisiert]. https://www.faz.net/aktuell/wirtschaft/
    menschen-wirtschaft/schoener-scheitern-mit-dem-fdp-chef-christian-lindner-
    vortrag-auf-der-fuckup-night-der-uni-frankfurt-ueber-die-moomax-
    gmbh-14107421.html. Zugegriffen: 18.08.2020.

30 Ebd.

31 Ebd.

32 Arrington, Michael: »Amazon To Acquire AbeBooks, And With It A Stake In
    LibraryThing«. *ExtraCrunch.* 01.08.2008. https://techcrunch.
    com/2008/08/01/amazon-to-acquire-abebooks/.

33 Kinstler, Linda: »How TripAdvisor changed travel«. *The Guardian.*
    17.08.2018. https://www.theguardian.com/news/2018/aug/17/how-tripad-
    visor-changed-travel. Zugegriffen: 18.08.2020.

34 Bussgang, Jeffrey: »The Secrets to TripAdvisor's Impressive Scale«. *Harvard
    Business Review.* 02.10.2012. https://hbr.org/2012/10/the-secrets-to-tripad-
    visors-im. Zugegriffen: 18.08.2020.

35 Kinstler: »How TripAdvisor changed travel«. *The Guardian.* 17.08.2018.

36 »amiro.de baut Führungsposition weiter aus«. *Press1.* 12.11.1999. https://
    www.press1.de/ibot/db/9423369531067065853n3.html. Zugegriffen:
    18.08.2020.

37 »Series A – Epinions«. *Crunchbase.* https://www.crunchbase.com/funding_
    round/epinions-series-a--8f903fd2#section-overview. Zugegriffen:
    18.08.2020.

38 Spinnler, Thomas: »Was von der Dotcom-Blase blieb«. *Tagesschau.*
    01.07.2019. https://www.tagesschau.de/wirtschaft/boerse/dotcom-blase-101.
    html. Zugegriffen: 18.08.2020.

39 Poser, Fabian von: »Hast du mal 'n Hoteltipp?« *Frankfurter Allgemeine Zei-
    tung.* 29.04.2008. https://www.faz.net/aktuell/reise/nah/internet-bewertun-
    gen-hast-du-mal-n-hoteltipp-1548674.html. Zugegriffen: 18.08.2020.

40 NOAHConference: »Malte Siewert, Trivago – NOAH14«. *YouTube*.
    23.01.2015. https://www.youtube.com/watch?v=jhmgnFUDdEc&list=PUwn
    9hXx3vFJsV2GIePCO6QQ&index=73. Zugegriffen: 18.08.2020.

41 Hüsing, Alexander: »trivago: 5 spannende Fakten über das Überflieger-Start-
    up«. Deutsche Startups. 10.06.2016. https://www.deutsche-startups.
    de/2016/06/10/trivago-5-spannende-fakten-ueber-das-ueberflieger-start/. Zu-
    gegriffen: 18.08.2020.

42 StartingUp, Heft 02/2017.

43 Rinke, Florian & Jan Schnettler: »Wir müssen bei der Hotelsuche besser wer-
    den«. *RP online*. 29.04.2017. https://rp-online.de/wirtschaft/trivago-gruen-
    der-rolf-schroemgens-will-die-hotelsuchmaschine-aus-duesseldorf-noch-bes-
    ser-machen_aid-19468701. Zugegriffen: 18.08.2020.

44 NOAHConference: »Malte Siewert, Trivago – NOAH14«. *YouTube*.
    23.01.2015.

45 Expedia: »Expedia Completes Acquisition Of Majority Interest In trivago«.
    Cision. 12.03.2013. https://www.prnewswire.com/news-releases/expedia-com-
    pletes-acquisition-of-majority-interest-in-trivago-197283431.html. Zugegrif-
    fen: 18.08.2020.

46 WHU: »Geschichte«. https://www.whu.edu/de/die-whu/geschichte/. Zuge-
    griffen: 18.08.2020.

47 *Manager Magazin* Sonderheft: »Die reichsten Deutschen«, 1/2017.

48 IdeaLab!: »›Small Village Instinct‹ – Oliver Samwer at IdeaLab! 2017«. *YouTu-
    be*. 11.09.2018. https://youtu.be/w2CipLRIFcs. Zugegriffen: 18.08.2020.

49 WHU: »Standort Düsseldorf«. https://www.whu.edu/presse/pressemitteilun-
    gen/20110/whu-standort-duesseldorf/. Zugegriffen: 18.08.2020.

50 WHU: »Fünf Fragen an Diversity at WHU«. https://www.whu.edu/de/maga-
    zin/fuenf-fragen-an-diversity-at-whu/. Zugegriffen: 18.08.2020.

51 cdutv: »#cnight: Talk mit Angela Merkel«. *YouTube*. 06.11.2014. https://
    www.youtube.com/watch?v=i5c3tnCBj8Q&t=465s. Zugegriffen: 18.08.2020.

52 Wijngaarde, Yoram: »Berlin startup jobs jump to 78,000 – an increase of
    19,000 in two years«. *Dealroom.co*. 28.02.2020. https://blog.dealroom.co/ber-
    lin-startup-jobs-jump-to-78000-an-increase-of-19000-in-two-years/. Zuge-
    griffen: 18.08.2020.

53 Ebd.

54 cdutv: »#cnight: Talk mit Angela Merkel«. *YouTube*. 06.11.2014.

55 Hielscher, Henryk & Heike Schwerdtfeger: »Prinzip Hoffnung als Anlagestrategie«. *WirtschaftsWoche*. 01.10.2014. https://www.wiwo.de/finanzen/boerse/boersengang-von-rocket-internet-prinzip-hoffnung-als-anlagestrategie/10757900-all.html. Zugegriffen: 18.08.2020.

56 »Geld verbrannt«. *Spiegel online*. 18.08.2000. https://www.spiegel.de/wirtschaft/umts-lizenzen-geld-verbrannt-a-89583.html. Zugegriffen: 18.08.2020.

57 dpa: »Über 91 Milliarden DM bei UMTS-Auktion geboten«. *Hamburger Morgenpost*. 16.08.2000. https://www.mopo.de/mittwoch-16-08-2000--16-41-ueber-91-milliarden-dm-bei-umts---auktion-geboten-20069760. Zugegriffen: 18.08.2020.

58 Kaczmarek: Die Paten des Internets, S. 82.

59 Ebd., S. 82ff.

60 Krempl, Stefan: »›Die zweite Gründerwelle rollt‹ – Interview mit Deutschlands Vorzeigegründer Oliver Samwer«. *Nexttext*. http://www.nexttext.de/startup/samwer.html. Zugegriffen: 18.08.2020.

61 Krempl, Stefan: »Und wenn sie nicht gestorben sind, dann gründen sie noch heute«. *Telepolis*. 25.10.2000. https://www.heise.de/tp/features/Und-wenn-sie-nicht-gestorben-sind-dann-gruenden-sie-noch-heute-3451410.html. Zugegriffen: 18.08.2020.

62 »Sweetie ist unser Harry Potter«. *Spiegel online*. 07.03.2005. https://www.spiegel.de/wirtschaft/interview-mit-jamba-chef-sweetie-ist-unser-harry-potter-a-344531.html. Zugegriffen: 18.08.2020.

63 Ebd.

64 Kaczmarek: Die Paten des Internets, S. 115.

65 »Sweetie ist unser Harry Potter«. *Spiegel Online*. 07.03.2005.

66 Kaczmarek: Die Paten des Internets, S. 125ff.

67 Wirminghaus, Niklas: »Rocket Internet? ›Nicht die Art von Firma, in die ich investieren würde‹«. *Gründerszene*. 21.01.2015. https://www.gruenderszene.de/allgemein/peter-thiel-hiig-berlin. Zugegriffen: 18.08.2020.

68 Thiel, Peter: Zero to One. Frankfurt: Campus, 2014, S. 12f.

69 Schmiechen, Frank: »Oliver Samwer – und der Rest der Welt«. Gründerszene. 23.01.2015. https://www.gruenderszene.de/allgemein/samwer-horizont-videos?interstitial_click. Zugegriffen: 18.08.2020.

70 dpa: »Rocket stürzt ab und reißt Zalando mit«. *N-tv*. 02.10.2014. https://
    www.n-tv.de/wirtschaft/Rocket-stuerzt-ab-und-reisst-Zalando-mit-artic-
    le13712606.html. Zugegriffen: 18.08.2020.

71 Kaczmarek: Die Paten des Internets, S. 269.

72 Wirminghaus: »Rocket Internet? ›Nicht die Art von Firma, in die ich investie-
    ren würde‹«. *Gründerszene*. 21.01.2015.

73 Rungg, Andreas: »Feueralarm im Handelssaal«. Manager Magazin.
    03.10.2014. https://www.manager-magazin.de/digitales/it/rocket-internet-
    verpatzt-boersengang-a-995136.html. Zugegriffen: 18.08.2020.

74 Manager Magazin Sonderheft: »Die reichsten Deutschen«, 11A/2019.

75 IdeaLab!: »Small Village Instinct‹ – Oliver Samwer at IdeaLab! 2017«. *YouTu-
    be*. 11.09.2018.

76 Gestüt Lauvenburg: »Gestütsleitung«. http://www.lauvenburg.de/gestuetslei-
    tung.htm. Zugegriffen: 18.80.2020.

77 Seidel, Hagen: Schrei vor Glück. Zürich: Orell Füssli, 2013.

78 Kyriasoglou, Christina: »Wir waren komplett blank«. *Gründerszene*.
    23.10.2015. https://www.gruenderszene.de/allgemein/gentz-schneider-zalan-
    do-scheitern?interstitial_click. Zugegriffen: 18.08.2020.

79 Seidel: Schrei vor Glück.

80 Rinke, Florian: »Zalando will Pakete innerhalb von 30 Minuten liefern«. *RP
    online*. 23.03.2015. https://rp-online.de/wirtschaft/unternehmen/zalando-
    will-pakete-innerhalb-von-30-minuten-liefern_aid-17543079. Zugegriffen:
    18.08.2020.

81 Ebd.

82 Kaczmarek: Die Paten des Internets, S. 230.

83 Rinke, Florian: »Zalando will Pakete innerhalb von 30 Minuten liefern«. *RP
    online*. 23.03.2015.

84 Seidel: Schrei vor Glück, S. 37.

85 BeliebteWerbevideos: »Zalando TV Spot – Schrei vor Glück«. *YouTube*.
    29.08.2012. https://www.youtube.com/watch?v=6rMgQiz5C2o. Zugegriffen:
    18.08.2020.

[86] Jensen, Sören, Thomas Katzensteiner & Astrid Maier: »Die größte Internet-wette«. *Manager Magazin*. 20.12.2012. https://www.manager-magazin.de/magazin/artikel/a-872017.html. Zugegriffen: 18.08.2020.

[87] Ebd.

[88] Rinke, Florian: »Von 0 auf 40 Prozent: Zalando will Frauen in den Vorstand holen«. *RP online*. 15.10.2019. https://rp-online.de/wirtschaft/unternehmen/zalando-will-bis-2023-mindestens-40-prozent-frauen-im-vorstand_aid-46514205. Zugegriffen: 18.08.2020.

[89] Wired UK: »Robert Gentz: ›Radical Change‹ Needed in Ecommerce«. *YouTube*. 07.12.2015. https://www.youtube.com/watch?v=sFEwRjMHNFo. Zugegriffen: 18.08.2020.

[90] Delivery Hero: »Always Delivering – an Amazing Experience. Annual Report 2019«. https://ir.deliveryhero.com/download/companies/delivery/Annual%20Reports/DE000A2E4K43-JA-2019-EQ-E-00.pdf. Zugegriffen: 18.08.2020.

[91] Helm, Burt: »The World‹s Most Ruthless Food Startup: The Inside Story of How HelloFresh Clawed Its Way to the Top«. *Inc. Magazine* 7/8 2018. https://www.inc.com/magazine/201808/burt-helm/hellofresh.html. Zugegriffen: 18.08.2020.

[92] Westermeyer, Philipp: »VC-Experte Sven Schmidt zum Hello Fresh-IPO: »Hände weg. Nicht zeichnen, sondern shorten!«« *OMR*. 26.10.2017. https://omr.com/de/sven-schmidt-hello-fresh-ipo/.

[93] https://ir.hellofreshgroup.com/download/companies/hellofresh/Quarterly%20Reports/DE000A161408-Q2-2020-EQ-D-01.pdf

[94] dpa: »Kochboxversender an der Börse wertvoller als Lufthansa« *Spiegel*. 31.03.2020. https://www.spiegel.de/wirtschaft/unternehmen/hello-fresh-an-der-boerse-wertvoller-als-lufthansa-a-b4876253-4a79-4fdc-8adb-4fb797d965d7. Zugegriffen: 18.08.2020.

[95] Rinke, Florian: »Hellofresh prüft Fertigessen-Angebot«. *RP online*.29.06.2018. https://rp-online.de/wirtschaft/unternehmen/thomas-griesel-hellofresh-prueft-fertigessen-angebot_aid-23694757. Zugegriffen: 18.08.2020.

[96] Vorwerk: *Geschäftsbericht 2012*. https://corporate.vorwerk.de/fileadmin/data/master_corporate/04_Presse/Publikationen/Vorwerk-Geschaeftsbericht-2012-de.pdf. Zugegriffen: 18.08.2020.

[97] Crook, Jordan: »HelloFresh Cooks Up $50 Million Series D From Insight Venture Partners«. *TechCrush*. 18.06.2014. https://techcrunch. com/2014/06/18/hellofresh-cooks-up-50-million-series-d-from-insight-venture-partners/. Zugegriffen: 18.08.2020.

[98] Scherkamp, Hannah: »Lidl rettet Kochzauber«. *Gründerszene*. 18.11.2015. https://www.gruenderszene.de/allgemein/lidl-rettet-kochzauber. Zugegriffen: 18.08.2020.

[99] Schuetze, Arno & Alexander Hübner: »UPDATE 1-Online meal firm Hello-Fresh prepares for listing this year – sources«. *Reuters*. 05.08.2015. https:// www.reuters.com/article/hellofresh-ipo/update-1-online-meal-firm-hellofresh-prepares-for-listing-this-year-sources-idUSL5N10G18J20150805. Zugegriffen: 18.08.2020.

[100] dpa: »Hello Fresh geht an die Börse«. *N-tv*. 28.05.2018. https://www.n-tv.de/ wirtschaft/Hello-Fresh-geht-an-die-Boerse-article16231566.html. Zugegriffen: 18.08.2020.

[101] Hegemann, Lisa: »Hellofresh: Warum die IPO-Ansage überrascht«. *WirtschaftsWoche Gründer*. 09.11.2015. https://gruender.wiwo.de/hellofresh-rocket-boersengang-absage-ipo/. Zugegriffen: 18.08.2020.

[102] Wingfield, Nick & Michael J. de la Merced: »Amazon to Buy Whole Foods for $13.4 Billion«. *New York Times*. 16.06.2017. https://www.nytimes. com/2017/06/16/business/dealbook/amazon-whole-foods.html. Zugegriffen: 18.08.2020.

[103] Hirsch, Lauren & Angela Moon: »Meal-kit maker Blue Apron goes public, demand underwhelms as Amazon looms«. *Reuters*. 28.06.2017. https://www. reuters.com/article/us-blueapron-ipo/meal-kit-maker-blue-apron-goes-public-demand-underwhelms-as-amazon-looms-idUSKBN19J1C5. Zugegriffen: 18.08.2020.

[104] Scherkamp: »Lidl rettet Kochzauber«. *Gründerszene*. 18.11.2015.

[105] Börse Frankfurt: »Börsengang: HelloFresh SE«. *YouTube*. 02.11.2017. https:// www.youtube.com/watch?v=umViqmbGmps. Zugegriffen: 18.08.2020.

[106] Robert-Koch-Institut: *Täglicher Lagebericht des RKI zur Coronavirus-Krankheit-2019 (COVID-19)*. 02.04.2020. https://www.rki.de/DE/Content/ InfAZ/N/Neuartiges_Coronavirus/Situationsberichte/2020-04-02-de.pdf?__ blob=publicationFile. Zugegriffen: 18.08.2020.

[107] Brack, Gerhard: »Coronavirus-Patient Nummer 1: ›Wie ich die Quarantäne erlebte‹«. *BR24*. 28.02.2020. https://www.br.de/nachrichten/bayern/coronavirus-patient-nummer-1-wie-ich-die-quarantaene-erlebte,Rrm4Ul8. Zugegriffen: 18.08.2020.

[108] Ruschmann, Dirk: »Mister Einhorn«. Bilanz (Schweiz), 28.06.2019.

[109] Tweedie-Cullen, R. Y., J. M. Reck & I. M. Mansuy: *Comprehensive mapping of post-translational modifications on synaptic, nuclear, and histone proteins in the adult mouse brain*. 24.11.2009. https://www.zora.uzh.ch/id/eprint/24270/. Zugegriffen: 18.08.2020.

[110] Ruschmann: »Mister Einhorn«. Bilanz.

[111] Hüwel, Detlef: »Peinliche Posse um Imagekampagne«. *RP online*. 19.12.2005. https://rp-online.de/politik/deutschland/peinliche-posse-um-imagekampagne_aid-16983803. Zugegriffen: 18.08.2020.

[112] Ruschmann: »Mister Einhorn«. Bilanz.

[113] GetYourGuide: »GetYourGuide To Move Headquarters To Historic Berlin Architectural Icon«. 03.09.2018. https://press.getyourguide.com/blog/2018/9/3/getyourguide-to-move-headquarters-to-historic-berlin-architectural-icon. Zugegriffen: 18.08.2020.

[114] GetYourGuide: »GetYourGuide erhält 484 Millionen US-Dollar von einem Konsortium unter Führung des SoftBank Vision Fund«. 16.05.2019. https://press.getyourguide.de/releases-1/2019/5/16/getyourguide-erhlt-484-millionen-us-dollar-von-einem-konsortium-unter-fhrung-des-softbank-vision-fund. Zugegriffen: 18.08.2020.

[115] CB Insights: *The Global Unicorn Club*.

[116] Gardt, Martin: »Johannes Reck: ›Das wird das katastrophalste Jahr des Tourismus aller Zeiten‹«. *OMR*. 23.03.2020. https://omr.com/de/johannes-reck-getyourguide-corona-omr-podcast/. Zugegriffen: 18.08.2020.

[117] TUI Group: *Pressemeldung – TUI Group übernimmt italienisches Technologie Start-up Musement*. 14.09.2018. https://www.tuigroup.com/de-de/medien/presseinformationen/ag-meldungen/2018/2018-09-14-tui-uebernimmt-italienisches-technologie-start-up-musement. Zugegriffen: 18.08.2020.

[118] »Interview mit Tui-Chef Fritz Joussen – ›Mallorca bleibt ein Renner‹«. *RP online*. 27.12.2019. https://rp-online.de/wirtschaft/unternehmen/tui-chef-fritz-joussen-mallorca-bleibt-ein-renner_aid-47962455. Zugegriffen: 18.08.2020.

119 Schröder, Miriam: »Das schafft man nur, wenn man fokussiert ist«. *Handels-blatt*. 16.05.2019. https://www.handelsblatt.com/unternehmen/mittelstand/johannes-reck-im-interview-das-schafft-man-nur-wenn-man-fokussiert-ist/24350256.html?ticket=ST-2778220-Rem2ZNTlMwtUSfTqkIEK-ap3. Zugegriffen: 18.08.2020.

120 Schlenk, Caspar Tobias: »Getyourguide-Chef: ›Wir wären auch ohne Softbank erfolgreich geworden‹«. 07.06.2019. https://www.gruenderszene.de/business/getyourguide-gruender-johannes-reck-interview/2. Zugegriffen: 18.08.2020.

121 Hochschule für Wirtschaft und Recht (HWR) Berlin: *Deutscher Startup Monitor 2013*. 01.10.2013. http://deutscherstartupmonitor.de/fileadmin/dsm/dsm-13/DSM_Abschlussbericht_13.pdf. Zugegriffen: 18.08.2020.

122 Lux, Torben: »Der Onefootball-Gründer über 10 Millionen aktive Nutzer, 21 Investoren und berühmte Ahnen«. *OMR*. 12.12.2018. https://omr.com/de/podcast-onefootball-lucas-von-cranach/. Zugegriffen: 18.08.2020.

123 Räth, Georg: »›Deine Idee ist scheiße‹, sagte Oliver Samwer. ›Aber dich finde ich gut‹«. *Gründerszene*. 25.02.2014. https://www.gruenderszene.de/allgemein/ladenzeile-maier-schaback-samwer?interstitial_click. Zugegriffen: 18.08.2020.

124 Hüsing, Alexander: »Springer zahlt imposante 40 Millionen Euro für Ladenzeile.de«. deutsche startups. https://www.deutsche-startups.de/2011/12/18/springer-ladenzeile-kaufpreis/. Zugegriffen: 18.08.2020.

125 Wirminghaus, Niklas: »Alando-Gründer Jörg Rheinboldt wird Geschäftsführer von Plug&Play«. *Gründerszene*. 24.10.2013. https://www.gruenderszene.de/allgemein/joerg-rheinboldt-plug-and-play?interstitial_click. Zugegriffen: 18.08.2020.

126 Rinke, Florian: »Die digitalen Brutkästen der NRW-Konzerne«, Rheinische Post, 01.07.2015.

127 Keese, Christoph: Silicon Valley – was aus dem mächtigsten Tal der Welt auf uns zukommt. München: Knaus, 2014.

128 Rinke, Florian: »Du, Chef«. *Rheinische Post, 7*. 12.2016. https://rp-media.de/data/file/default/1/1533_905019d5739a55cc037e5c2d8212aa73.pdf. Zugegriffen: 18.08.2020.

129 Rinke, Florian: »Ladestation auf Rollen«. *RP online*. 20.12.2016. https://rp-online.de/wirtschaft/unternehmen/neue-koffer-ladestation-auf-rollen_aid-21189115. Zugegriffen: 18.08.2020.

[130] Schnor, Pauline: »Nach vorläufiger Insolvenz: Horizn Studios macht ohne VCs weiter«. *Gründerszene*. 03.07.2020. https://www.gruenderszene.de/business/horizn-studios-neustart?interstitial. Zugegriffen: 18.08.2020.

[131] Wirminghaus, Niklas: »Aufstieg der Instagram-Brands«. *Capital*. 15.05.2019. https://www.capital.de/wirtschaft-politik/aufstieg-der-instagram-brands. Zugegriffen: 18.08.2020.

[132] Deutscher Bundestag: *Bundestag beschließt Mietpreisbremse*. 05.03.2015. https://www.bundestag.de/dokumente/textarchiv/2015/kw10_de_mietpreisbremse-362998. Zugegriffen: 18.08.2020.

[133] Schlenk, Caspar Tobias: »Ein 70-Milliarden-Markt wartet auf ein Startup«. *Gründerszene*.05.12.2018. https://www.gruenderszene.de/awards/mcmakler-awards-portrait. Zugegriffen: 18.08.2020.

[134] Rinke, Florian: »Mieten, kaufen, entlohnen.« *RP online*. 01.06.2016. https://rp-online.de/wirtschaft/mieten-kaufen-entlohnen_aid-19648343. Zugegriffen: 18.08.2020.

[135] Streit, Matthias »Online-Makler-Plattform McMakler sammelt Rekordsumme ein« *Handelblatt*. 12.06.2019.: https://www.handelsblatt.com/finanzen/immobilien/immobilien-online-makler-plattform-mcmakler-sammelt-rekordsumme-ein/24447060.html. Zugegriffen: 27.08.2020.

[136] Apple: *Press release – Apple Launches the iTunes Music Store*. 28.04.2003. https://www.apple.com/newsroom/2003/04/28Apple-Launches-the-iTunes-Music-Store/. Zugegriffen: 18.08.2020.

[137] Nonnast, Tobias: »T-Online macht Musik«. *Handelsblatt*. 28.08.2003. https://www.handelsblatt.com/archiv/startschuss-auf-der-ifa-in-berlin-t-online-macht-musik/2269086.html?ticket=ST-2856434-eyjxQ3boamHfFOhjaU57-ap2. Zugegriffen: 18.08.2020.

[138] Pohl, Gerrit: »Simfy sucht die Download-Schnäppchen«. *Spiegel Online*. 26.05.2006 https://www.spiegel.de/netzwelt/web/online-musik-simfy-sucht-die-download-schnaeppchen-a-418146.html. Zugegriffen: 18.08.2020.

[139] Harrabi, Kais & Maja Fiedler: »Gerrit Schumann – ›Wer nicht gescheitert ist, ist nie ein Risiko eingegangen‹«. detektor.fm. 25.03.2020. https://detektor.fm/wirtschaft/flopcast-gerrit-schumann. Zugegriffen: 18.08.2020.

[140] Kaczmarek, Joel: »Music Networx investiert – finanziert durch Earlybird und weitere Investoren – in simfy«. 29.09.2009. https://www.gruenderszene.de/news/music-networx-investiert-finanziert-durch-earlybird-und-weitere-investoren-in-simfy. Zugegriffen: 18.08.2020.

[141]   Schuman, Gerrit Flopcast: https://detektor.fm/wirtschaft/flopcast-gerrit-schu-mann. Zugegriffen: 19.08.2020.

[142]   Räth, Georg: »Simfy vs. Spotify«. *Gründerszene*. 07.12.2011. https://www.gruenderszene.de/interviews/simfy-spotify-christoph-lange?interstitial. Zuge-griffen: 18.08.2020.

[143]   Simfy AG: Bericht über das Geschäftsjahr 2011, *Bundesanzeiger.*

[144]   Telekom: *Deutsche Telekom startet erfolgreich ins Jahr 2010.* 12.05.2010. https://www.telekom.com/de/medien/medieninformationen/detail/deutsche-telekom-startet-erfolgreich-ins-jahr-2010-334726. Zugegriffen: 18.08.2020.

[145]   Hofman, Alex »Nun offiziell: Spotify mit Telekom-Deal«. News vom 31.08.2012: https://www.gruenderszene.de/news/spotify-telekom. Zugegrif-fen: 28.08.2020.

[146]   Harrabi & Fiedler: »Gerrit Schumann«. detektor.fm. 25.03.2020.

[147]   Korfmann, Matthias: »70 Jahre NRW ›Der Rheinländer hört nur ungern zu‹«. *Kölnische Rundschau.* 19.08.2016. https://www.rundschau-online.de/news/kultur/70-jahre-nrw--der-rheinlaender-hoert-nur-ungern-zu--24616412?originalReferrer=https://www.google.com/.

[148]   Dohms, Heinz-Roger: »Zwei gegen Google«. Capital, 05/2013.

[149]   Manager Magazin Sonderheft: »Die reichsten Deutschen«, 11A/2019

[150]   Dohms, Heinz Roger: »Mittelständler auf Speed«. Manager Magazin, 11/2016.

[151]   Ebd.

[152]   Kaczmarek: Die Paten des Internets.

[153]   Dohms, Heinz-Roger: »Wo gibt's das billiger?«. *Zeit online.* 09.04.2015. https://www.zeit.de/2015/15/preisvergleich-check-24-portal. Zugegriffen: 18.08.2020.

[154]   Ebd.

[155]   Kaczmarek, Joel: »Erste Eindrücke von Project A Ventures«. *Gründerszene.* 10.02.2012. https://www.gruenderszene.de/allgemein/project-a-ventures?interstitial_click. Zugegriffen: 18.08.2020.

[156]   Axel Springer: *Axel Springer beteiligt sich an Project A Ventures.* 16.10.2013. https://www.axelspringer.com/de/presseinformationen/axel-springer-beteiligt-sich-an-project-a-ventures. Zugegriffen: 18.08.2020.

[157] Redaktion: »Project A schließt neuen Fonds mit 140 Millionen Euro«. *Berlin Valley*. 22.02.2017. https://berlinvalley.com/neuer-fonds-project-a/. Zugegriffen: 18.08.2020.

[158] Kapalschinski, Christoph: »Der Berliner Investor Project A schließt seinen dritten Fonds mit 180 Millionen Euro«. *Handelsblatt*. 26.09.2019. https://www.handelsblatt.com/unternehmen/mittelstand/familienunternehmer/florian-heinemann-der-berliner-investor-project-a-schliesst-seinen-dritten-fonds-mit-180-millionen-euro/25053470.html. Zugegriffen: 18.08.2020.

[159] Ebd.

[160] Konrad, Alex: »The Midas List – Europe 2019«. *Forbes*. 02.12.2019. https://www.forbes.com/midas/europe/#43bdb1ee74e4. Zugegriffen: 18.08.2020.

[161] Manager Magazin Sonderheft: »Die reichsten Deutschen«, 11A/2019.

[162] Hegemann, Lisa: »Alle würden sagen: ›Da wird Rentengeld verzockt‹«. *Zeit online*. 24.10.2019. https://www.zeit.de/digital/internet/2019-10/klaus-hommels-investitionen-start-ups-silicon-valley. Zugegriffen: 18.08.2020.

[163] Ebd.

[164] Gespräch mit Klaus Hommels am 28. Mai 2020.

[165] Kowalsky, Marc: »Grösster europäischer Venture Fund wird in Zürich aufgelegt«. *Bilanz*. 21.12.2017. https://www.handelszeitung.ch/panorama/grosster-europaischer-venture-fund-wird-zurich-aufgelegt. Zugegriffen: 18.08.2020.

[166] Busvine, Douglas & Michelle Martin: »Venture capital investor Lakestar raises $735 mln for Europe bets«. *Reuters*. 25.02.2020. https://www.reuters.com/article/investment-lakestar/venture-capital-investor-lakestar-raises-735-mln-for-europe-bets-idUSL5N2AO2XJ. Zugegriffen: 18.08.2020.

[167] Rinke, Florian: »Henkel investiert in Start-up-Fonds von Lakestar«. *RP online*. 01.10.2019. https://rp-online.de/wirtschaft/unternehmen/startups/henkel-investiert-in-start-up-fonds-von-klaus-hommels-lakestar_aid-46222775. Zugegriffen: 18.08.2020.

[168] Benchmark Capital Europe: »Klaus Hommels Joins Benchmark Capital Europe as Venture Partner«. *Balderton Capital*. 05.06.2006. https://web.archive.org/web/20101119232227/https://www.balderton.com/news-events/klaus-hommels-joins-benchmark-capital-europe-as-venture-partner,,81/. Zugegriffen: 18.08.2020.

[169] Fleck, Dirk: »In der Zukunft zu Hause«, Berliner Morgenpost, 28.04.2001.

[170] Mörer-Funk, Axel: »Bin ich schon drin«, WirtschaftsWoche, 23.03.2000.

[171] Ebd.

[172] Baurmann, Jana Gioia: »Faktor Google – Der Internetkonzern ist fest in der deutschen Wirtschaft verankert«. Tagesspiegel. https://www.tagesspiegel.de/wirtschaft/faktor-google/4666340.html. Zugegriffen: 18.08.2020.

[173] Bröcker, Michael: »Mr. Google aus Düsseldorf«. *RP online.* 29.12.2017. https://rp-online.de/wirtschaft/unternehmen/philipp-schindler-mr-google-aus-duesseldorf_aid-17723087. Zugegriffen: 18.08.2020.

[174] cdutv: »Schindler: ›Das Internet an sich ist keine Bedrohung‹«. *YouTube.* 25.05.2011. https://www.youtube.com/watch?v=IMLParDHYOY&t=1620s. Zugegriffen: 18.08.2020.

[175] Destatis: *Registrierte Arbeitslose und Arbeitslosenquote nach Gebietsstand.* 07.01.2020. https://www.destatis.de/DE/Themen/Wirtschaft/Konjunkturindikatoren/Lange-Reihen/Arbeitsmarkt/lrarb003ga.html. Zugegriffen: 18.08.2020.

[176] dpa: »Initiative Partner für Innovation soll Forschung fördern«, 16.01.2004.

[177] »BVK: Frühphasenfinanzierungen haben sich 2003 stabilisiert«. *Handelsblatt.* 30.03.2004. https://www.handelsblatt.com/archiv/bvk-fruehphasenfinanzierungen-haben-sich-2003-stabilisiert/2317428.html?ticket=ST-1561767-pXgx9xFoYYtNneozJCP9-ap3. Zugegriffen: 18.08.2020.

[178] Räth, Georg: »Interview mit einem VC: High-Tech Gründerfonds«. *Gründerszene.* 02.03.2012. https://www.gruenderszene.de/interviews/vc-high-tech-grunderfonds-michael-brandkamp. Zugegriffen: 18.08.2020.

[179] Mk: »KfW übernimmt Deutsche Ausgleichsbank«. *Welt.* 16.06.2000. https://www.welt.de/print-welt/article519013/KfW-uebernimmt-Deutsche-Ausgleichsbank.html. Zugegriffen: 18.08.2020.

[180] Kaczmarek, Joel: »Investor des Jahrzehnts«. *Gründerszene.* 20.09.2011. https://www.gruenderszene.de/news/htgf-investor-des-jahrzehnts.

[181] »Merck to Acquire Rigontec, RIG-I Therapeutics Pioneer, Advancing Leadership in Immuno-Oncology«. *Business Wire.*06.09.2017. https://www.businesswire.com/news/home/20170906005092/en/Merck-Acquire-Rigontec-RIG-I-Therapeutics-Pioneer-Advancing. Zugegriffen: 18.08.2020.

[182] Rinke, Florian: »Bei diesem VC tragen die Mitarbeiter Team-Schuhe«. *RP online.* 02.09.2019. https://rp-online.de/wirtschaft/unternehmen/startups/dieses-geschenk-machte-joerg-binnenbruecker-seinem-capnamic-team_aid-45542477. Zugegriffen: 18.08.2020.

[183] Pfister, Ralph Bernhard: »Zweistelliger Millionenbetrag für Startups: Capnamic Ventures startet mit namhaften Investoren«. *W&V*. 12.02.2013. https://www.wuv.de/tech/zweistelliger_millionenbetrag_fuer_startups_capnamic_ventures_startet_mit_namhaften_investoren. Zugegriffen: 18.08.2020.

[184] Schlenk, Caspar Tobias: »Cisco investiert Millionen in Fonds für deutsche Startups«. *Gründerszene*. 27.06.2017. https://www.gruenderszene.de/allgemein/capnamic-fonds-cisco?interstitial_click. Zugegriffen: 18.08.2020.

[185] Wirminghaus, Niklas: »›Das ist eine brutale Belastung‹ – Frank Thelen über das Aus für Doo«. *Gründerszene*. 18.02.2014. https://www.gruenderszene.de/allgemein/doo-offline-frank-thelen-interview. Zugegriffen: 18.08.2020.

[186] Ebd.

[187] Rinke, Florian: »Frank Thelen – Der König der Löwen«. *RP online*. 06.01.2018. https://rp-online.de/wirtschaft/unternehmen/portraet-des-bonner-start-up-investors-frank-thelen-der-koenig-der-loewen_aid-17722397. Zugegriffen: 18.08.2020.

[188] Thelen, Frank: *Die Autobiografie: Startup-DNA*. Hamburg: Murmann, 2018.

[189] Mizroch, Amir: »Microsoft Buys To-Do List App Maker«. *The Wall Street Journal*. 01.06.2015. https://www.wsj.com/articles/microsoft-buys-german-to-do-list-startup-6wunderkinder-1433177558. Zugegriffen: 18.08.2020.

[190] Thelen: *Die Autobiografie: Startup-DNA*.

[191] Rinke, Florian: »Warum das Aus für Frank Thelen besser ist als für Vox«. *RP online*. 13.11.2019. https://rp-online.de/wirtschaft/unternehmen/startups/die-hoehle-der-loewen-wieso-das-aus-fuer-frank-thelen-besser-ist-als-fuer-vox_aid-47128905#successLogin.

[192] Rinke, Florian: »Frank Thelen – die beginnende Entzauberung eines ›Löwen‹«. *RP online*. 13.04.2019. https://rp-online.de/wirtschaft/unternehmen/frank-thelen-entzauberung-des-hoehle-der-loewen-stars_aid-38073263. Zugegriffen: 18.08.2020.

[193] Hollinger, Peggy: »Baillie Gifford invests in flying taxi start-up Lilium«. *Financial Times*. 09.06.2020. https://www.ft.com/content/948ddf19-3d27-4152-be7f-1de116cb756e. Zugegriffen: 18.08.2020.

[194] Übermedien: »›Keine Ahnung‹ mit Frank Thelen«. *YouTube*. 05.11.2019. https://www.youtube.com/watch?v=gLvLGE3kYBY. Zugegriffen: 18.08.2020.

[195] Kirchhoff: *IPO-Studie 2019*. 09.12.2019. https://www.kirchhoff.de/fileadmin/20_Download/Studien/20191209_IPO-Studie.pdf. Zugegriffen: 18.08.2020.

[196] Finanzen.net: *Deutsche Telekom Aktie*. https://www.finanzen.net/historische-kurse/deutsche_telekom. Zugegriffen: 18.08.2020.

[197] Blechner, Notker: »Die Neuerfindung von Infineon«. *Tagesschau*. 13.03.2020. https://www.tagesschau.de/wirtschaft/boerse/infineon-boersengang-101.html. Zugegriffen: 18.08.2020.

[198] Hüsing, Alexander: »Boursorama übernimmt OnVista«. *deutsche startups*. 24.09.2007. https://www.deutsche-startups.de/2007/09/24/boursorama-uebernimmt-onvista/. Zugegriffen: 18.08.2020.

[199] Gründel, Marleen: »Da kann man nicht nein sagen«. *Manager Magazin*. 24.09.2007. https://www.manager-magazin.de/digitales/it/a-507535.html. Zugegriffen: 18.08.2020.

[200] Bundesverband deutsche Startups e. V.: *Die Gewinner*innen der German Startup Awards stehen fest*. 06.03.2020. https://deutschestartups.org/2020/03/09/die-gewinnerinnen-der-german-startup-awards-stehen-fest/. Zugegriffen: 18.08.2020.

[201] mic: »Offensiv – der Fußballmanager«. *PC Player 6/97*. https://www.kultboy.com/index.php?site=t&id=12332. Zugegriffen: 18.08.2020.

[202] Brinkmann, Bastian & Hakan Tanriverdi: »Deutschlands heimliche Werbemacht«. *Süddeutsche Zeitung*. 04.07.2019.https://www.sueddeutsche.de/digital/adblock-plus-in-der-kritik-deutschlands-heimliche-werbemacht-1.1711497-0#seite-2. Zugegriffen: 18.08.2020.

[203] dpa: »Blogger wirft Werbeblockern Bestechlichkeit vor«. *Handelsblatt*. 03.07.2013. https://www.handelsblatt.com/unternehmen/it-medien/schwere-anschuldigung-es-gibt-unfassbar-viel-schrott/8441398-2.html?ticket=ST-3307872-0kZs0t3dba072HScIrla-ap3. Zugegriffen: 18.08.2020.

[204] Pallenberg, Sascha: »Adblock Plus Undercover: Einblicke in ein mafiöses Werbenetzwerk«. 26.06.2013. https://www.mobilegeeks.de/adblock-plus-undercover-einblicke-in-ein-mafioeses-werbenetzwerk/. Zugegriffen: 18.08.2020.

[205] Faida, Till: »#pallengate: Warum Sascha Pallenberg bewusst lügt«. *AdBlock Plus*. 01.07.2013. https://adblockplus.org/blog/pallengate-warum-sascha-pallenberg-bewusst-luegt. Zugegriffen: 18.08.2020.

[206] Kerkmann, Christof: »Wer hat die Macht über den Werbeblock?«. *Handelsblatt*. 12.08.2016. https://www.handelsblatt.com/unternehmen/it-medien/facebook-vs-adblock-plus-wer-hat-die-macht-ueber-den-werbeblock/14005570.html. Zugegriffen: 18.08.2020.

[207] Kleinz, Torsten: »Adblock Plus: Durchsuchungen bei Eyeo«. *heise online*. 27.01.2017 https://www.heise.de/newsticker/meldung/Adblock-Plus-Durchsuchungen-bei-Eyeo-3609507.html. Zugegriffen: 18.08.2020.

[208] TEDx Talk: »Tim Schumacher – How a small startup forced a billion dollar industry to change«. YouTube. 11.12.2019. https://www.youtube.com/watch?v=JhRNP2h_84A. Zugegriffen: 18.08.2020.

[209] dpa: »BGH schafft Klarheit: Werbeblocker im Internet zulässig«. *Zeit online*. 19.04.2018. https://www.zeit.de/news/2018-04/19/bgh-schafft-klarheit-werbeblocker-im-internet-zulaessig-180419-99-966019. Zugegriffen: 18.08.2020.

[210] Hein, David: »Axel Springer reicht Urheberrechtsklage gegen Eyeo ein«. *Horizont*. 08.04.2019. https://www.horizont.net/medien/nachrichten/adblocker-axel-springer-reicht-urheberrechtsklage-gegen-eyeo-ein-174077. Zugegriffen: 18.08.2020.

[211] Kröter, Thomas: »Die Koalition steht Angelangt im Land des Lächelns«. Kölner Stadt-Anzeiger. 24.10.2009. https://www.ksta.de/die-koalition-steht-angelangt-im-land-des-laechelns-12853374. Zugegriffen: 18.08.2020.

[212] tro: »CSU-Generalsekretär nennt FDP ›Gurkentruppe‹«. *Spiegel online*. 07.06.2010. https://www.spiegel.de/politik/deutschland/nach-wildsau-vorwurf-csu-generalsekretaer-nennt-fdp-gurkentruppe-a-699198.html. Zugegriffen: 18.08.2020.

[213] jol: »Große Geschenke erhalten die Freundschaft«. *Spiegel online*. 17.01.2010. https://www.spiegel.de/politik/deutschland/hoteliers-und-parteien-grosse-geschenke-erhalten-die-freundschaft-a-672409.html. Zugegriffen: 18.08.2020.

[214] Westerwelle, Guido: »An die deutsche Mittelschicht denkt niemand«. *Welt*. 11.02.2010. https://www.welt.de/debatte/article6347490/An-die-deutsche-Mittelschicht-denkt-niemand.html. Zugegriffen: 18.08.2020.

[215] Gebauer, Matthias & Sven Röbel: »Justiz will nicht gegen Niebel ermitteln«. Spiegel online. 26.06.2012. https://www.spiegel.de/politik/deutschland/teppich-affaere-justiz-will-nicht-gegen-niebel-ermitteln-a-841073.html. Zugegriffen: 18.08.2020.

216   *Wachstum. Bildung. Zusammenhalt. Der Koalitionsvertrag zwischen CDU, CSU und FDP.* 26.10.2009. https://www.kas.de/c/document_library/get_file?uuid=83dbb842-b2f7-bf99-6180-e65b2de7b4d4&groupId=252038. Zugegriffen: 18.08.2020.

217   Inacker, Miachel: »Merkel will digitale Wirtschaft stärken«. Handelsblatt. 31.05.2012. https://www.handelsblatt.com/handelsblatt-exklusiv-merkel-will-digitale-wirtschaft-staerken/6693014.html?ticket=ST-3555721-dCkt2mdug-KG20lyEE3Eh-ap3. Zugegriffen: 18.08.2020.

218   Ebd.

219   Kreikebaum, Uli: »Bernd Kollmann – Der millionenschwere Massenfotograf«. *Kölner Stadt-Anzeiger.* 28.09.2012. https://www.ksta.de/koeln/bernd-kollmann--der-millionenschwere-massenfotograf-907416. Zugegriffen: 18.08.2020.

220   Busse, Caspar: »Drama um Scout 24«. *Süddeutsche Zeitung.* 17.02.2020. https://www.sueddeutsche.de/wirtschaft/online-anzeigen-drama-um-scout-24-1.4801228. Zugegriffen: 18.08.2020.

221   Rinke, Florian: »Ein Digitalministerium wäre in der aktuellen Situation nicht schlecht gewesen«. *RP online.* 03.06.2020. https://rp-online.de/wirtschaft/unternehmen/startups/tobias-kollmann-gibt-den-vorsitz-im-beirat-junge-digitale-wirtschaft-ab_aid-51463031. Zugegriffen: 18.08.2020.

222   Müller, Anja: »Heinz-Paul Bonn – der Provokateur«. Handelsblatt, 10.03.2014.

223   Bundesministerium für Wirtschaft und Technologie: *Nationaler IT-Gipfel 2012.* https://www.de.digital/DIGITAL/Redaktion/DE/IT-Gipfel/Publikation/2012/it-gipfel-2012-essener-erklaerung.pdf?__blob=publicationFile&v=6. Zugegriffen: 18.08.2020.

224   Poeverlein, Lino: »German Silicon Valley Accelerator: Als Startup nach Amerika«. *Gründerszene.* 19.10.2011. https://www.gruenderszene.de/allgemein/german-silicon-valley-accelerator-als-startup-nach-amerika. Zugegriffen: 18.08.2020.

225   Köneke, Vanessa: »Gründen ist was für Erwachsene«. *WirtschaftsWoche.* 04.05.2017. https://www.wiwo.de/erfolg/gruender/start-ups-gruenden-ist-was-fuer-erwachsene/19723910.html. Zugegriffen: 18.08.2020.

226   GPU Conference: »ParStream—a parallel database on GPUs«.20.–23.09.2010. https://www.nvidia.com/content/gtc-2010/pdfs/4004a_gtc2010.pdf. Zugegriffen: 18.08.2020.

227 Hofmann, Alex: »5,6 Millionen US-Dollar für ParStream«. *Gründerszene*. 14.08.2012. https://www.gruenderszene.de/news/parstream-khosla-millionen?interstitial_click. Zugegriffen: 18.08.2020.

228 Schuster, Dana: »The revolt against Google ›Glassholes‹«. *New York Post*. 14.07.2014. https://nypost.com/2014/07/14/is-google-glass-cool-or-just-plain-creepy/. Zugegriffen: 18.08.2020.

229 Rinke, Florian: »Blockchain ist der größe Hype aller Zeiten«. RP online. 18.09.2018. https://rp-online.de/wirtschaft/andreas-von-bechtolsheim-zwei-felt-an-blockchain_aid-33078671. Zugegriffen: 18.08.2020.

230 Denkler, Thorsten: »Eine Umarmung und viele, viele Fragen«. *Süddeutsche Zeitung*. 23.05.2013. https://www.sueddeutsche.de/politik/fdp-chef-roesler-und-bild-boss-diekmann-eine-umarmung-und-viele-viele-fragen-1.1678934. Zugegriffen: 18.08.2020.

231 Pohlmann, Sonja: »Rösler und Diekmann auf Kuschelkurs«. *Tagesspiegel*. 23.05.2013. https://www.tagesspiegel.de/gesellschaft/medien/minister-trifft-bild-chef-roesler-und-diekmann-auf-kuschelkurs-/8245774.html. Zugegriffen: 18.08.2020.

232 Voss, Oliver: »Die Junglobbyisten lassen sich feiern«. *Tagesspiegel*. 24.11.2017. https://www.tagesspiegel.de/wirtschaft/bundesverband-deutscher-startups-die-junglobbyisten-lassen-sich-feiern/20629770.html. Zugegriffen: 18.08.2020.

233 Meya, Nadine: »Fünf Jahre BVDS: Die ersten Schritte«. *Berlin Valley*. 19.12.2017. https://berlinvalley.com/fuenf-jahre-bvds-die-ersten-schritte/. Zugegriffen: 18.08.2020.

234 Ebd.

235 Gaffel Haus Berlin: *Unser Ludwig Erhard Zimmer – das Séparée mit besonderer Note*. 2018. https://www.gaffel-haus-berlin.de/geschichten/27-unser-ludwig-erhard-zimmer-das-separee-mit-besonderer-note. Zugegriffen: 18.08.2020.

236 Müller, Anja: »Start-ups gründen Bundesverband«. Handelsblatt, 15.10.2012.

237 Pfeil, Marcus: »Startups und Politik: Lobbyismus für Anfänger«. *The Wall Street Journal*. 01.11.2012. https://www.wsj.com/articles/SB10001424052970 204712904578092193151652194. Zugegriffen: 18.08.2020.

238 »Veränderungen im Bitkom-Präsidium«. *Bitkom*. 14. Juni 2013. https://www.bitkom.org/Presse/Presseinformation/Veraenderungen-im-Bitkom-Praesidi-um.html. Zugegriffen: 18.08.2020.

239 Voss: »Die Junglobbyisten lassen sich feiern«. *Tagesspiegel*. 24.11.2017.

240 de Bortoli, Isabelle: »Rheinländer sind wirklich so«. RP online. 11.07.2007. https://rp-online.de/nrw/panorama/rheinlaender-sind-wirklich-so_aid-11185343. Zugegriffen: 18.08.2020.

241 Knoke, Felix: »Bayerischer Minister vergleicht Spiele mit Kinderpornos«. Spiegel online. 03.04.2009. https://www.spiegel.de/netzwelt/web/netzwelt-ticker-bayerischer-minister-vergleicht-spiele-mit-kinderpornos-a-617256.html. Zugegriffen: 18.08.2020.

242 Wilkens, Andres: »Rege Debatte um ›Killerspiel‹-Verbot«. heise online. 18.11.2005. https://www.heise.de/newsticker/meldung/Rege-Debatte-um-Killerspiel-Verbot-149810.html. Zugegriffen: 18.08.2020.

243 dpa: »Spott für Forderung nach ›Vermummungsverbot im Internet‹« https://www.tagesspiegel.de/politik/netzpolitik-spott-fuer-forderung-nach-vermummungsverbot-im-internet/2601600.html

244 dpa: »Spott für Forderung nach ›Vermummungsverbot im Internet‹«. *Tagesspiegel*. 15.11.2010. https://www.tagesspiegel.de/politik/netzpolitik-spott-fuer-forderung-nach-vermummungsverbot-im-internet/2601600.html. Zugegriffen: 18.08.2020.

245 Gropp, Martin: »Lasst uns Freunde werden«. *Frankfurter Allgemeine Zeitung*. 07.03.2013. https://www.faz.net/aktuell/wirtschaft/netzwirtschaft/merkel-bei-startups-lasst-uns-freunde-werden-12106822.html. Zugegriffen: 18.08.2020.

246 Merkel, Angela: *Rede von Bundeskanzlerin Merkel auf dem Empfang »Internet & Start-ups in Deutschland«.* 07.03.2013. https://m.bundeskanzlerin.de/bkinm-de/rede-von-bundeskanzlerin-merkel-auf-dem-empfang-internet-start-ups-in-deutschland--439296?language=https://m.bundeskanzlerin.de/bkinm-en. Zugegriffen: 18.08.2020.

247 Thelen, Frank: *European Startups with Passion*. https://sk8.de/post/46849769584/internet-und-startups-in-deutschland-lars-hinrichs#notes. Zugegriffen: 18.08.2020.

248 Butcher, Mike. »Live From Berlin – German Chancellor Angela Merkel Shines Spotlight On Tech Startups. *TechCrunch*. 07.03.2013. https://techcrunch.com/2013/03/07/live-from-berlin-german-chancellor-angela-merkel-shines-spotlight-on-tech-startups/?guccounter=1. Zugegriffen: 18.08.2020.

249 Winterbauer, Stefan: »»Du kennst doch den Christian …‹: die cremige Podcast-Premiere von FDP-Chef Lindner mit Frank Thelen«. *Meedia*. 27.11.2018. https://meedia.de/2018/11/27/du-kennst-doch-den-christian-die-cremige-podcast-premiere-von-fdp-chef-lindner-mit-frank-thelen/. Zugegriffen: 18.08.2020.

[250] Quadbeck, Eva: »Frank Thelen – die beginnende Entzauberung eines ›Löwen‹«. *RP online.* 13.04.2019.

[251] Hunter, John Stanley: »Neufund wirft hin und gibt der Bafin die Schuld – zu Recht?«. *Finanz FWD.* 23.06.2020. https://financefwd.com/de/neufund-bafin-vorwuerfe/. Zugegriffen: 18.08.2020.

[252] Wirminghaus, Niklas: »Internet-Thinktank startet mit prominenter Unterstützung«. *Gründerszene.* 15.04.2016. https://www.gruenderszene.de/allgemein/internet-economy-foundation-samwer-gentz-obermann. Zugegriffen: 18.08.2020.

[253] Quadbeck, Eva: »Beirat ›Junge Digitale Wirtschaft‹ droht Altmaier mit Rücktritt«. *RP online.* 29.03.2019. https://rp-online.de/politik/deutschland/beirat-junge-digitale-wirtschaft-droht-altmaier-mit-ruecktritt_aid-37750507. Zugegriffen: 18.08.2020.

[254] Rinke, Florian: »Dieser Düsseldorfer Investor polarisiert – und wurde so zum heimlichen Podcast-Star«. *RP online.* 02.08.2019. https://rp-online.de/wirtschaft/unternehmen/startups/wie-internet-investor-sven-schmidt-zum-heimlichen-star-des-omr-podcast-wurde_aid-44698189. Zugegriffen: 18.08.2020.

[255] Kyriasoglou, Christina & Sandrina Lorenz: »Es werden Pferde, die tot sind, weiter geritten!« *Manager Magazin.* 26.03.2020. https://www.manager-magazin.de/unternehmen/industrie/start-ups-sind-christian-mieles-forderungen-haltbar-podcast-a-1305701.html. Zugegriffen: 18.08.2020.

[256] Rinke, Florian: »Legaler Bankraub? Wie die Start-up-Szene um Milliarden-Hilfen kämpft«. *RP online.* 24.04.2020. https://rp-online.de/wirtschaft/unternehmen/startups/legaler-bankraub-wie-die-start-up-szene-um-milliarden-hilfen-kaempft_aid-50193493. Zugegriffen: 18.08.2020.

[257] Rinke, Florian: »Dieser Düsseldorfer Investor polarisiert«. *RP online.* 02.08.2019.

[258] Ebd.

[259] Soltau, Thomas: »Von der Gosse in die Villa«. *Stern.* 29.10.2008. https://www.stern.de/digital/online/-pennergame-de--von-der-gosse-in-die-villa-3750326.html. Zugegriffen: 18.08.2020.

[260] »Ärger für Obdachlosen-Spiel in Frankreich«. *Computerwoche.* 02.09.2009. https://www.computerwoche.de/a/aerger-fuer-obdachlosen-spiel-in-frankreich,1904813. Zugegriffen: 18.08.2020.

261 »Abgeordnete fordert Aus für ›Pennergame‹«. *Spiegel online*. 14.11.2008.
     https://www.spiegel.de/netzwelt/web/kritik-an-onlinespiel-abgeordnete-for-
     dert-aus-fuer-pennergame-a-590507.html. Zugegriffen: 18.08.2020.

262 Lux, Thorsten: »Sven Schmidt über Maschinensucher.de, seine besten Invest-
     ments und größten Fehler«. *OMR*. 20.12.2017. https://omr.com/de/sven-
     schmidt-maschinensucherde/. Zugegriffen: 05.07.2020.

263 Fründt, Steffen: »Vom Flaschensammler zum Millionär«. *Welt*. 24.04.2009.
     https://www.welt.de/finanzen/article3618860/Vom-Flaschensammler-zum-
     Millionaer.html. Zugegriffen: 18.08.2020.

264 Ebd.

265 Hüsing, Alexander: Wann endlich grasen Einhörner an der Emscher? Bottrop:
     Henselowsky Boschmann, 2019.

266 NRWSPD – Bündnis 90/Die Grünen NRW: *Koalitionsvertrag 2012–2017*.
     https://gruene-nrw.de/dateien/Koalitionsvertrag_2012-2017.pdf. Zugegriffen:
     18.08.2020.

267 Hüwel, Detlev: »Garrelt Duin will noch länger Politik machen«. *RP online*.
     18.03.2017. https://rp-online.de/nrw/landespolitik/nrw-wirtschaftsminister-
     garrelt-duin-will-noch-laenger-politik-machen_aid-19014311. Zugegriffen:
     18.08.2020.

268 »Digitaler Treibstoff für das Land«. *Neue Westfälische*. 22.11.2013. https://
     www.nw.de/lokal/kreis_paderborn/paderborn/9708332_Digitaler-Treibstoff-
     fuer-das-Land.html. Zugegriffen: 18.08.2020.

269 KfW-Bankengruppe: *KfW-Gründungsmonitor 2013*. Mai 2013. https://www.
     kfw.de/PDF/Download-Center/Konzernthemen/Research/PDF-Dokumente-
     Gr%C3%BCndungsmonitor/Gr%C3%BCndungsmonitor-2013.pdf. Zuge-
     griffen: 18.08.2020.

270 ExzellenzNRW: *Entrepreneurship Analysen IKT.NRW*. April 2014. https://
     www.wirtschaft.nrw/sites/default/files/asset/document/startup-verzeichnis_
     nrw.pdf. Zugegriffen: 18.08.2020.

271 Ministerium für Wirtschaft: *Digitale Wirtschaft NRW*. August 2015. https://
     www.land.nrw/sites/default/files/asset/document/digitale_wirtschaft_nrw_
     strategie.pdf. Zugegriffen: 18.08.2020.

272 Rinke, Florian: »125 Millionen für schnelles Internet«. *RP online*.
     20.06.2015. https://rp-online.de/wirtschaft/duesseldorf-nrw-wirtschaftsmi-
     nister-stellt-digitalstrategie-fuer-start-ups-vor_aid-19689093. Zugegriffen:
     18.08.2020.

273 Bayerisches Staatsministerium für Wirtschaft und Medien, Energie und Technologie: *Konzept »Wachstumsfonds Bayern«*. März 2015. https://www.stmwi.bayern.de/fileadmin/user_upload/stmwi/Themen/Foerderprogramme/Dokumente/2015-03-20-Wachstumsfonds-Bayern.pdf. Zugegriffen: 18.08.2020.

274 Landesregierung Nordrhein-Westfalen: »Strategie für die Digitale Wirtschaft NRW«. *Wir in NRW*. 19.06.2015. https://www.land.nrw/de/strategie-fuer-die-digitale-wirtschaft-nrw. Zugegriffen: 18.08.2020.

275 Rinke, Florian: »Daten statt Kohle«. *RP online*. 27.04.2016. https://rp-online.de/wirtschaft/daten-statt-kohle_aid-19748825. Zugegriffen: 18.08.2020.

276 Frank Thelen: »Startup-DNA #007: Code University«. https://frank.io/de/podcast/e007-code-university/. Zugegriffen: 18.08.2020.

277 Önder, Mine & Stefan Laurin: »NRW verliert CODE Univercity«. *Correctiv*. 23.11.2016. https://correctiv.org/ruhr/2016/11/23/nrw-verliert-code-univercity. Zugegriffen: 18.08.2020.

278 Frank Thelen: »Startup-DNA #007: Code University«.

279 Goebels, Wilfried: »Hannelore Kraft gibt Gästen nur noch Leitungswasser aus«. *Westfälische Rundschau*. 14.08.2014. https://www.wr.de/politik/hannelore-kraft-gibt-gaesten-nur-noch-leitungswasser-aus-id9700199.html. Zugegriffen: 18.08.2020.

280 dpa: »Kraft will ›nie, nie‹ Kanzlerin werden«. *Süddeutsche Zeitung*. 29.11.2013. https://www.sueddeutsche.de/politik/nrw-ministerpraesidentin-kraft-will-nie-nie-kanzlerin-werden-1.1831202. Zugegriffen: 18.08.2020.

281 Kraft, Hannelore: *MegaBits. MegaHerz. MegaStark*. 15.01.2015. https://www.land.nrw/sites/default/files/asset/document/jahresauftakt-pk_2015_sprechzettel_ministerpraesidentin.pdf. Zugegriffen: 18.08.2020.

282 Rinke, Florian: »Das sagt der SPD-Politiker nach Lindners Wutrede«. *RP online*. 02.02.2015. https://rp-online.de/nrw/landespolitik/christian-lindner-das-sagt-der-spd-politiker-nach-der-wutrede-im-landtag_aid-21558477. Zugegriffen: 18.08.2020.

283 Rinke, Florian: »Lindner hält Wutrede nach ›dämlichem‹ Zwischenruf«. *RP online*. 02.02.2015. https://rp-online.de/nrw/landespolitik/christian-lindner-nutzt-daemlichen-zwischenruf-fuer-wutrede_aid-21558495. Zugegriffen: 18.08.2020.

284   Landtag Nordrhein-Westfalen: *Antrag der Fraktion der CDU*. 22.09.2015.
        https://www.landtag.nrw.de/portal/WWW/dokumentenarchiv/Dokument/
        MMD16-9797.pdf. Zugegriffen: 18.08.2020.

285   Landtag Nordrhein-Westfalen: *Plenarprotokoll 16/93*. 30.09.2015 https://
        www.landtag.nrw.de/portal/WWW/dokumentenarchiv/Dokument/MMP16-
        93.pdf. Zugegriffen: 18.08.2020.

286   Ministerium für Wirtschaft, Energie Industrie, Mittelstand und Handwerk
        des Landes Nordrhein-Westfalen: *Geschäftsverteilungsplan*. 01.03.2017.
        https://www.wirtschaft.nrw/sites/default/files/asset/document/17_04_26_
        gvpl_final_.pdf. Zugegriffen: 18.08.2020.

287   Geisler, Hendrik: »Digital Hub Cologne im Umbruch: Keine NRW-Gelder
        mehr – Neue Gesellschafter«. *Kölner Stadt-Anzeiger*. 13.12.2018. https://
        www.ksta.de/wirtschaft/digital-hub-cologne-im-umbruch-keine-nrw-gelder-
        mehr---neue-gesellschafter-31737446. Zugegriffen: 18.08.2020.

288   Lorenz, Christian: »›Kölledorf‹ – Reker und Geisel sind per Du und tragen
        den Partnerschafts-Pin«. *Express*. 17.07.2016. https://www.express.de/koeln/-
        koelledorf--reker-und-geisel-sind-per-du-und-tragen-den-partnerschafts-
        pin-24412484. Zugegriffen: 18.08.2020.

289   Rinke, Florian: »›Picnic‹ bringt den Milchmann zurück«. *RP online*.
        18.03.2018. https://rp-online.de/wirtschaft/unternehmen/lebensmittel-start-
        up-picnic-bringt-den-milchmann-zurueck_aid-16428053. Zugegriffen:
        18.08.2020.

290   Rinke, Florian: »So rasant entwickelt sich das Wachstum von Picnic«. *RP on-
        line*. 10.10.2019. https://rp-online.de/wirtschaft/unternehmen/startups/le-
        bensmittel-lieferdienst-picnic-waechst-weiter-rasant_aid-46422503. Zugegrif-
        fen: 18.08.2020.

291   Rinke, Florian: »Edeka Rhein-Ruhr erhöht Anteil an Lieferdienst Picnic«. *RP
        online*. 27.06.2019. https://rp-online.de/wirtschaft/edeka-rhein-ruhr-erhoeht-
        anteil-an-lebensmittel-lieferdienst-picnic_aid-39716161. Zugegriffen:
        18.08.2020.

292   Rinke, Florian: »Wo die NRW-Gründerszene stark ist – und wo nicht«. *RP
        online*. 16.01.2020. https://rp-online.de/wirtschaft/unternehmen/startups/fu-
        enf-lehren-fuer-nrw-aus-dem-ey-start-up-barometer_aid-48367263. Zugegrif-
        fen: 18.08.2020.

293   Startup Genome: *The Rhineland Ecosystem: Vision 2025*.

294 Rinke, Florian: »Goldman Sachs steigt bei Bonner Start-up Leanix ein«. *RP online*. 08.06.2020. https://rp-online.dc/wirtschaft/unternehmen/startups/goldman-sachs-steigt-bei-bonner-start-up-leanix-ein_aid-52074667. Zugegriffen: 18.08.2020.

295 Hüsing, Alexander: »Fünfzehn Fragen an Gereon Frahling von Linguee.de«. *deutsche startups*. 08.01.2010. https://www.deutsche-startups.de/2010/01/08/fuenfzehn-fragen-an-gereon-frahling-von-linguee-de/. Zugegriffen: 18.08.2020.

296 *Die Bibel*, Gen. 11, 1–9.

297 Mingels, Guido: »Wie es einem deutschen Unternehmen gelang, besser als Google zu sein«. *Spiegel online*. 06.05.2018. https://www.spiegel.de/wirtschaft/deepl-der-deutsche-unternehmer-ist-besser-als-google-a-00000000-0002-0001-0000-000157181383. Zugegriffen: 18.08.2020.

298 Shaefer, André: »Weltkonzern Amazon eröffnet Standort in Aachen«. *Aachener Zeitung*. 13.01.2017. https://www.aachener-zeitung.de/wirtschaft/weltkonzern-amazon-eroeffnet-standort-in-aachen_aid-24385791. Zugegriffen: 18.08.2020.

299 Neuhaus, Elisabeth: »Spekuliert Deepl auf den Google-Exit, Jaroslaw Kutylowski?« *Gründerszene*. 25.03.2020. https://www.gruenderszene.de/technologie/deepl-ceo-jaroslaw-kutylowski?interstitial. Zugegriffen: 18.08.2020.

300 Brücken, Timo: »Wie ein Startup aus Köln Google Translate abhängen will«. *Gründerszene*. 31.08.2017. https://www.gruenderszene.de/allgemein/deepl-maschineller-uebersetzer-linguee-google-translate. Zugegriffen: 18.08.2020.

301 Rinke, Florian: »Wir wollen in den USA im Weihnachtsgeschäft 2020 starten«. *RP online*. 06.12.2019. https://rp-online.de/wirtschaft/unternehmen/startups/gruender-patric-fassbender-verraet-wie-die-toniebox-die-usa-erobern-soll_aid-47634617. Zugegriffen: 18.08.2020.

302 Sichling-Scharrer, Dominik: »Das schlechteste Produkt der Welt: Die Toniebox«. *Sichling*. 28.12.2018. https://sichling.de/toniebox/. Zugegriffen: 18.08.2020.

303 Rinke, Florian: »Hörspielzeug fürs Kinderzimmer«. *RP online*. 27.01.2016. https://rp-online.de/digitales/neuheiten/tonies-aus-duesseldorf-hoerspielzeug-fuers-kinderzimmer_aid-21266121. Zugegriffen: 18.08.2020.

304   Gorgs, Claus: »Die Ranzenpiraten von Ergobag ziehen weiter«. *Manager Magazin.* 19.09.2019. https://www.manager-magazin.de/unternehmen/ergobag-die-ranzenpiraten-ziehen-weiter-a-00000000-0002-0001-0000-000166003703. Zugegriffen: 18.08.2020.

305   Zepelin, Jenny von: »Sven-Oliver Pink über seine erste Million«. *Capital.* 02.10.2017. https://www.capital.de/karriere/sven-oliver-pink-ueber-seine-erste-million. Zugegriffen: 18.08.2020.

306   Wirminghaus, Niklas: »Wie Ergobag den Schulranzen neu erfand – und eine Branche umkrempelte«. *Stern.* 02.10.2018. https://www.stern.de/wirtschaft/news/wie-ergobag-den-schulranzen-neu-erfand---und-eine-branche-umkrempelte-8382676.html. Zugegriffen: 18.08.2020.

307   Richters, Kim: »Die Rucksack-Rebellen mit dem Millionen-Umsatz«. *Gründerszene.* 20.09.2016. https://www.gruenderszene.de/allgemein/fond-of-bags-portraet. Zugegriffen: 18.08.2020.

308   Wirminghaus, Niklas: »Diese Jungs aus Köln haben den Schulranzen neu erfunden«. *Capital.* 13.04.2018. https://www.capital.de/karriere/ergobag-die-schulhof-crasher?article_onepage=true. Zugegriffen: 18.08.2020.

309   Geisler, Hendrik: »Kölner Unternehmen Fond Of – Wie es nach dem Millionen-Erfolg mit Schulranzen weitergeht«. *Kölner Stadt-Anzeiger.* 19.01.2020. https://www.ksta.de/wirtschaft/koelner-unternehmen-fond-of-wie-es-nach-dem-millionen-erfolg-mit-schulranzen-weitergeht-33759972. Zugegriffen: 18.08.2020.

310   Schulz, Corinna: »Picanova fing in einer Garage in der Südstadt an«. *Kölner Stadt-Anzeiger.* 06.03.2017. https://www.ksta.de/koeln/serie--koelner-gruender--picanova-fing-in-einer-garage-in-der-suedstadt-an-26142380. Zugegriffen: 18.08.2020.

Haben Sie Interesse an unseren Büchern?

Zum Beispiel als Geschenk für Ihre Kundenbindungsprojekte?

Dann fordern Sie unsere attraktiven Sonderkonditionen an.

Weitere Informationen erhalten Sie bei unserem Vertriebsteam unter **+49 89 651285-252**

oder schreiben Sie uns per E-Mail an: **vertrieb@m-vg.de**

REDLINE | VERLAG